U0515704

〔唐〕李延壽 撰

點校本
二十四史
修訂本

第四册
卷三八至卷五二

中華書局

2023 年 10 月第 1 版　　2025 年 5 月第 2 次印刷

ISBN 978-7-101-16353-7

南史卷三十八

列傳第二十八

柳元景 元景弟子世隆 世隆子惔 惔弟惲 惲子偃 偃子昐 惲弟憕 憕弟忱 世隆從弟慶遠 慶遠子津 津子仲禮 敬禮

柳元景字孝仁，河東解人也。高祖純，位平陽太守，不拜。曾祖卓，自本郡遷於襄陽，官至汝南太守。祖恬，西河太守。父憑，馮翊太守。

元景少便弓馬，數隨父伐蠻，以勇稱。寡言語，有器質，荆州刺史謝晦聞其名，要之，未及往而晦敗。雍州刺史劉道產深愛其能，會荆州刺史江夏王義恭復召之，道產謂曰：「久規相屈。今貴王有召，難輒相留，乖意以爲罔罔。」服闋，累遷義恭司徒太尉城局參軍。文帝見又知之。

先是，劉道産在雍州有惠化，遠蠻歸懷皆出，緣沔爲村落，户口殷盛。及道産死，羣蠻大爲寇暴。孝武西鎮襄陽，義恭薦元景，乃以爲武威將軍、隨郡太守〔一〕。及至，廣設方略，斬獲數百，郡境肅然。

隨王誕鎮襄陽，元景從爲後軍中兵參軍。及朝廷大舉北侵，使諸鎮各出軍。二十七年八月，誕遣尹顯祖出貲谷，魯方平、薛安都、龐法起入盧氏，田義仁出魯陽〔二〕，加元景建威將軍，總統軍帥。

後軍外兵參軍龐季明，三秦冠族，求入長安，招懷關、陝，乃自貲谷入盧氏。盧氏人趙難納之。元景率軍係進，以前鋒深入，懸軍無繼，馳遣尹顯祖入盧氏，以爲諸軍聲援。元景以軍食不足，難可曠日相持，乃束馬懸車，引軍上百丈崖，出温谷以入盧氏。法起諸軍進次方伯堆，去弘農城五里。元景引軍度熊耳山，安都頓軍弘農。法起進據潼關，季明率方平、趙難諸軍向陝。十一月，元景率衆至弘農，營於開方口〔三〕。仍以元景爲弘農太守。

初，安都留住弘農而諸軍已進陝。元景既到，謂安都曰：「卿無坐守空城，而令龐公孤軍深入，宜急進軍。」衆軍並造陝下，列營以逼之，並大造攻具。

魏城臨河爲固，恃險自守。季明、安都、方平、顯祖、趙難諸軍頻三攻未拔，安都、方平各列陣於城東南以待之。魏兵大合，輕騎挑戰，安都瞋目横矛，單騎突陣，四向奮擊，左右皆辟易，殺傷不可勝數，於是衆軍並鼓譟俱前。魏多縱突騎，衆軍患之。安都怒甚，乃脱兜鍪，解所帶鎧，唯著絳衲兩當衫，馬亦去具裝，馳入賊陣。猛氣咆勃，所向無前，當其鋒者無不應刃而倒。如是者數四。每入，衆無不披靡。

魏軍之將至也，方平遣驛騎告元景。時諸軍糧盡，各餘數日食。元景方督義租并上驢馬以爲糧運之計，遣軍副柳元怙簡步騎二千以赴陝急，卷甲兼行，一宿而至。詰朝，魏軍又出，列陣於城外。方平諸軍並成列，安都并領馬軍，方平悉勒步卒，左右掎角之，餘諸義軍方於城西南列陣。方平謂安都曰：「今勍敵在前，堅城在後，是吾取死之日。卿若不進，我當斬卿，我若不進，卿當斬我也。」安都曰：「卿言是也。」遂合戰。安都不堪其憤，横矛直前，殺傷者甚多。流血凝肘。矛折，易之復入，軍副譚金率騎從而奔之〔四〕。自詰旦戰至日晏，魏軍大潰，面縛軍門者二千餘人。諸將欲盡殺之，元景以爲不可，乃悉釋而遣之。皆稱萬歲而去。

時北略諸軍王玄謨等敗退，魏軍深入。文帝以元景不宜獨進，且令班師。諸軍乃自狐關度白楊嶺〔五〕，出于長洲，安都斷後，宗越副之〔六〕。法起自潼關向商城，與元景會，季明亦從胡谷南歸，並有功而入。誕登城望之，以鞍下馬迎元景。

時魯爽向虎牢，復使元景率安都等北出，爽退乃還〔七〕。再出北侵，威信著於境外。

孝武入討元凶，以爲諮議參軍，配萬人爲前鋒，宗慤、薛安都等十三軍皆隸焉。時義軍船乘小陋，慮水戰不敵。至蕪湖，元景大喜，倍道兼行至新亭，依山建壘柵，東西據險。令軍中曰：「鼓繁氣易衰，叫數力易竭，但各銜枚疾戰，一聽吾營鼓音。」元景察賊衰竭，乃命開壘鼓譟以奔之，賊衆大潰。劭更率餘衆自來攻壘，復大破之，劭僅以身免。上至新亭即位，以元景爲侍中，領左衞將軍，尋轉寧蠻校尉、雍州刺史，監雍梁南北秦四州荆之竟陵隨二郡諸軍事。始上在巴口，問元景事平何所欲。對曰：「願還鄉里。」故有此授。

初，臧質起義，以南譙王義宣闇弱易制，欲相推奉，潛報元景，使率所領西還。元景即以質書呈孝武。語其信曰：「臧冠軍當是未知殿下義舉耳，方應伐逆，不容西還。」質以此恨之。及元景爲雍州，質慮其爲荆州後患〔八〕，稱爪牙不宜遠出。上重違其言，更以元景爲領軍將軍，加散騎常侍，封曲江縣公。

孝建元年正月，魯爽反，遣左衞將軍王玄謨討之。加元景撫軍將軍，假節置佐，係玄謨。後以爲領南蠻校尉、雍州刺史，加都督〔九〕。

臧質、義宣並反，王玄謨南據梁山，垣護之、薛安都度據歷陽，元景出屯採石。玄謨求益兵，上使元景進屯姑熟。元景悉遣精兵助王玄謨，以羸弱居守。所遣軍多張旗幟，梁山望之如數萬人，皆謂都下兵悉至，由是尅捷。與沈慶之俱以本號加開府儀同三司，改封晉安郡公。固讓開府。復爲領軍、太子詹事，加侍中。大明三年，爲尚書令，太子詹事、侍中、中正如故〔一〇〕。以封在嶺南，改封巴東郡公。又命左光禄大夫、開府儀同三司，侍中、中正如故〔一一〕。又讓開府。乃與沈慶之俱依晉密陵侯鄭袤不受司空故事。

六年，進司空，侍中、中書令、中正如故〔一二〕。又固讓。乃授侍中、驃騎大將軍、南兖州刺史，留衞都下。

孝武晏駕，與太宰江夏王義恭、尚書僕射顔師伯並受遺詔輔幼主，遷尚書令，領丹陽尹，侍中、將軍如故。加開府儀同三司，給班劍二十人。固辭班劍。

元景少時貧苦，嘗下都至大雷，日暮寒甚，頗有羈旅之歎。岸側有一老父自稱善相，謂元景曰：「君方大富貴，位至三公。」元景以爲戲之，曰：「人生免飢寒幸甚，豈望富貴。」老父曰：「後當相憶。」及貴求之，不知所在。

元景起自將率，及當朝，理務雖非所長，而有弘雅之美。時在朝勳要多事産業，惟元景獨無所營。南岸有數十畝菜園，守園人賣菜得錢三萬〔一三〕，送還宅。元景怒曰：「我立此園種菜，以供家中啖耳，乃復賣以取錢，奪百姓之利邪。」以錢乞守園人。

孝武嚴暴無常，元景雖荷寵遇，恒慮及禍。太宰江夏王義恭及諸大臣莫不重足屏氣，未嘗敢私相往來。孝武崩，義恭、元景等並相謂曰：「今日始免横死。」義恭與義陽等諸王，元景與顔師伯等常相馳逐，聲樂酣飲，以夜繼晝。前廢帝少有凶德，内不能平，殺戴法興後，悖情轉露，義恭、元景憂懼，乃與師伯等謀廢帝立義恭，持疑未決。發覺，帝親率宿衞兵自出討之，稱詔召元景。左右奔告，兵刃非常。元景知禍至，整朝服乘車，應召出門。逢弟車騎司馬叔仁戎服，左右壯士數十人，欲拒命。元景苦禁之。及出巷，軍士大至，下車受戮，容色恬然。

長子慶宗有幹力，而情性不倫，孝武使元景送還襄陽，於道賜死。次子嗣宗、紹宗、茂宗、孝宗、文宗、仲宗、成宗、秀宗至是並遇禍〔一四〕。元景六弟：僧景、僧珍、叔宗、叔政、叔珍、叔仁。僧珍、叔仁及子姪在都下、襄陽死者數十人。元景少子承宗、嗣宗子蓍並在孕獲全〔一五〕。明帝即位，贈太尉，給班劍三十人，羽葆、鼓吹一部，謚曰忠烈公。

元景從父兄元怙，大明末同晉安王子勛逆，事敗歸降。元景從祖弟光世留鄉里，仕魏爲河北太守，封西陵男，與司徒崔浩親。浩被誅，光世南奔。明帝時，位右衞將軍、順陽太守。子欣慰謀反，光世賜死。

世隆字彦緒，元景弟子也。父叔宗字雙驎，位建威參軍事，早卒。

世隆幼孤，挺然自立，不與衆同。雖門勢子弟，獨脩布衣之業。及長，好讀書，折節彈琴，涉獵文史，音吐温潤。元景愛賞，異於諸子，言於宋孝武，得召見。帝謂元景曰：「此兒將來復是三公一人。」爲西陽王撫軍法曹行參軍，出爲武威將軍、上庸太守。帝謂元景曰：「卿昔以武威之號爲隨郡，今復以授世隆，使卿門世不乏公也。」

元景爲前廢帝所殺，世隆以在遠得免。泰始初，四方反叛，世隆於上庸起兵以應宋明帝，爲孔道存所敗，衆散逃隱，道存購之甚急。軍人有貌相似者，斬送之。時世隆母郭、妻閻並見繫襄陽獄，道存以所送首示之。母見首悲情小歇，而妻閻號叫方甚，竊謂郭曰：「今見不悲，爲人所覺，唯當大慟以滅之。」世隆竟以免。

後爲太子洗馬，與張緒、王延之、沈琰爲君子之交。累遷晉熙王安西司馬，加寧朔將軍。時齊武帝爲長史，與世隆相遇甚懽。齊高帝之謀度廣陵也，令武帝率衆同會都下。世隆與長流參軍蕭景先等戒嚴待期，事不行。

時朝廷疑憚沈攸之，密爲之防，府州器械，皆有素蓄。武帝將下都，劉懷珍白高帝曰：「夏口是兵衝要地，宜得其人。」高帝納之，與武帝書曰：「汝既入朝，當須文武兼資人，委以後事，世隆其人也。」武帝乃舉世隆自代。轉爲武陵王前軍長史、江夏内史，行郢州事。

昇明元年冬，攸之反，遣輔國將軍、中兵參軍孫同等以三萬人爲前驅，又遣司馬冠軍劉攘兵等二萬人次之，又遣輔國將軍、中兵參軍王靈秀等分兵出夏口，據魯山。攸之乘輕舸從數百人先大軍下住白螺洲，坐胡牀以望其軍，有自驕色。既至郢，以郢城弱小不足攻，攸之將去。世隆遣軍於西渚挑戰，攸之果怒，晝夜攻戰。世隆隨宜拒應，衆皆披却。

武帝初下，與世隆別，曰：「攸之一旦爲變，雖留攻城，不可卒拔。卿爲其內，我爲其外，乃無憂耳。」至是，武帝遣軍主桓敬、陳胤叔、苟元賓等八軍據西塞，令堅壁以待賊疲。慮世隆危急，遣腹心胡元直潛使入郢城通援軍消息。內外並喜。

郢城既不可攻，而平西將軍黃回軍至西陽，乘三層艦，作羌胡伎，泝流而進。攸之素失人情，本逼以威力，初發江陵，已有叛者，至此稍多。攸之大怒，於是一人叛，遣十人追，並去不返。劉攘兵射書與世隆請降，開門納之。攸之怒，銜鬚咀之，收攘兵兄子天賜、女壻張平虜斬之[一六]。軍旅大散。世隆乃遣軍副劉僧驎緣道追之。

攸之已死，徵爲侍中，仍遷尚書右僕射，封貞陽縣侯。出爲吴郡太守，居母憂，寒不衣絮。齊高帝踐阼，起爲南豫州刺史，加都督，進爵爲公。上手詔司徒褚彦回甚傷美之。彦回曰：「世隆事陛下，在危盡忠，居憂杖而後起，立人之本，二理同極，加榮增寵，足以敦厲風俗。」

建元二年，授右僕射，不拜。性愛涉獵，啓高帝借祕閣書，上給二千卷。三年，出爲南兗州刺史，加都督。武帝即位，加散騎常侍。

世隆善卜，别龜甲，價至一萬。永明初，世隆曰：「永明九年我亡，亡後三年丘山崩，齊亦於此季矣。」屏人，命典籤李黨取筆及高齒屐，題簾箔旌曰：「永明十一年。」因流涕謂黨曰：「汝當見，吾不見也。」

遷護軍，而衞軍王儉脩下官敬甚謹。世隆止之，儉曰：「將軍雖存弘眷，如王典何？」其見重如此。

性清廉，唯盛事墳典。張緒問曰：「觀君舉措，當以清名遺子孫邪？」答曰：「一身之外，亦復何須。子孫不才，將爲爭府；如其才也，不如一經。」

光禄大夫韋祖征州里宿德，世隆雖已貴重，每爲之拜。人或勸祖征止之，答曰：「司馬公所爲，後生楷法，吾豈能止之哉。」

後授尚書左僕射。湘州蠻動，遣世隆以本官總督伐蠻衆軍，仍爲湘州刺史，加都督。至鎮，以方略討平之。在州立邸興生，爲御史中丞庾杲之所奏。詔不問。

復入爲尚書左僕射，不拜，乃轉尚書令。世隆少立功名，晚專以談義自業。善彈琴，世稱柳公雙瑣，爲士品第一。常自云：「馬矟第一，清談第二，彈琴第三。」在朝不干世務，垂簾鼓琴，風韻清遠，甚獲世譽。以疾遜位，拜左光禄大夫、侍中。永明九年卒，詔給東園祕器，贈司空，班劍二十人，謚曰忠武。

世隆曉數術，於倪塘創墓，與賓客踐履，十往五往，常坐一處。及卒，墓工圖墓，正取其坐處焉。

所著龜經祕要二卷，行於世。

長子悦字文殊，少有清致，位中書郎，早卒，謚曰恭。世隆次子惔。

惔字文通，好學工製文，尤曉音律，少與長兄悦齊名。王儉謂人曰：「柳氏二龍，可謂一日千里。」儉爲尚書左僕射，嘗造世隆宅，世隆謂爲詣己，徘徊久之。及至門，唯求悦及惔。遣謂世隆曰：「賢子俱有盛才，一日見顧，今故報禮。若仍相造，似非本意，恐年少窺人。」

嘗預齊武烽火樓宴，帝善其詩，謂豫章王嶷曰：「惔非徒風韻清爽，亦屬文遒麗。」後爲巴東王子響友，子響爲荆州，惔隨之鎮。子響昵近小人，惔知將爲禍，稱疾還都。及難作以免。

累遷新安太守，居郡以無政績免。建武末，爲梁、南秦二州刺史。及梁武帝起兵，惔舉漢中以應。

梁武受命，爲太子詹事，加散騎常侍。武帝之鎮襄陽，惔祖道，帝解茅土玉環贈之〔一七〕。天監二年元會，帝謂曰：「卿所佩玉環，是新亭所贈邪？」對曰：「既而瑞感神衷，臣謹服之無斁。」帝因勸之酒，惔時未卒爵，帝曰：「吾常比卿劉越石，近辭巵酒邪。」罷會，封曲江縣侯。帝因宴爲詩貽惔曰：「爾寔冠羣后，惟余實念功。」帝又嘗謂曰：「徐元瑜違命嶺南，周書父子兄弟罪不相及，朕已放其諸子，何如？」惔曰：「罰不及嗣，賞延于後，今復見之聖朝。」時以爲知言。

尋遷尚書左僕射〔一八〕，年六十，卒於湘州刺史〔一九〕，謚曰穆。

惔度量寬博，家人未嘗見其喜慍。甚重其婦，頗成畏憚。性愛音樂，女伎精麗，略不敢視。僕射張稷與惔狎密，而爲惔妻賞敬。稷每詣惔，必先相問夫人。惔每欲見妓，恒因稷請奏。其妻隔幔坐，妓然後出。惔因得留目。

惔著仁政傳及諸詩賦，粗有辭義。子昭，位中書郎，襲爵曲江侯。

惔弟惲字文暢，少有志行。好學，善尺牘。與陳郡謝瀹隣居，深見友愛。瀹曰：「宅南柳郎，可爲儀表。」

初，宋時有嵇元榮、羊蓋者，並善琴，云傳戴安道法。惲從之學。惲特窮其妙。齊竟陵王子良聞而引爲法曹行參軍，唯與王暕、陸杲善〔一〇〕。每歎曰：「暕雖名家，猶恐累我也。」雅被子良賞狎。子良嘗置酒後園，有晉太傅謝安鳴琴在側，援以授惲，惲彈爲雅弄。子良曰：「卿巧越嵇心，妙臻羊體，良質美手，信在今夜。豈止當今稱奇，亦可追蹤古烈。」

爲太子洗馬，父憂去官，著述先頌，申其罔極之心，文甚哀麗。後試守鄱陽相，聽吏屬得盡三年喪禮，署之文教，百姓稱焉。還除驃騎從事中郎。梁武帝至建鄴，惲候謁石頭，以爲征東府司馬。上牋請城平之日，先收圖籍，及遵漢高寬大之義。帝從之。徙爲相國右司馬。天監元年，除長兼侍中，與僕射沈約等共定新律。

惲立性貞素，以貴公子早有令名，少工篇什，爲詩云：「亭臯木葉下，隴首秋雲飛。」琅邪王融見而嗟賞，因書齋壁及所執白團扇。武帝與宴，必詔惲賦詩。嘗和武帝登景陽樓篇云：「太液滄波起，長楊高樹秋。翠華承漢遠，彫輦逐風游。」深見賞美。當時咸共稱傳。歷平越中郎將、廣州刺史，祕書監，右衞將軍〔一一〕。再爲吳興太守，爲政清靜，人吏懷之。於郡感疾，自陳解任。父老千餘人拜表陳請，事未施行，卒。

初，惲父世隆彈琴，爲士流第一，惲每奏其父曲，常感思。復變體備寫古曲。嘗賦詩未就，以筆捶琴，坐客過，以筯扣之，惲驚其哀韻，乃製爲雅音。後傳擊琴自於此。惲常以今聲轉棄古法，乃著清調論，具有條流。齊竟陵王嘗宿晏，明旦將朝見，惲投壺梟不絕，停轝久之，進見遂晚。齊武帝遲之，王以實對。武帝復使爲之，賜絹二十匹。嘗與琅邪王瞻博射，嫌其皮闊，乃摘梅帖烏珠之上〔三二〕，發必命中，觀者驚駭。

梁武帝好弈棊，使惲品定棊譜，登格者二百七十八人，第其優劣，爲棊品三卷。惲爲第二焉。帝謂周捨曰：「吾聞君子不可求備，至如柳惲可謂具美。分其才藝，足了十人。」惲著卜杖龜經〔三三〕。性好醫術，盡其精妙。

少子偃字彥游，年十二，梁武帝引見，詔問讀何書，對曰：「尚書。」又問有何美句，對曰：「德惟善政，政在養人。」衆咸異之。詔尚武帝女長城公主，拜駙馬都尉、都亭侯，位鄱陽內史，卒。

子盼尚陳文帝女富陽公主，拜駙馬都尉。後主即位，以帝舅加散騎常侍。盼性愚戇，使酒，因醉乘馬入殿門，爲有司劾免，卒於家。贈侍中、中護軍。

后從祖弟莊清警有鑒識，自盼卒後，太后宗屬唯莊爲近，兼素有名望，深被恩禮。位度支尚書。陳亡入隋，爲岐州司馬。惲弟憕。

憕字文深，少有大意，好玄言，通老、易。

梁武帝舉兵至姑熟，憕與兄惲及諸友朋於小郊候接。時道路猶梗，憕與諸人同憩逆旅食，俱去行里餘，憕曰：「寧我負人，不人負我。若復有追，堪憩此客。」命左右燒逆旅舍，以絶後追。當時服其善斷。

歷位給事黄門侍郎。與琅邪王峻齊名，俱爲中庶子，時人號爲方王〔二四〕。後爲鎮北始興王長史。王移鎮益州，復請憕。帝曰：「柳憕風標才氣，恐不能久爲少王臣。」王祈請數四，不得已，以爲鎮西長史、蜀郡太守。在蜀廉恪爲政，益部懷之。憕弟忱。

忱字文若，年數歲，父世隆及母閻氏並疾，忱不解帶經年，及居喪以毁聞。仕齊爲西中郎主簿。東昏遣巴西太守劉山陽由荆州襲梁武帝于雍州，西中郎長史蕭穎胄計未定〔二五〕，召忱及其所親席闡文等夜入議之。忱及闡文並勸同武帝，穎胄從之。以忱爲寧朔將軍，累遷侍中。郢州平，穎胄議遷都夏口，忱以巴峽未賓，不宜輕捨根本，摇動人心，不從。俄而巴東兵至峽口，遷都之議乃息。論者以爲見機。

及梁受命，封州陵伯。歷五兵尚書，祕書監，散騎常侍。改授給事中、光禄大夫。疾篤不拜。卒，謚曰穆。

忱兄弟十五人，多少亡，唯第二兄惔、第三兄惲、第四兄憕及忱三兩年間四人迭爲侍中，復居方伯，當世罕比。子範嗣。

慶遠字文和，元景弟子也。父叔珍，義陽內史。

慶遠仕齊爲魏興太守，郡遭暴水，人欲移於杞城〔二六〕。慶遠曰：「吾聞江河長不過三日。」命築土而已。俄而水退，百姓服之。

後爲襄陽令，梁武帝之臨雍州，問京兆人杜惲求州綱紀，惲言慶遠。武帝曰：「文和吾已知之，所問未知者耳。」因辟爲別駕。慶遠謂所親曰：「天下方亂，定霸者其吾君乎。」因盡誠協贊。及起兵，慶遠常居帷幄爲謀主，從軍東下，身先士卒。武帝行營，見慶遠頓舍嚴整，每歎曰：「人人若是，吾又何憂。」建康城平，爲侍中，帶淮陵、齊昌二郡太守。城內嘗夜火，衆並驚懼。武帝時居宮中，悉斂諸門籥，問柳侍中何在。慶遠至，悉付之，其見任如此。

霸府建，爲從事中郎。武帝受禪，封重安侯，位散騎常侍，改封雲杜侯。出爲雍州刺史，加都督。帝餞於新亭，謂曰：「卿衣錦還鄉，朕無西顧憂矣。」始武帝爲雍州，慶遠爲別駕，謂曰：「昔羊公語劉弘，卿後當居吾處。今相觀亦復如是。」曾未十年，而慶遠督府，談者以爲逾於魏詠之。

累遷侍中、領軍將軍，給扶。出爲雍州刺史。慶遠重爲本州，頗厲清節，士庶懷之。卒官，贈開府儀同三司，謚曰忠惠侯。喪還都，武帝親出臨之。

初，慶遠從父兄世隆嘗謂慶遠曰：「吾昔夢太尉以褥席見賜，吾遂亞台司。適又夢以吾褥席與汝，汝必光我門族。」至是慶遠亦繼世隆焉。

子津字元舉，雖乏風華，性甚強直。人或勸之聚書，津曰：「吾常請道士上章驅鬼，安用此鬼名邪。」歷散騎常侍，太子詹事，襲封雲杜侯。侯景圍城既急，帝召津問策。對曰：「陛下有邵陵，臣有仲禮，不忠不孝，賊何由可平。」太清三年，城陷，卒。

子仲禮，勇力兼人，少有膽氣，身長八尺，眉目疎朗。初，簡文帝爲雍州刺史，津爲長史。及簡文入居儲宮，津亦得侍從。仲禮留在襄陽，馬仗軍人悉付之。撫循故舊，甚得衆和。起家著作佐郎，稍遷電威將軍，陽泉縣侯。中大通中，西魏將賀拔勝來逼樊、鄧，仲禮出擊破之。除黄門郎，稍遷司州刺史。武帝思見其面，使畫工圖之。

初，侯景潛圖反噬，仲禮先知之，屢啓求以精兵三萬討景，朝廷不許。及景濟江，朝野便望其至。兼蓄雍、司精卒，與諸蕃赴援，見推總督。景素聞其名，甚憚之。仲禮亦自謂當世英雄，諸將莫己若也。

韋粲見攻，仲禮方食，投箸被練馳之，騎能屬者七十。比至，粲已敗，仲禮因與景戰於青塘，大敗之。景與仲禮交戰，各不相知。仲禮稍將及景，而賊將支伯仁自後斫仲禮，再斫仲禮中肩。馬陷于淖，賊聚矟刺之，騎將郭山石救之以免。自此壯氣外衰，不復言戰。神情慠佷，淩蔑將帥。邵陵王綸亦鞭策軍門，每日必至，累刻移時，仲禮亦弗見也。綸既忿歎，怨隙遂成。而仲禮常置酒高會，日作優倡，毒掠百姓，汙辱妃主。父津登城謂曰：「汝君父在難，不能盡心竭力，百代之後，謂汝爲何。」仲禮聞之，言笑自若。晚又與臨城公大連不協。景嘗登朱雀樓與之語，遺以金環。是後閉營不戰，衆軍日固請，皆悉拒焉。南安侯駿謂曰：「城急如此，都督不復處分，如脱不守，何面以見天下義士。」仲禮無以應之。

及臺城陷，侯景矯詔使石城公大款以白虎幡解諸軍。仲禮召諸將軍會議，邵陵王以下畢集。王曰：「今日之命，委之將軍。」仲禮熟視不對。裴之高、王僧辯曰：「將軍擁衆百萬，致宫闕淪没，正當悉力決戰，何所多言。」仲禮竟無一言，諸軍乃隨方各散。

時湘東王繹遣王琳送米二十萬石以饋軍，至姑熟，聞臺城陷，乃沈米於江而退。仲禮及弟敬禮、羊鵶仁、王僧辯、趙伯超並開營降賊。時城雖淪陷，援軍甚衆，軍士咸欲盡力，及聞降，莫不歎憤。論者以爲梁禍始於朱异，成於仲禮。

仲禮等入城，並先拜景而後見帝，帝不與言。既而景留柳敬禮、羊鵶仁，而遣仲禮、僧辯西上，各復本位。餞於後渚，景執仲禮手曰：「天下之事在將軍耳。郢州、巴西並以相付。」

及至江陵，會岳陽王詧南寇，湘東王以仲禮爲雍州刺史，襲襄陽。仲禮方觀成敗，未發。及南陽圍急，杜岸請救，仲禮乃以別將夏侯强爲司州刺史，守義陽，自帥衆如安陸，使司馬康昭如竟陵討孫暠。暠執魏戍人以降。仲禮命其將王叔孫爲竟陵太守，副軍馬岫爲安陸太守。置孥於安陸，而以輕兵師于漴頭，將侵襄陽。岳陽王詧告急于魏，魏遣大將楊忠援之。仲禮與戰于漴頭，大敗，并弟子禮没于魏。魏相安定公待仲禮以客禮。西魏於是盡得漢東。

仲禮弟敬禮，少以勇烈聞。麤暴無行檢，恒略賣人，爲百姓所苦，故襄陽有柳四郎歌。

起家著作佐郎，稍遷扶風太守。侯景度江，敬禮率馬步三千赴援。至都，與景頻戰，甚著威名。

臺城陷，與兄仲禮俱見景，景遣仲禮經略上流〔一七〕，留敬禮質，以爲護軍將軍。景餞仲禮於後渚。敬禮謂仲禮曰：「景今來會，敬禮抱之，兄便可殺，雖死無恨。」仲禮壯其言，許之。及酒數行，敬禮目仲禮，仲禮見備衞嚴，不敢動，遂不果。會景征晉熙，敬禮與南康王會理謀襲其城，剋期將發，建安侯蕭賁告之，遂遇害。臨死曰：「我兄老婢也，國敗家亡，實余之責，今日就死，豈非天乎。」

論曰：柳元景行己所資，豈徒武毅，當朝任職，實兼雅道。卒至覆族，遭逢亦有命乎。世隆文武器業，殆人望也，諸子門素所傳，俱云克構。仲禮始終之際，其不副也何哉？豈應天方喪梁，不然，何斯人而有斯迹也。

校勘記

〔一〕乃以爲武威將軍隨郡太守　「武威」，宋書卷七七柳元景傳作「廣威」。按宋書百官志，將軍號有廣威、虎威，無武威。此「武威」乃「虎威」之諱改。通志卷一三六作「虎威」。南史柳世隆傳亦作「武威」，南齊書卷二四柳世隆傳即作「虎威」，云「卿昔以虎威之號爲隨郡，今復以授世隆，使卿門世不絶公也」。

〔二〕田義仁出魯陽　「出」，宋書卷七七柳元景傳作「入」。

〔三〕營於開方口　「開方口」，原作「關方口」，據宋書卷七七柳元景傳、水經注卷四河水四、御覽卷三五七引孫嚴宋書改。

〔四〕軍副譚金率騎從而奔之　「軍」字原脱，據宋書卷七七柳元景傳、通志卷一三六補。

〔五〕諸軍乃自狐關度白楊嶺　「狐關」，宋書卷七七柳元景傳作「湖關」。

〔六〕宗越副之　「宗越」，原作「宋越」，據宋書卷七七柳元景傳改。按宗越傳見宋書卷八三、本書卷四〇。

〔七〕爽退乃還　「還」，原作「遷」，據宋書卷七七柳元景傳、通志卷一三六改。按宋書卷八八薛安都傳載元嘉二十九年北伐，「會爽退，安都復率所領隨元景引還」。

〔八〕質慮其爲荆州後患　「荆州」，宋書卷七七柳元景傳、通鑑卷一二七宋紀九元嘉三十年作「荆江」，疑是。

〔九〕後以爲領南蠻校尉雍州刺史加都督　「南蠻校尉」，宋書卷七七柳元景傳作「寧蠻校尉」。按南蠻校尉治江陵，寧蠻校尉治襄陽。柳元景爲雍州刺史治襄陽，與江陵無涉，南史疑誤。

〔一〇〕太子詹事侍中中正如故　按宋書卷七七柳元景傳上文有爲「本州大中正」數語，南史删去，致此「中正如故」無所本。

〔二〕又命左光禄大夫開府儀同三司侍中中正如故　宋書卷七七柳元景傳「侍中」下有「令」字，指上文之「尚書令」，疑此脱文。

〔三〕六年進司空侍中中書令中正如故　宋書卷七七柳元景傳無「中書」二字。按「令」即尚書令，元景已爲尚書令，不當同時爲中書令，「中書」二字疑衍。

〔四〕次子嗣宗紹宗茂宗孝宗文宗仲宗成宗秀宗至是並遇禍　宋書卷七七柳元景傳「茂宗」作「共宗」，「秀宗」作「季宗」。

〔三〕守園人賣菜得錢三萬　「三萬」，宋書卷七七柳元景傳、册府卷四六二作「二萬」。

〔五〕元景少子承宗嗣宗子蓍並在孕獲全　「蓍」，宋書卷七七柳元景傳作「纂」。

〔六〕收攘兵兄子天賜女壻張平慮斬之　「張平慮」，南齊書卷二四柳世隆傳、通鑑卷一三四宋紀一六昇明二年作「張平虜」。

〔七〕帝解茅土玉環贈之　御覽卷六九二引梁書、册府卷三八〇無「茅土」二字。按姚思廉梁書不載此事。

〔八〕尋遷尚書左僕射　「左僕射」，梁書卷一二柳惔傳作「右僕射」。按梁書卷二武帝紀中：天監三年正月「癸丑，以尚書右僕射王瑩爲尚書左僕射，太子詹事柳惔爲尚書右僕射」。疑當作「右僕射」。

〔一九〕年六十卒於湘州刺史　「六十」，梁書卷一二柳惔傳作「四十六」。按梁書本傳：「惔年十七，齊武帝爲中軍，命爲參軍。」「（天監）六年十月，卒于州。」據南齊書卷三武帝紀，齊武帝爲中軍大將軍在宋順帝昇明三年，時柳惔十七歲，至天監六年卒，與「四十六」相合，而與「六十」相去甚遠。

〔二〇〕唯與王暕陸杲善　「陸杲」，原作「陸果」。按殿本考證：「『果』應作『杲』。」陸杲傳見梁書卷二六、本書卷四八，今改正。

〔二一〕歷平越中郎將廣州刺史祕書監右衞將軍　「右衞將軍」，梁書卷二一柳惲傳作「左軍將軍」。

〔二二〕乃摘梅帖烏珠之上　「烏珠」，册府卷八四六作「烏味」。

〔二三〕惲著卜杖龜經　「卜」，原作「十」，據册府卷七八六、通志卷一四〇改。

〔二四〕時人號爲方王　「方王」，通志卷一四〇作「方正」。按王懋竑記疑：「『方』字疑當作『柳』。」

〔二五〕西中郎長史蕭穎胄計未定　「計」字原脱，據南監本、北監本、汲本、殿本及通志卷一四〇補。

〔二六〕人欲移於杞城　梁書卷九柳慶遠傳作「吏請徙民杞城」，册府卷六九一作「吏請徙民祀城」。

〔二七〕與兄仲禮俱見景景遣仲禮經略上流　「俱見景景遣仲禮」七字原脱，據北監本、殿本補；梁書卷四三柳敬禮傳則有「俱見於景景遣仲禮」八字。按下云「留敬禮質，以爲護軍將軍」，知經略上流者僅仲禮。

南史卷三十九

列傳第二十九

殷孝祖 族子琰　**劉勔** 子悛　孫孺　覽　遵　悛弟子苞　悛弟繪　繪子孝綽　繪弟瑱

殷孝祖，陳郡長平人也。曾祖羨，晉光禄勳。父祖宦並不達。

孝祖少誕節，好酒色，有氣幹。宋孝武時，以軍功仕至積射將軍。前廢帝景和元年，爲兗州刺史。

明帝初即位，四方反叛，孝祖外甥司徒參軍潁川荀僧韶建議銜命徵孝祖入朝〔一〕，上遣之。時徐州刺史薛安都遣薛索兒等屯據津徑，僧韶間行得至，説孝祖曰：「景和凶狂，開闢未有，朝野憂危，假命漏刻。主上曾不浹辰，夷凶翦暴。國亂朝危，宜立長主，公卿百辟，人無異議。而羣迷相扇，構造無端，貪利幼弱，競懷希幸。舅少有立功之志，長以氣節成名，若能控濟、河義勇，還奉朝廷，非唯匡主靜亂，乃可以垂名竹帛。」孝祖即日棄妻子，率文武二千人隨僧韶還都。時普天同逆，朝廷唯保丹陽一郡。孝祖忽至，衆力不少，人情於是大安。進孝祖號冠軍將軍、假節、督前鋒諸軍事。御仗先有諸葛亮筩袖鎧、鐵帽，二十五石弩射之不能入，上悉以賜孝祖。孝祖負其誠節，陵轢諸將。時賊據赭圻，孝祖將進攻之，與大將王玄謨別，悲不自勝，衆並駭怪。

泰始二年三月三日，與賊合戰，每戰，常以鼓蓋自隨。軍中人相謂曰：「殷統軍可謂死將矣，今與賊交鋒，而以羽儀自標顯，若射者十手攢射，欲不斃，得乎。」是日中流矢死。追贈建安縣侯，謚曰忠。

琰字敬珉，孝祖族子也。父道鸞，宋衡陽王義季右軍長史。

琰少爲文帝所知，見遇與琅邪王景文相埒。前廢帝永光元年，累遷黄門侍郎，出爲山陽王休祐右軍長史、南梁郡太守。休祐入朝，琰乃行府州事。明帝泰始元年，以休祐爲荆州，會晉安王子勛反，即以琰爲豫州刺史。土人前右軍參軍杜叔寶等並勸琰同逆〔三〕，琰素無部曲，無以自立，受制於叔寶。二年正月，帝遣輔國將軍劉勔西討之，築長圍，創攻道於東南角，并作大蝦蟇車載土，牛皮蒙之，三百人推以塞壍。十二月，琰乃始降。時琰有疾，以板自輿，諸將帥面縛請罪，勔並撫宥之，無所誅戮。後除少府，加給事中，卒官。

琰性和雅靜素，寡嗜慾，諳前世舊事。事兄甚謹，少以名行見稱。在壽陽被攻圍積時，爲城内所懷附。揚州刺史王景文、征西將軍蔡興宗、司空褚彦回並相與友善。

劉勔字伯猷，彭城安上里人也。祖懷義，父穎之，位並郡守。

勔少有志節，兼好文義。家貧，仕宋，初爲廣州增城令，稍遷鬱林太守。大明初還都，徐州刺史劉道隆請爲寧朔司馬。竟陵王誕據廣陵爲逆，勔隨道隆受沈慶之節度。事平，封金城縣五等侯，除西陽王子尚撫軍參軍，入直閤。先是，費沈伐陳檀不剋，乃除勔龍驤將軍、西江督護、鬱林太守。勔既至，隨宜翦定，大致名馬，并獻珊瑚連理樹。上甚悦。前廢帝即位，爲屯騎校尉，又入直閤。

明帝即位，江州刺史晉安王子勛爲逆，四方響應，勔以本官領建平王景素輔國司馬，進據梁山。會豫州刺史殷琰反叛，召勔還都，復兼山陽王休祐驃騎司馬致討。時琰嬰城固守，自始春至于末冬，勔内攻外禦，戰無不捷。善撫將帥，以寬厚爲衆所依。將軍王廣之求勔所自乘馬，諸將並忿廣之貪冒，勸勔以法裁之。勔懽笑，即解馬與廣之。及琰請降，勔約令三軍不得妄動，城内士庶感悦，咸曰來蘇。

還都，拜太子右衛率〔三〕，封鄱陽縣侯，遷右衛將軍，行豫州刺史，加都督。後徵拜散騎常侍、中領軍。勔以世路糾紛，有懷止足，經始鍾嶺之南，以爲栖息。聚石蓄水，髣髴丘中，朝士雅素者多往游之。

明帝臨崩，顧命以爲守尚書右僕射、中領軍。廢帝即位，加兵五百人。元徽初，月犯右執法，太白犯上將，或勸勔解職。勔曰：「吾執心行己，無愧幽明；若才輕任重，災眚必及，天道密微，避豈能免？」桂陽王休範爲亂，奄至建鄴，加勔使持節、鎮軍將軍，置佐，鎮扞石頭。既而賊衆屯朱雀航南，右軍將軍王道隆率宿衛向朱雀。聞賊已至，急信召勔，勔戰敗，死之。事平，贈司空，謚曰忠昭公〔四〕。子悛。

悛字士操，隨父征竟陵王誕於廣陵，以功拜駙馬都尉。後爲桂陽王征北中兵參軍，與齊武帝同直殿内，並爲宋明帝所親待，由是與武帝款好。

悛本名忱，宋明帝多忌，反語「劉忱」爲「臨讎」，改名悛焉。

齊武帝嘗至悛宅，晝卧覺，悛自捧金澡罐受四升水以沃盥，因以與帝，前後所納稱此。

後還安遠護軍、武陵内史。郡南古江堤久廢，悛脩未畢，而江水忽至，百姓棄役奔走。悛親率厲之，於是乃立。漢壽人邵榮興六世同爨，悛表其門閭。悛强濟有世調，善於流俗。蠻王田僮在山中，年垂百餘歲，南譙王義宣爲荆州，僮出謁，至是又謁悛。明帝崩，表求奔赴。敕帶郡還都，吏人送者數千萬人。悛人人執手，係以涕泣，百姓感之，贈送甚厚。

桂陽之難，加寧朔將軍，助守石頭。父勔於大航戰死，悛時遇疾，扶伏路次，號哭求勔屍。勔屍頂後傷缺〔五〕，悛割髮補之。持喪墓側，冬日不衣絮。齊高帝代勔爲領軍，素與勔善，書譬悛殷勤抑勉。

建平王景素反，高帝總衆。悛初免喪，高帝召悛及弟愃入省，欲使領支軍。及見皆羸削改貌，乃止。霸業初建，悛先致誠節，沈攸之事起，加輔國將軍。後爲廣州刺史，襲爵鄱陽縣侯。武帝自尋陽還，遇悛，驩宴敍舊，停十餘日乃下。遣文惠太子及竟陵王子良攝衣履，備父友之敬〔六〕。

齊受禪，國除，平西記室參軍夏侯恭叔上書，以柳元景中興功臣，劉勔殞身王事，宜存封爵。詔以與運隆替，不容復厝意也。

初，蒼梧廢，高帝集議中華門，見悛謂曰：「君昨直邪？」悛曰：「僕昨正直，而之急在外。」至是，上謂悛曰：「功名之際，人所不忘，卿昔在中華門答我，何其欲謝世事？」悛曰：「臣世受宋恩，門荷齊眷，非常之勳，非臣所及，敢不以實仰答。」

遷太子中庶子，領越騎校尉。時武帝在東宮，每幸悛坊，閑言至夕，賜屏風帷帳。武帝即位，改領前軍將軍〔七〕。後拜司州刺史。悛父勔討殷琰，平壽陽，無所犯害，百姓德之，爲立碑記。悛步道從壽陽之鎮，過勔碑，拜敬涕泣。於州下立學校，得古禮器銅罍甑、豳山銅罍罇〔八〕、銅豆、鍾各二口獻之。

遷長兼侍中。車駕數幸悛宅。宅盛修山池，造甕牖。武帝著鹿皮冠，披悛菟皮衾，於牖中宴樂〔九〕。以冠賜悛，至夜乃去。後從駕登蔣山，上數歎曰：「貧賤之交不可忘，糟糠之妻不下堂。」顧謂悛曰：「此況卿也。世言富貴好改其素情，吾雖有四海，今日與卿盡布衣之適。」悛起拜謝。累遷始興王前軍長史、平蠻校尉、蜀郡太守，行益州府州事。

初，高帝輔政，有意欲鑄錢，以禪讓之際，未及施行。建元四年，奉朝請孔覬上鑄錢均貨議，辭證甚博，其略以爲：

食貨相通，理勢自然。李悝曰：「糴甚貴傷人，甚賤傷農。人傷則離散，農傷則國貧。甚賤與甚貴，其傷一也。」三吳國之關奧，比歲時被水潦，而糴不貴，是天下錢少，非穀穰賤，此不可不察也。鑄錢之弊，在輕重屢變。重錢患難用，而難用爲累輕；輕錢弊盜鑄，而盜鑄爲禍深。人所盜鑄，嚴法不禁者，由上鑄錢惜銅愛工也。惜銅愛工，謂錢無用之器，以通交易，務欲令輕而數多，使省工而易成，不詳慮其爲患也。

自漢鑄五銖至宋文帝，歷五百餘年，制度世有廢興，而不變五銖錢者，明其輕重可法，得貨之宜。以爲開置泉府〔一〇〕，方牧貢金，大興鎔鑄。錢重五銖，一依漢法。若官鑄已布於人，使嚴斷翦鑿〔一一〕，輕小破缺無周郭者，悉不得行。官錢細小者，稱合銖兩，銷以爲大。利貧良之人，塞姦巧之路。錢貨既均，遠近若一，百姓樂業，市道無爭，衣食滋殖矣。

時議多以錢貨輕轉少，宜更廣鑄，重其銖兩，以防人姦。高帝使諸州郡大市銅炭，會晏駕事寢。

永明八年，悛啓武帝曰：「南廣郡界蒙山下有城名蒙城，可二頃地〔一二〕，有燒鑪四所，高一丈，廣一丈五尺。從蒙城度水南百許步，平地掘土深二尺，得銅。又有古掘銅坑，深二丈，并居宅處猶存。鄧通南安人，漢文帝賜通嚴道縣銅山鑄錢。今蒙山近在青衣水南，青衣左側並是故秦之嚴道地。青衣縣，文帝改名漢嘉。且蒙山去南安二百里，案此必是通所鑄〔一三〕。近唤蒙山獠出，云『甚可經略』。此議若立，潤利無極。并獻蒙山銅一片，又銅石一片，平州鑄鐵刀一口。」上從之。遣使入蜀鑄錢，得千餘萬，功費多乃止。

悛仍代始興王鑑爲益州刺史、監益寧二州諸軍事。悛既藉舊恩，尤能承迎權貴，賓客閨房，供費奢廣。罷廣、司二州，傾資貢獻〔一四〕，家無留儲。在蜀作金浴盆，餘金物稱是。罷任以本號還都，欲獻之，而武帝晏駕。鬱林新立，悛奉獻減少。鬱林知之，諷有司收悛付廷尉，將加誅戮。明帝啓救之，見原，禁錮終身。雖見廢黜，而賓客日至。

海陵即位，以白衣除兼左户尚書，尋除正。明帝立，加領驍騎將軍，復故官駙馬都尉。悛歷朝見恩遇，高帝爲鄱陽王鏘納悛妹爲妃。明帝又爲晉安王寶義納悛女爲妃。自此連姻帝室。

王敬則反，悛出守琅邪城，轉五兵尚書。悛兄弟以父死朱雀航，終身不行此路。明帝崩，東昏即位，改授散騎常侍，領驍騎將軍，尚書如故。衞送山陵，路經朱雀航感慟，至曲阿而卒。贈太常，常侍、都尉如故。謚曰敬子。

子孺字孝幼〔一五〕，幼聰敏，七歲能屬文。年十四居喪，毁瘠骨立，宗黨咸異之。叔父瑱爲義興郡，攜以之官，常置坐側，謂賓客曰：「此吾家明珠也。」及長，美風采，性通和，雖家人不見其喜愠。本州召迎主簿。起家中軍法曹行參軍，時鎮軍沈約聞其名，引爲主簿，恒與游宴賦詩，大爲約所嗟賞。累遷太子中舍人。

孺少好文章，性又敏速，嘗在御坐爲李賦，受詔便成，文不加點。梁武帝甚稱賞之。後侍宴壽光殿，詔羣臣賦詩。時孺與張率並醉，未及成。帝取孺手板題戲之曰：「張率東南美，劉孺洛陽才。攬筆便應就，何事久遲回。」其見親愛如此。

遷中書郎，兼中書通事舍人。歷太子中庶子，尚書吏部郎。累遷散騎常侍，左户尚書。大同五年，守吏部尚書。出爲晉陵太守，在郡和理，爲吏人所稱。入爲侍中。後復爲吏部尚書。母憂，以毀卒，謚曰孝子。

孺少與從兄苞、孝綽齊名，苞早卒，孝綽數坐免黜，位並不高，唯孺貴顯。有文集二十卷。孺弟覽。

覽字孝智，十六通老、易，位中書郎。以所生母憂，廬于墓，常再朞不嘗鹽酪[一六]，食麥粥而已。隆冬止著單布衣，家人慮不勝喪，中夜竊置炭於牀下，覽因暖得寐。及覺知之，號慟歐血。梁武帝聞其至性，數使省視。

服闋，除尚書左丞。性聰敏，尚書令史七百人，一見並記名姓。當官清正無所私。從兄吏部郎孝綽，在職頗通贓貨，覽劾奏免官。孝綽怨之，常謂人曰：「犬噬行路，覽噬家人。」出爲始興内史，居郡尤勵清節。復爲左丞，卒官。覽弟遵。

遵字孝陵，少清雅有學行，工屬文。爲晉安王綱宣惠、雲麾二府記室，甚見賓禮。王立爲皇太子，仍除中庶子。遵自隨蕃及在東宫，以舊恩偏蒙寵遇，時輩莫及。卒官，皇太子深悼惜之，與遵從兄陽羨令孝儀令曰：「賢從弟中庶奄至殞逝，痛可言乎。其孝友淳深，立身貞固，内含玉潤，外表瀾清，言行相符，終始如一。文史該富，琬琰爲心，辭章博贍，玄黄成采。既以鳴謙表性，又以難進自居。吾昔在漢南，連翩書記；及忝朱方，從容坐首。鷁舟乍動，朱鷺徐鳴，未嘗一日而不追隨，一時而不會遇。益者三友，此寔其人。及弘道下邑，未申善政，而能使人結去思，野多馴翟，此亦威鳳一羽，足以驗其五德。」其見愛賞如此。

苞字孝嘗，一字孟嘗，悛弟子也。父愃，位太子中庶子。

苞三歲而孤，至六七歲，見諸父常泣。時伯父悛、繪等並顯貴〔一七〕，其母謂其畏憚，怒之。苞曰：「早孤不及有識，聞諸父多相似，故心中悲耳。」因而歔欷，母亦悲慟。初，苞父母及兩兄相繼亡歿〔一八〕，悉假瘞焉。苞年十六，始移墓所，經營改葬，不資諸父。奉君母朱夫人及所生陳氏並扇席温枕，叔父繪常歎伏之。

少好學，能屬文，家有舊書，例皆殘蠹，手自編緝，筐篋盈滿。梁初，以臨川王妃弟，故自征虜主簿遷右軍功曹，累遷太子洗馬，掌書記，侍講壽安殿〔一九〕。及從兄孝綽等並以文藻見知，多預宴坐。受詔詠天泉池荷及採菱調，下筆即成。

天監十年卒，臨終呼友人南陽劉之遴，託以喪事從儉。苞居官有能名，性和直，與人交，面折其非，退稱其美，士友咸以此歎惜之。

繪字士章，悛弟也。初爲齊高帝行參軍，帝歎曰：「劉公爲不亡也。」及豫章王嶷鎮江陵，繪爲鎮西外兵參軍，以文義見禮。時琅邪王鋼爲功曹〔二〇〕，以吏能自進，嶷謂僚佐曰：「吾雖不能得應嗣陳蕃，然閤下自有二驥也。」

性通悟，出爲南康相，郡人有姓賴，所居名穢里，刺謁繪。繪戲嘲之曰：「君有何穢，而居穢里？」此人應聲曰：「未審孔丘何闕，而居闕里。」繪嘿然不答，亦無忤意，歎其辯速。

後歷位中書郎，掌詔誥。敕助國子祭酒何胤撰脩禮儀。永明末，都下人士盛爲文章談義，皆湊竟陵西邸，繪爲後進領袖。時張融以言辭辯捷，周顒彌爲清綺，而繪音采贍麗〔二〕，雅有風則。時人爲之語曰：「三人共宅夾清漳，張南周北劉中央。」言其處二人間也。

魚復侯子響誅後，豫章王嶷欲求葬之，召繪爲表言其事，繪須臾便成。嶷歎曰：「禰衡何以過此。」唯足八字云：「提攜鞠養，俯見成人。」後魏使至，繪以辭辯被敕接使。事畢，當撰語辭。繪謂人曰：「無論潤色未易，但得我語亦難矣。」

隆昌中，兄悛坐事將見誅，繪伏闕請代兄死，明帝輔政，救之，乃免死。明帝即位，爲太子中庶子。安陸王寶晊爲湘州，以繪爲冠軍長史、長沙內史，行湘州事。寶晊妃，悛女也。寶晊愛其侍婢，繪奪取，具以啓聞，寶晊以爲恨，與繪不協。遭母喪去官，有至性。服闋，爲晉安王征北長史、南東海太守，行南徐州事〔三〕。

及梁武起兵，朝廷以繪爲雍州刺史，固讓不就。衆以朝廷昏亂，爲之寒心。繪終不受，乃改用張欣泰。轉繪建安王車騎長史，行府國事。

及東昏見殺，城內遣繪及國子博士范雲等齎其首詣梁武帝於石頭。轉大司馬從事中郎，卒。子孝綽。

孝綽字孝綽，本名冉。幼聰敏，七歲能屬文。舅齊中書郎王融深賞異之，與同載以適親友，號曰神童。融每曰：「天下文章若無我，當歸阿士。」阿士即孝綽小字也。父繪，齊時掌詔誥，孝綽時年十四，繪常使代草之。父黨沈約、任昉、范雲等聞其名，命駕造焉，昉尤相賞好。范雲年長繪十餘歲，其子孝才與孝綽年並十四五。及雲遇孝綽，便申伯季，乃命孝才拜之。兼善草隸，自以書似父，乃變爲別體。

梁天監初，起家著作佐郎，爲歸沐詩贈任昉，昉報曰：「彼美洛陽子，投我懷秋作。詎慰耋嗟人，徒深老夫託。直史兼褒貶，轄司專疾惡。九折多美疹，匪報庶良藥。」其爲名流所重如此。

後遷兼尚書水部郎，奉啓陳謝。手敕答曰：「美錦未可便製，簿領亦宜稍習。」頃之即真。武帝時因宴幸，令沈約、任昉等言志賦詩，孝綽亦見引。嘗侍宴，於坐作詩七首，武帝覽其文，篇篇嗟賞，由是朝野改觀。累遷秘書丞。武帝謂舍人周捨云：「第一官當知用第一人。」故以孝綽居此職。

後爲太子僕，掌東宮管記。時昭明太子好士愛文，孝綽與陳郡殷芸、吴郡陸倕、琅邪王筠、彭城到洽等同見禮。太子起樂賢堂，乃使先圖孝綽。太子文章，羣才咸欲撰録，太子獨使孝綽集而序之。遷兼廷尉卿。

初，孝綽與到溉兄弟甚狎，溉少孤，宅近僧寺，孝綽往溉許，適見黄臥具，孝綽謂僧物色也，撫手笑。溉知其旨，奮拳擊之，傷口而去。又與洽同游東宫，孝綽自以才優於洽，每於宴坐嗤鄙其文，洽深銜之。及孝綽爲廷尉，攜妾入廷尉，其母猶停私宅。洽尋爲御史中丞，遣令史劾奏之，云「攜少妹於華省，棄老母於下宅」。武帝爲隱其惡，改妹字爲姝。孝綽坐免官。諸弟時隨蕃皆在荆、雍，乃與書論共洽不平者十事，其辭皆訴到氏。又寫別本封至東宫〔二三〕，昭明太子命焚之，不開視。

孝綽免職後，武帝數使僕射徐勉宣旨慰撫之，每朝宴常預焉。及武帝爲籍田詩，又使勉先示孝綽。時奉詔作者數十人，帝以孝綽詩工，即日起爲西中郎湘東王諮議參軍。遷黄門侍郎、尚書吏部郎，坐受人絹一束，爲餉者所訟，左遷信威臨賀王長史。晚年忽忽不得志，後爲祕書監。

初，孝綽居母憂，冬月飲冷水，因得冷癖，以大同五年卒官，年五十九。

孝綽少有盛名，而杖氣負才，多所陵忽。有不合意，極言詆訾。領軍臧盾、太府卿沈僧旻等並被時遇，孝綽尤輕之。每於朝集會同，處公卿間無所與語，反呼騶卒訪道途間事，由此多忤於物，前後五免。孝綽辭藻爲後進所宗，時重其文，每作一篇，朝成暮徧，好事者咸誦傳寫〔二四〕，流聞河朔，亭苑柱壁莫不題之。文集數十萬言，行於時。兄弟及羣從子姪當時有七十人，並能屬文，近古未之有也。

其三妹，一適琅邪王叔英，一適吴郡張嵊，一適東海徐悱，並有才學。悱妻文尤清拔，所謂劉三娘者也。悱爲晉安郡卒，喪還建鄴，妻爲祭文，辭甚悽愴。悱父勉本欲爲哀辭，及見此文，乃閣筆。

孝綽子諒字求信，小名春。少好學，有文才，尤悉晉代故事，時人號曰「皮裹晉書」。位中書宣城王記室，爲湘東王所善。王嘗游江濱，歎秋望之美。諒對曰：「今日可謂『帝子降於北渚』。」王有目疾，以爲刺己。應曰：「卿言『目眇眇以愁予』邪？」從此嫌之。

孝綽弟潛字孝儀，幼孤，與諸兄弟相勗以學，並工屬文。孝綽嘗云「三筆六詩」，三即孝儀，六謂孝威也。

舉秀才，累遷尚書殿中郎。敕令製雍州平等寺金像碑，文甚宏麗。晉安王綱鎮襄陽，引爲安北功曹史。及王爲皇太子，仍補洗馬，遷中舍人。出爲陽羨令，甚有稱績。後爲中書郎，以公事左遷安西諮議參軍，兼散騎常侍。使魏還，除中書郎。累遷尚書左丞，長兼御史中丞。在職多所彈糾，無所顧望，當時稱之。出爲臨海太守。時政網疏闊，百姓多不遵禁。孝儀下車，宣下條制，勵精綏撫，境内翕然，風俗大變。入還都官尚書。太清元年，出爲豫章内史〔二五〕。侯景寇建鄴，孝儀遣子勵帥郡兵三千，隨前衡州刺史韋粲入援。及宫城不守，孝儀爲前歷陽太守莊鐵所逼，失郡，卒。

孝儀爲人寬厚，内行尤篤。第二兄孝熊早卒〔二六〕，孝儀奉寡嫂甚謹，家内巨細必先諮決，與妻子朝夕供事，未嘗失禮，時人以此稱之。有文集二十卷行於世。

第五弟孝勝，位尚書右丞、兼散騎常侍。聘魏還，爲安西武陵王紀長史、蜀郡太守。紀僭號於蜀，以爲尚書僕射。隨紀出峽口，兵敗被執。元帝宥之，以爲司徒右長史。

第六弟孝威，氣調爽逸，風儀俊舉。初爲安北晉安王法曹，後爲太子洗馬，中舍人，庶子，率更令，並掌管記。大同中，白雀集東宫，孝威上頌甚美。太清中，遷中庶子，兼通事舍人。及侯景寇亂，隨司州刺史柳仲禮至安陸，卒。

第七弟孝先，位武陵王主簿，與兄孝勝俱隨紀軍出峽口。兵敗，元帝以爲黄門郎，遷侍中。

瑱字士温，繪弟也。少有行業，文藻、篆隸、丹青並爲當世所稱。時有滎陽毛惠遠善畫馬，瑱善畫婦人，並爲當世第一。

瑱妹爲齊鄱陽王妃，伉儷甚篤。王爲齊明帝所誅，妃追傷遂成痼疾，醫所不療。有陳郡殷蒨善寫人面，與真不別，瑱令蒨畫王形像，并圖王平生所寵姬共照鏡狀，如欲偶寢。瑱乃密使媪孋示妃，妃視畫仍唾之，因罵云「故宜其早死」。於是恩情即歇，病亦除差。此姬亦被廢苦，因即以此畫焚之。

瑱仕齊，歷尚書吏部郎，義興太守。先繪卒。

論曰：當泰始之際，二殷去就不同，原始要終，各以名節自立。孝祖翫敵而亡，蓋其宜也。劉勔出征久撫，所在流譽，行己之節，赴蹈爲期，雖古之忠烈，亦何以加此。悛至性過人，繪辭義克舉，諸子各擅雕龍，當年方駕，文采之盛，殆難繼乎。孝綽中冓爲尤，可謂人而無儀者矣。

校勘記

〔一〕孝祖外甥司徒參軍潁川荀僧韶建議銜命徵孝祖入朝　上「孝祖」，原作「孝武」，據南監本、北監本、殿本及宋書卷八六殷孝祖傳、册府卷三七一、通志卷一三六改。

〔二〕土人前右軍參軍杜叔寶等並勸琰同逆　「參軍」二字原脱，據宋書卷八七殷琰傳、通鑑卷一三一宋紀一三泰始二年補。

〔三〕拜太子右衛率　「太子右衛率」，宋書卷八六劉勔傳作「太子左衛率」，疑是。　魏書卷九七島夷劉裕傳載，「彧又遣其中領軍沈攸之、太子左衛率劉勔寇彭城」。

〔四〕謚曰忠昭公　「忠」字原脱，據宋書卷八六劉勔傳補。　按梁書卷三三劉孝綽傳、卷四一劉孺傳、通鑑卷一三三宋紀一五元徽二年俱載劉勔爲「忠昭公」。

〔五〕勔屍頂後傷缺　「後」，原作「復」，據南齊書卷三七劉悛傳、册府卷七五三、通志卷一三八改。

〔六〕備父友之敬　「備」，南齊書卷三七劉悛傳作「脩」，册府卷二一一、通志卷一三八作「修」。

〔七〕改領前軍將軍　「前」字原脱，據南齊書卷三七劉悛傳補。　按上云「領越騎校尉」，故此云「改領」。越騎遷前軍乃循資而進，若領軍則嫌躐等。　劉悛其後爲征北竟陵王子良南兗州長史，加冠軍將軍、廣陵太守，亦證此時無任領軍將軍之可能。

〔八〕豳山銅罍罇　南齊書卷三七劉悛傳無「豳」字。

〔九〕披悛菟皮衾於牖中宴樂　「菟皮衾」，御覽卷六八四引齊書作「兔毛衾」。

〔一〇〕以爲開置泉府　南齊書卷三七劉悛傳、册府卷五〇〇「以爲」下有「宜」字。

〔一一〕使嚴斷翦鑿　「使」，通鑑卷一三七齊紀三永明八年作「便」。

〔一二〕南廣郡界蒙山下有城名蒙城可二頃地　「名蒙城」三字原脱，據南齊書卷三七劉悛傳、册府卷五〇〇、通志卷一三八補。　按下出「蒙城」，明此爲脱文。

〔三〕案此必是通所鑄　通志卷一三八下有「處」字。

〔四〕傾資貢獻　「傾」，原作「領」，據南齊書卷三七劉悛傳、册府卷六九七、通志卷一三八改。

〔五〕子孺字孝幼　「孝」，原作「季」，據北監本、殿本及梁書卷四一劉孺傳、通志卷一四一改。按孺弟及從兄皆字「孝」某，知此「季」乃「孝」之訛。「幼」，北監本、殿本及梁書、通志作「稚」，此避唐諱而改。

〔六〕廬于墓常再朞不嘗鹽酪　梁書卷四一劉孺傳附劉覽傳、御覽卷八五九引梁書、册府卷七五三「墓」後無「常」字，疑衍。

〔七〕時伯父悛繪等並顯貴　「伯父」，梁書卷四九文學上劉苞傳、册府卷七五三作「世叔父」。按悛爲苞伯父，繪爲苞叔父，此疑脱一「叔」字。

〔八〕初苞父母及兩兄相繼亡歿　「母」字疑衍。按上云「苞三歲而孤，至六七歲……其母謂其畏憚，怒之」，是母不得與父之亡歿相繼；下又云「奉君母朱夫人及所生陳氏」，明其母氏俱在。

〔九〕侍講壽安殿　「壽安殿」，梁書卷四九文學上劉苞傳、册府卷七五三作「壽光殿」。

〔一〇〕時琅邪王鋼爲功曹　「王鋼」，南監本、北監本、殿本作「王綱」，南齊書卷四八劉繪傳、册府卷二九二、卷七一八作「王翊」，疑是。

〔一一〕而繪音采贍麗　「贍麗」上原衍「不」字，據御覽卷六一七引齊書删。

〔一二〕爲晉安王征北長史南東海太守行南徐州事　「南東海」，原作「南海」，據南齊書卷四八劉繪傳、通志卷一三八改。按南齊書卷一四州郡志上，南東海爲南徐州首郡，南海爲廣州首郡，此云「行南徐州事」，則不當作「南海」。

〔二三〕又寫別本封至東宮　「至」，梁書卷三三劉孝綽傳、册府卷九二〇作「呈」。

〔二四〕好事者咸誦傳寫　「誦傳寫」，南監本、北監本、殿本作「傳誦寫」，梁書卷三三劉孝綽傳作「諷誦傳寫」，通志卷一四一作「傳寫」。

〔二五〕出爲豫章內史　「豫章」，原作「豫州」，據梁書卷四一劉潛傳改。

〔二六〕第二兄孝熊早卒　「孝熊」，梁書卷四一劉潛傳作「孝能」。

南史卷四十

列傳第三十

魯爽 薛安都從子深 鄧琬劉胡 宗越 吳喜 黄回

魯爽小字女生，扶風郿人也。祖宗之字彦仁，仕晉官至南陽太守。義熙元年起義，以功爲雍州刺史。宋武帝討劉毅，與宗之同會江陵〔一〕，封南陽郡公。自以非武帝舊隸，屢建大功，有自疑之志。會司馬休之見討猜懼，因與休之北奔，盡室入姚氏，頃之病卒。父軌一名象齒，便弓馬，膂力絶人，爲竟陵太守，隨父入姚氏。及武帝定長安，軌、休之北奔魏。魏以軌爲荆州刺史、襄陽公，鎮長社。孝武鎮襄陽，軌遣親人程整奉書規欲歸南致誠，以殺劉康祖、徐湛之父不敢歸。文帝累遣招納，許以爲司州刺史。

爽少有武藝，魏太武知之，常置左右。及軌死，爽代爲荆州刺史、襄陽公，鎮長社。麤中使酒，數有過失，太武怒將誅之。爽懼，密懷歸南計。次弟秀小字天念，頗有意略。仕魏以軍功爲中書郎，封廣陵侯。或告太武鄴人欲反，復遣秀檢察，并燒石季龍殘餘宮殿。秀常乘驛往返，是時病還遲，爲太武所詰。秀復恐懼。太武尋南攻，因從度河。先是廣平人程天祚爲殿中將軍，有武力。元嘉二十七年，助戍彭城，爲魏軍所獲。以善針術，深被太武賞愛，封南安公，常置左右。恒勸秀南歸，秀納之。及太武北還，與爽俱來奔。文帝悦，以爽爲司州刺史，秀爲滎陽、潁川二郡太守。是歲元嘉二十八年也。魏毀其墳墓。明年四月入朝，時太武已崩，上更謀經略。五月，遣爽、秀及程天祚等出許、洛。王玄謨攻碻磝不拔，敗退，爽亦收衆南還。

三十年，元凶弒逆，南譙王義宣起兵入討，爽與雍州刺史臧質俱詣江陵。事平，以爽爲豫州刺史，加都督。至壽陽，便曲意賓客，爵命士人，畜仗聚馬，如寇將至。元凶之爲逆也，秀在建鄴。元凶謂秀曰：「我爲卿誅徐湛之矣，方相委任。」以秀爲右將軍[二]，使攻新亭，秀因此歸順。孝武即位，以爲司州刺史，加都督，領汝南太守。

孝建元年二月，義宣與爽謀反，報秋當同舉。爽狂酒乖謬，即日便起兵。使其衆戴黃標，稱建平元年，竊造法服。義宣、質聞爽已處分，便狼狽同反。爽於是送所造輿服詣江陵，板義宣及臧質等文曰：「丞相劉今補天子名義宣，車騎臧今補丞相名質，平西朱今補車騎名脩之』，皆板到奉行。」義宣駭愕，爽所送法物並留竟陵縣，不聽進。使爽直出歷陽，自采石濟軍，與質水陸俱下。左軍將軍薛安都與爽相遇，刺殺之，傳首建鄴。進平壽陽，子弟並伏誅。

薛安都，河東汾陰人也。世爲强族，族姓有三千家，父廣爲宗豪。宋武帝定關、河，以爲上黨太守。

安都少以勇聞，身長七尺八寸，便弓馬。仕魏以軍功爲雍州、秦州都統。元嘉二十一年來奔，求北還，構扇河、陝。文帝許之。孝武鎮襄陽，板爲北弘農太守。魏軍漸强，安都乃歸襄陽。二十七年，隨王誕板安都爲建武將軍，隨柳元景向關、陝，率步騎居前，所向剋捷。後孝武伐逆，安都領馬軍，與柳元景俱發。孝武踐阼，除右軍將軍，率所領騎爲前鋒，直入殿庭。以功封南鄉縣男。安都初征關、陝，至臼口，夢仰視天，見天門開，謂左右曰：「汝等見天門開不？」至是歎曰：「夢天門開，乃中興之象邪？」

從弟道生亦以軍功爲大司馬參軍，犯罪，爲秣陵令庾淑之所鞭。安都大怒，即日乃乘馬從數十人，令左右執矟，欲往殺淑之。行至朱雀航，逢柳元景，遥問曰：「薛公何之？」

安都躍馬至車後，曰：「小子庾淑之鞭我從弟，今指往刺殺之。」元景慮其不可，駐車紿之曰[三]：「小子無宜適，卿往與手甚快。」安都既回馬，元景復呼之，令下馬入車，因讓之曰：「卿從弟服章言論與寒細不異，且人身犯罪，理應加罰。卿爲朝廷勳臣，云何放恣，輒於都邑殺人。非惟科律所不容，主上亦無辭相宥。」因載俱歸，安都乃止。其年以憚直免官。

孝建元年，除左軍將軍。及魯爽反叛，遣安都及沈慶之濟江。安都望見爽，便躍馬大呼，直往刺之，應手倒。左右范雙斬爽首。爽世梟猛，咸云萬人敵，安都單騎直入，斬之而反，時人皆云關羽斬顔良不是過也。進爵爲侯。

時王玄謨拒南郡王義宣、臧質於梁山，安都復領騎爲支軍。義宣遣將劉諶之及臧質攻玄謨[四]。玄謨命衆軍擊之，使安都引騎出賊陣右横擊陷之，賊遂大潰。轉太子右衛率[五]。

大明元年，魏軍向無鹽，遣安都領馬軍，東陽太守沈法系統水軍，並受徐州刺史申坦節度[六]。時魏軍已去，坦求回軍討任榛見許。會天旱，水泉多竭，人馬疲困，不能遠追。安都、法系白衣領職，坦繫尚方。任榛大抵在任城界，積世逋叛所聚，棘榛深密，難爲用師，故能久自保藏，屢爲人患。

安都明年復職，改封武昌縣侯。景和元年，爲平北將軍、徐州刺史，加都督。明帝即位，安都舉兵同晉安王子勛。時安都從子索兒在都，明帝以爲左軍將軍、直閤。安都將爲逆，遣報之，又遣人至瓜步迎接。時右衞將軍柳光世亦與安都通謀，二人俱逃，攜安都諸子及家累席卷北奔。青州刺史沈文秀、冀州刺史崔道固並皆同反〔七〕。明帝遣齊高帝率前將軍張永等北討，所至奔散，斬薛索兒。

時武衞將軍王廣之領軍隸劉勔，攻殷琰於壽陽，道固部將傅靈越爲廣之軍人所禽，厲聲曰：「我傅靈越也，汝得賊何不即殺。」時生送詣勔，勔躬自慰勞，詰其叛逆。對曰：「九州唱義，豈獨在我。」勔又問：「卿何不早歸天闕，乃逃命草間？」靈越曰：「薛公舉兵淮北，威震天下，不能專任智勇，委付子姪，致敗之由，實在於此。人生歸於一死，實無面求活。」勔壯其意，送還建鄴。明帝欲加原宥，靈越辭對如一，終不回改，乃殺之。靈越，清河人也。

子勛平定，安都遣別駕從事史畢衆愛、下邳太守王煥等奏啓事詣明帝歸款。索兒之死也，安都使柳光世守下邳，至是亦率所領歸降。帝以四方已平，欲示威於淮外，遣張永、沈攸之以重軍迎安都，懼不免罪，遂降魏。

深，安都從子也。本名道深，避齊高帝偏諱改焉。安都以彭城降魏，親族皆入北。高帝鎮淮陰，深遁來，委身自結於高帝。果幹有氣力。宋元徽末，以軍功至驍騎將軍、軍主，封竟陵侯。

沈攸之之難，齊高帝入朝堂，豫章王嶷代守東府，使深領軍屯司徒右府〔八〕，分備建鄴。袁粲據石頭，豫章王嶷夜登西門遥呼深，深驚起，率軍赴難。高帝即位，除淮陰太守〔九〕，尋爲直閤將軍，轉太子左率。武帝即位，遷左衞將軍。隆昌元年，爲司州刺史、右將軍，卒。

鄧琬字元琰〔一〇〕，豫章南昌人也。父胤之，宋孝武征虜長史、光禄勳。孝武起義初，琬爲南海太守，以弟瓊與臧質同逆遠徙，仍停廣州，久之得還。歷位丹陽丞。大明七年，車駕幸歷陽，追思在蕃之舊，擢琬爲給事黄門侍郎。明年，出爲晉安王子勛鎮軍長史、尋陽内史，行江州事。

前廢帝以文帝、孝武並次居第三，以登極位。子勛次第既同，深致嫌疑，因何邁之謀，乃遣使齎藥賜死。使至，子勛典籤謝道遇、主帥潘欣之、侍書褚靈嗣等馳以告琬〔一一〕，泣涕請討。琬曰：「身南土寒士，蒙先帝殊恩，以愛子見託，當以死報效。」景和元年冬，子勛戎服出聽事宣旨，欲舉兵，四坐未荅。録事參軍陶亮曰：「請効死前驅。」衆並奉旨。

會明帝定亂，進子勛號車騎將軍、開府儀同三司。令書至，諸佐史並喜造琬曰：「暴亂既除，殿下又開黄閤，實爲公私大慶。」琬以子勛次第居三，又以尋陽起事，有符孝武，理必萬剋。乃取令書投地曰：「殿下當開端門，黄閤是吾徒事耳。」衆並駭愕。

琬與陶亮等繕甲器，徵兵四方。郢州刺史安陸王子綏、荆州刺史臨海王子頊、會稽太守尋陽王子房、雍州刺史袁顗、梁州刺史柳元怙、益州刺史蕭惠開、廣州刺史袁曇遠、徐州刺史薛安都、青州刺史沈文秀、冀州刺史崔道固、湘州行事何慧文、吴郡太守顧琛、吴興太守王曇生、晉陵太守袁標、義興太守劉延熙並同叛逆。琬乃建牙於桑尾，傳檄建鄴，購明帝萬户侯，布絹二萬疋，金銀五百斤，其餘各有差。

明帝遣荆州典籤邵宰乘驛還江陵，經過襄陽。袁顗馳書報琬，勸勿解甲，并奉勸子勛即僞位。琬乃稱説符瑞，令顧昭之撰爲瑞命記。造乘輿御服，立宗廟，設壇場，矯作崇憲太后璽令，羣僚上僞號於子勛。泰始二年正月七日，即位於尋陽城。改景和三年爲義嘉元年〔一三〕。其日雲雨晦合，行禮忘稱萬歲。取子勛所乘車除脚以爲輦，置僞殿之西，其夕有鳩棲其中，鴞集其幰，又有秃鶖鳥集城上。拜安陸王子綏爲司徒，因雷電晦冥，震其黄閣柱，鵄尾墮地。又有鵄棲其帳上。

琬性鄙闇，貪吝過甚，財貨酒食，皆身自量校。至是父子並賣官鬻爵，使婢僕出市道販賣，酣歌博弈，日夜不休。賓客到門者，歷旬不得前。內事悉委褚靈嗣等三人，羣小競爲威福，士庶忿怨，內外離心矣。

明帝遣領軍將軍王玄謨領水軍南討，吳興太守張永爲繼。尚書下符：「奉詔以四王幼弱，不幸陷難，兵交之日，不得妄加侵犯。若有逼損，誅翦無貸。」

琬遣孫沖之等前鋒一萬據赭圻，沖之於道與子勛書，欲沿流挂帆，直取白下，請速遣陶亮衆軍相接，分據新亭。亮本無幹略，聞建安王休仁自上，殷孝祖又至，不敢進。及孝祖中流矢死，沈攸之代爲前鋒。沖之謂陶亮曰：「孝祖梟將，一戰便死，天下事定矣，不須復戰。便當直取京都。」亮不從。

明帝遣員外散騎侍郎王道隆至赭圻督戰，衆軍奮擊，大破之。琬又遣豫州刺史劉胡來屯鵲尾。胡宿將，攸之等甚憚之。胡鄉人蔡那、佼長生、張敬兒各領軍隸攸之在赭圻，胡因要那等共語。那等説令歸順。胡回軍入鵲尾，無他權略。

建安王休仁自武檻進據赭圻〔一三〕，時胡等兵衆强盛，遠近疑惑。明帝欲綏慰人情，遣吏部尚書褚彥回至武檻，選用將帥以下。申謙、杜幼文因此求黄門，沈懷明、劉亮求中書郎。建安王休仁即使彥回擬選，上不許，曰：「忠臣殉國，不謀其報，臨難以干朝典，豈爲下之節。」

沈攸之等與劉胡相持久不決，上又遣强弩將軍任農夫等領兵繼至。攸之繕脩船舸，板材不周，計無所出。會琬送五千片榜供胡軍用，俄而風潮奔迅，榜突柵出江，胡等力不能制，趁流而下，泊攸之等營，於是材板大足。

琬進袁顗都督征討諸軍事，率樓船千艘來入鵲尾。張興世建議越鵲尾上據錢溪，斷其糧道。胡累攻之不能剋，乃遣龍驤將軍陳慶領三百舸向錢溪，戒慶不須戰。陳慶至錢溪不敢攻，越溪於梅根立砦。胡別遣將王起領百舸攻興世，興世擊大破之〔一四〕，胡率其餘舸馳還。顗更使胡攻興世。休仁因此命沈攸之、吳喜、佼長生、劉靈遺、劉伯符等進攻濃湖，造皮艦千乘〔一五〕，拔其營柵，苦戰移日，大破之。顗被攻急，馳信召胡令還。張興世既據錢溪，江路岨斷，胡軍乏食。琬大送資糧，畏興世不敢下。胡遣將迎之，爲錢溪所破，夜走徑趣梅根。顗聞胡走，亦棄衆西奔，至青林見殺。

琬惶擾無計，時張悅始發兄子浩喪，乃稱疾呼琬計事，令左右伏甲戒之，若聞索酒便出。琬至，謀斬晉安王，封府庫以謝罪。悅曰：「寧可賣殿下求活邪。」因呼求酒，再呼，左右震懾不能應，第二子詢提刀出〔一六〕，餘人續至，即斬琬。悅因齎琬首詣建安王休仁降。

蔡那子道深以父爲明帝効力被繫作部〔一七〕，因亂脱鏁入城，執子勛囚之。

沈攸之諸軍至江州，斬子勛於桑尾牙下，傳首建鄴。劉胡走入沔，竟陵郡丞陳懷直〔一八〕，憲子也，斷道邀之。胡人馬既疲困，因隨懷直入城，告渴得酒，飲酒畢，引佩刀自刺不死，斬首送建鄴。張興世弟僧彦追殺懷直，取胡首，竊有其功。

荆州聞濃湖平，更議奉子頊奔益州就蕭惠開。典籤阮道預、邵宰不同，曰：「雖復欲西，豈可得至。」遣使歸罪。荆州中從事宗景、土人姚儉等勒兵入城，執子頊以降。

劉胡，南陽涅陽人也，本以面坳黑似胡，故名坳胡，及長單名胡焉。出身郡將，稍至隊主。討伐諸蠻，往無不捷。蠻甚畏憚之。明帝即位，除越騎校尉。蠻畏之，小兒啼，語云「劉胡來」便止。

宗越，南陽葉人也。本爲南陽次門。安北將軍趙倫之鎮襄陽，襄陽多雜姓，越更被黜爲役門。出身補郡吏。父爲蠻所殺，越於市中刺殺讎人。太守夏侯穆嘉其意，擢爲隊主。蠻有爲寇盜者，常使越討伐，往輒有功。家貧無以市馬，刀楯步出，單身挺戰，衆莫能當。

每一捷，郡將輒賞錢五千，因此得買馬。元嘉二十四年，啓文帝求復次門，移户屬冠軍縣，許之。二十七年，隨柳元景侵魏，領馬幢隸柳元怙有戰功，還補後軍參軍督護，隨王誕戲之曰：「汝何人，遂得我府四字。」越答曰：「佛狸未死，不憂不得諮議參軍。」誕大笑。

孝武即位，以爲江夏王義恭大司馬行參軍、濟陽太守。臧質、魯爽反，朝廷致討，越戰功居多，追奔至江陵。時荆州刺史朱脩之未至，越多所誅戮，又逼略南郡王義宣子女，坐免官繫尚方，尋被宥。追論前功，封范陽縣子〔一九〕。

大明三年，爲長水校尉。竟陵王誕據廣陵反，越領馬軍隸沈慶之攻誕。及城陷，孝武使悉殺城内男丁。越受旨行誅，躬臨其事，莫不先加捶撻，或有鞭其面者，欣欣然若有所得，凡殺數千人。改封始安縣子。

前廢帝景和元年，進爵爲侯，召爲游擊將軍、直閤，領南濟陰太守，改領南東海太守。帝凶暴無道，而越、譚金、童太一並爲之用命，誅戮羣公及何邁等，莫不盡心竭力，故帝憑其爪牙，無所忌憚。賜與越等美女金帛，充牣其家。越等武人麤强，識不及遠，感一往意氣〔二〇〕，皆無復二心。帝時南巡，明旦便發，其夕悉聽越等出外宿，明帝因此定亂。明晨越等並入，被撫接甚厚。越改領南濟陰太守，本官如故。

越等既爲廢帝盡心，慮明帝不能容之。上接待雖厚，内並懷懼。上意亦不欲使其居中，從容謂曰：「卿遭離暴朝，勤勞日久，兵馬大郡，隨卿等所擇。」越等素已自疑，及聞此旨，皆相顧失色。因謀作難，以告沈攸之，攸之具白帝，即日下獄死。

越善立營陣，每數萬人止頓，自騎馬前行，使軍人隨其後，馬止營合，未嘗參差。及沈攸之代殷孝祖爲南討前鋒，時孝祖新死，衆心並懼。攸之歎曰：「宗公可惜，故有勝人處。」而性嚴酷，好行刑誅，時王玄謨御下亦少恩，將士爲之語曰：「寧作五年徒，不逐王玄謨。玄謨猶尚可，宗越更殺我。」

譚金在魏時，與薛安都有舊，後出新野居牛門村。及安都歸國，金常隨征討，副安都，排堅陷陣，氣力兼人。孝建三年，爲屯騎校尉、直閤，領南清河太守。景和元年，前廢帝誅羣公，金等並爲之用，封金平都縣男，童太一宜陽縣男，沈攸之東興縣男。

越州里又有武念、佼長生、曹欣之、蔡那，並以將帥顯。武念位至南陽太守，長生寧蠻校尉，曹欣之驍騎將軍；蔡那見子道恭傳。

吴喜，吴興臨安人也。本名喜公，明帝减爲喜。出身爲領軍府白衣吏。少知書，領軍將軍沈演之使寫起居注，所寫既畢，闇誦略皆上口。演之嘗作讓表，未奏失本，喜經一見即寫，無所漏脱。演之甚知之。因此涉獵史、漢，頗見古今。演之門生朱重人入爲主書[三]，薦喜爲主書吏，進爲主圖令史。文帝嘗求圖書，喜開卷倒進之，帝怒遣出。會太子步兵校尉沈慶之征蠻，啓文帝請喜自隨，爲孝武所知。稍遷至河東太守、殿中御史。

明帝即位，四方反叛，喜請得精兵三百致死於東。帝大悦，即假建武將軍，簡羽林勇士配之。議者以喜刀筆吏，不嘗爲將，不可遣。中書舍人巢尚之曰：「喜隨沈慶之累經軍旅，性既勇決，又習戰陣，若能任之，必有成績。」喜乃東討。

喜在孝武世既見驅使，性寬厚，所至人並懷之。及東討，百姓聞吳河東來，便望風降散，故喜所至剋捷。遷步兵校尉，封竟陵縣侯。

東土平定，又率所領南討，遷尋陽太守。泰始四年，改封東興縣侯，除右軍將軍、淮陽太守，兼太子左衞率。五年，轉驍騎將軍，太守、兼率如故。其年，大破魏軍於荆亭。六年，又率軍向豫州拒魏軍，加都督豫州諸軍事。明年還建鄴。

初，喜東征，白明帝得尋陽王子房及諸賊帥即於東梟斬。東土既平，喜見南賊方熾，慮後翻覆受禍，乃生送子房還都。凡諸大主帥顧琛、王曇生之徒皆被全活。上以喜新立大功，不問而心銜之。及平荆州，恣意剽虜，贓私萬計。又嘗對客言漢高、魏武本是何人。

上聞之益不悦。後壽寂之死，喜内懼，因乞中散大夫。上尤疑之。及上有疾，爲身後之慮，疑其將來不能事幼主，乃賜死。上召入内殿，與言謔酬接甚款，賜以名饌並金銀御器。敕將命者勿使食器宿喜家。上素多忌諱，不欲令食器停凶禍之室故也。及喜死，發詔賻贈，子徽人襲〔二一〕。

黄回，竟陵郡軍人也。出身充郡府雜使，稍至傳教。臧質爲郡，轉爲齋帥。及去職，以回自隨。質討元凶，回隨從有功，免軍户。後隨質於梁山敗走，被録，遇赦，因下都。於宣陽門與人相打，詐稱江夏王義恭馬客，被鞭二百，付右尚方。會中書舍人戴明寶被繫，差回爲户伯。奉事明寶，竭心盡力，明寶尋得原赦〔二二〕，委任如初，啓免回，以領隨身隊，統知宅及江西墅事。性巧，觸類多能，明寶甚寵任之。

回拳捷果勁，勇力兼人，在江西與諸楚子相結，屢爲劫盜。會明帝初即位，四方反叛，明寶啓帝使回募江西楚人，得快手八百，隸劉勔西討。累遷至將校，以功封葛陽縣男。

元徽初，桂陽王休範爲逆，回以屯騎校尉領軍隸齊高帝，於新亭創詐降之計。回見休範可乘，謂張敬兒曰：「卿可取之，我誓不殺諸王。」敬兒即日斬休範。事平，進爵爲侯，改封閒喜縣。

四年，遷冠軍將軍、南琅邪濟陽二郡太守。建平王景素反，回又率軍前討。城平之日，回軍先入。又以景素讓張敬兒奴倪奴[二四]。

明年遷右軍將軍[二五]。沈攸之反，以回爲平西將軍、郢州刺史，率衆出新亭爲前鋒，未發而袁粲據於石頭，不從齊高帝。回與新亭諸將任候伯、彭文之、王宜興等謀應粲，攻高帝於朝堂。事既不果，高帝撫之如舊。回與宜興素不協，斬之。

宜興，吴興人也，形狀短小而果勁有膽力，少年時爲劫不須伴，郡縣討逐，圍繞數十重，終莫能擒。嘗舞刀楯，回使十餘人以水交灑不能著。明帝泰始中爲將，在壽陽間與魏戰，每以少制多，挺身深入。以平建平王景素功，封長壽縣男。至是爲屯騎校尉，見殺。

回進軍未至郢州而沈攸之敗走。回不樂停郢州，固求南兗，遂率部曲輒還，改封安陸郡公，徙南兗州刺史，加都督。

齊高帝以回專殺，終不附己，乃使召之。及上車，愛妾見赤光冠其頭至足，苦止不肯住。及至見誅。

回既貴，祇事戴明寶甚謹。言必自名，未嘗敢坐，躬至帳下及入內料檢有無，隨乏供送，以此爲常。

回同時爲將有南郡高道慶，凶險暴横，求欲無已，有失意者，輒加捶拉，往往有死者。朝廷畏之如虎狼。齊高帝與袁粲等議，收付廷尉賜死。

論曰：凶人之濟其身業，非世亂其莫由焉。魯爽以亂世之請而行之於平日，其取敗也宜哉。安都自致奔亡，亦爲幸矣。鄧琬以亂濟亂，終致顛隕。宗越釁稔惡盈，旋至夷戮，各其職也。吴喜以定亂之功，勞未酬而禍集；黄回以助順之志，福未驗而災生，唯命也哉。

校勘記

〔一〕與宗之同會江陵　「同」，原作「因」，據宋書卷七四魯爽傳、通志卷一三六改。

〔二〕以秀爲右將軍　「右將軍」，宋書卷七四魯爽傳、通志卷一三六作「右軍將軍」，宋書卷六孝武帝紀作「左軍將軍」。

〔三〕元景慮其不可駐車給之曰　宋書卷八八薛安都傳、册府卷八三二「車」作「乃」；御覽卷六四八引齊書無「車」字，「駐」字可屬上讀。

〔四〕義宣遣將劉諶之及臧質攻玄謨　「之」字原脱，據本書卷一三宋宗室及諸王上南郡王義宣傳補。

〔五〕轉太子右衛率　「太子右衛率」，宋書卷八八薛安都傳作「太子左衛率」。按本書卷七〇申恬傳附申坦傳：「大明元年，魏攻兗州，孝武遣太子左衛率薛安都、東陽太守沈法系北捍。」疑當作「太子左衛率」。

〔六〕並受徐州刺史申坦節度　「受」，原作「授」，據宋書卷八八薛安都傳、通鑑卷一二八宋紀一〇大明元年改。

〔七〕青州刺史沈文秀冀州刺史崔道固並皆同反　「沈文秀」，原作「沈文季」，據宋書卷八八薛安都傳改。下徑改不再出校。按沈文秀爲沈慶之弟子，傳見宋書卷八八；沈文季爲沈慶之子，傳見南齊書卷四四。

〔八〕使深領軍屯司徒右府　「右府」，南齊書卷三〇薛淵傳、册府卷三四四作「左府」。

〔九〕高帝即位除淮陰太守　「淮陰」，南齊書卷三〇薛淵傳作「淮陵」。按宋書卷三五州郡志一，淮陵太守爲南徐州刺史所領，臨淮太守所領有淮陰令。疑當作「淮陵」。

〔一〇〕鄧琬字元琰　「元琰」，宋書卷八四鄧琬傳作「元琬」。

〔一一〕子勛典籤謝道遇主帥潘欣之侍書褚靈嗣等馳以告琬　「謝道遇」，原作「謝道邁」，據宋書卷八四鄧琬傳、通鑑卷一三〇宋紀一二泰始元年改。按通鑑考異：「宋略曰，『帝使道遇賚敕至潯陽，琬謂道遇』云云。」

〔一二〕改景和三年爲義嘉元年　「三年」，宋書卷八四鄧琬傳作「二年」。按，子勛即位於泰始二年正月七日，當以「二年」爲是。

〔一三〕建安王休仁自武艦進據赭圻　「武艦」，宋書卷八四鄧琬傳作「虎艦」。此避唐諱而改。

〔一四〕興世擊大破之　「興世」二字原脱，據宋書卷八四鄧琬傳、通志卷一三六補。

〔一五〕造皮艦千乘　「千」，宋書卷八四鄧琬傳作「十」。

〔一六〕第二子詢提刀出　「詢」，宋書卷八四鄧琬傳、通鑑卷一三一宋紀一三泰始二年作「洵」。

〔一七〕蔡那子道深以父爲明帝効力被繫作部　「道深」，宋書卷八四鄧琬傳作「道淵」，此避唐諱而改。

〔一八〕竟陵郡丞陳懷直　「陳懷直」，宋書卷八四鄧琬傳、册府卷四五一作「陳懷真」。

〔一九〕封范陽縣子　「范陽」，宋書卷八三宗越傳作「筑陽」。按宋書卷三七州郡志三雍州扶風太守下有筑陽令，時無「范陽」縣，此蓋形近而訛。

〔二〇〕感一往意氣　「感」，宋書卷八三宗越傳作「咸」。

〔二一〕演之門生朱重人入爲主書　「朱重人」，宋書卷八三吴喜傳作「朱重民」，此避唐諱而改。

〔二二〕子徽人襲　「徽人」，宋書卷八三吴喜傳作「徽民」，此避唐諱而改。

〔二三〕明寶尋得原赦　「赦」，原作「散」，據宋書卷八三黄回傳改。

〔二四〕又以景素讓張敬兒奴倪奴　宋書卷八三黄回傳、册府卷四三一無「敬兒奴」三字。按宋書卷七二文九王建平宣簡王宏傳附景素傳、魏書卷九七島夷劉裕傳、通鑑卷一三四宋紀一六元徽四年俱載擒斬景素者爲「張倪奴」。「敬兒奴」三字疑衍。

〔三五〕明年遷右軍將軍　「右軍將軍」，宋書卷八三黄回傳、建康實録卷一四、册府卷三七一作「右衛將軍」，宋書卷一〇順帝紀亦記其爲「右衛將軍」，疑是。

南史卷四十一

列傳第三十一

齊宗室

衡陽元王道度，齊高帝長兄也。始與高帝俱受學于雷次宗，宣帝問次宗二子學業，次宗答曰：「其兄外朗，其弟内潤，皆良璞也。」仕宋位安定太守，卒。齊建元元年，高帝追加封謚。無子，高帝以第十一子鈞繼。

鈞字宣禮，年五歲，所生區貴人病，便加慘悴，左右依常以五色餅飴之，不肯食，曰：「須待姨差。」年七歲，出繼衡陽元王，見高帝，未拜，便涕泗横流。高帝執其手曰：「伯叔父猶父，勿怨。所以令汝出繼，以汝有意，堪奉蒸嘗故耳。」即敕外如先給通幰車、雉尾扇等，事事依正王。

區貴人卒，居喪盡禮。服闋，當問訊武帝，尫羸骨立，登車三上不能升，乃止。典籤曹道人具以聞，武帝即幸鈞邸，見之愴然，還謂褚蓁曰：「昨見衡陽，猶奇毁損，卿可數相撫悦。」先是貴人以華釵厨子并翦刻錦繡中倒炬鳳皇蓮芰星月之屬賜鈞，以爲玩弄。貴人亡後，每歲時及朔望輒開視，再拜鯁咽，見者皆爲之悲。

性好學，善屬文，與琅邪王智深以文章相會，濟陽江淹亦遊焉。武帝謂王儉曰：「衡陽王須文學，當使華實相稱，不得止取貴游子弟而已。」乃以太子舍人蕭敷爲文學。

鈞常手自細書寫五經，部爲一卷，置于巾箱中，以備遺忘。侍讀賀玠問曰：「殿下家自有墳素，復何須蠅頭細書，别藏巾箱中？」答曰：「巾箱中有五經，於檢閲既易，且一更手寫，則永不忘。」諸王聞而争効爲巾箱五經，巾箱五經自此始也。

居身清率，言未嘗及時事。會稽孔珪家起園，列植桐柳，多構山泉，殆窮真趣，鈞往遊之。珪曰：「殿下處朱門，遊紫闥，詎得與山人交邪？」答曰：「身處朱門，而情遊江海，形入紫闥，而意在青雲。」珪大美之。吳郡張融清抗絶俗，雖王公貴人，視之傲如也，唯雅重鈞，謂從兄緒曰：「衡陽王飄飄有凌雲氣，其風情素韻，彌足可懷，融與之遊，不知老之將至。」見賞如此。

歷位秘書監。延興元年，爲明帝所殺。明帝立，以永陽王子珉仍本國繼元王爲孫。子珉字雲璵，武帝第二十子也。初封義安郡王，後改永陽。永泰元年見害，復以武陵昭王曅子子坦奉元王後。

始安貞王道生字孝伯，高帝次兄也。仕宋位奉朝請，卒。高帝即位，追加封謚。三子：長鳳；次鸞，是爲明帝；次緬，是爲安陸昭王。鳳字景慈，仕宋位正員郎，卒，高帝即位，謚靖世子。

建武元年，明帝追尊道生爲景皇，妃江氏爲后，立寢廟於御道西，陵曰脩安。追封鳳始安靖王，改華林鳳莊門爲望賢門，太極東堂畫鳳鳥，題爲神鳥，而改鸞鳥爲神雀。子遥光嗣。

始安王遥光字元暉，生而躄疾，高帝謂不堪奉拜祭祀，欲封其弟，武帝諫，乃以遥光襲爵。位中書郎。

明帝輔政，誅賞諸事，唯與遥光共謀議，勸明帝併殺高、武諸子弟，見從。建武元年，爲揚州刺史。三年，進號撫軍將軍〔一〕。好吏事，頗多慘害。足疾不得同朝例〔二〕，常乘輿自望賢門入。每與明帝久清閑，言畢，帝索香火，明日必有所誅。

太子不悦學，唯曼遊是好〔三〕，朝議令蔡仲熊爲太子講禮，未半，遥光從容曰：「文義之事，此是士大夫以爲伎藝欲求官耳。皇太子何用講爲？」上以爲然，乃停講。永泰元年，即本號爲大將軍，給油絡車。

帝不豫，遥光數入侍疾，帝疾漸甚，河東王鉉等十王一夕見殺〔四〕，遥光意也。帝崩，遺詔加遥光侍中、中書令，給扶。永元元年，給班劍二十人，即本號開府儀同三司。遥光多忌，人有餉履者，以爲戲己，大被嫌責。劉繪嘗爲牋云：「智不及葵。」亦以忤旨。

既輔東昏，潛結江祏兄弟，謀自樹立。弟遥欣在荆楚，擁兵居上流，密相影響。遥光當據東府號令，使遥欣急下，潛謀將發，而遥欣病死。江祏被誅，東昏召遥光入殿，告以祏罪。遥光懼，還省便陽狂號哭，自此稱疾不復入臺。先是遥光行還入城，風飄儀繖出城外。

遥光弟遥昌先卒壽春，豫州部曲皆歸遥光。及遥欣喪還，葬武進，停東府前渚，荆州衆力送者甚盛。東昏誅江祏後，慮遥光不自安，欲轉爲司徒還第，召入喻旨。遥光慮見殺，收集荆、豫二州部曲於府東門〔五〕，衆頗怪其異，莫知其指趣也。

遥光召親人丹陽丞劉渢及城局參軍劉晏、中兵參軍曹樹生等，并諸傖楚，欲以討劉暄爲名。夜遣數百人破東冶出囚，尚方取仗。又召驍騎將軍垣歷生。歷生隨信至，便勸遥光令率城内兵，夜攻臺，輦荻燒城門，曰：「公但乘輿隨後，反掌可得。」遥光意疑不敢出。天稍曉，遥光戎服至聽事〔六〕，停輿處分，上仗登城行賞賜，歷生復勸出軍，遥光不肯，望臺内自變。

及日出，臺軍稍至，於是戒嚴，赦都下〔七〕。領軍蕭坦之屯湘宫寺，鎮軍司馬曹武屯青溪大橋，太子右率左興盛屯東府東籬門〔八〕，衆軍圍東城。遥光遣垣歷生從西門出戰，臺軍屢北，殺軍主桑天愛。初遥光問諮議參軍蕭暢，暢正色拒不從。既而暢與撫軍長史沈昭略奔臺，人情大沮。又垣歷生從南門出戰，爲曹武所禽，謂武曰：「卿以主上爲聖明，梅、茹爲賢相者，則我當死。且我今死，卿明亦死。」遂殺之。

遥光聞歷生見獲，大怒，於牀上自竦踊，使殺歷生兒。其晚臺軍射火箭燒東北角樓，至夜城潰。遥光還小齋，令人反拒，左右並踰屋出。臺軍主劉國寶、時當伯等先入，遥光聞外兵至，吹滅火，扶匐下牀，軍人排閤入，斬之。

遥光舉事四日而卒。舉事之夕月蝕，識者以月爲大臣，蝕而既，必滅之道。未敗之夕，城内皆夢羣蛇緣城四出，各共説之，咸以爲異。臺軍入城，焚屋宇且盡。

遥光幼時甚貞正，明帝傾意待之。東昏爲兒童時，明帝使與遥光共齋居止，呼遥光爲安兒，恩情甚至。及遥光誅後，東昏登舊宮土山望東府，愴然呼曰：「安兒！」乃嗚咽，左右不忍視，見思如此。天下知名之士劉渢、渢弟溓、陸閑、閑子絳、司馬端、崔慶遠皆坐誅〔九〕。

曲江公遥欣字重暉，始安王遥光弟也。宣帝兄西平太守奉之無後，以遥欣繼爲曾孫。遥欣髫齔中便嶷然，明帝謂江祏曰：「遥欣雖幼，觀其神彩，殊有局幹，必成令器，未知年命何如耳。」安陸昭王緬曰：「不患其兄弟不富貴，但恐緬不及見耳。」言之慘然而悲。

始年七歲出齋時，有一左右小兒，善彈飛鳥，無不應弦墜落。遥欣謂曰：「凡戲多端，何急彈此，鳥自空中翔飛，何關人事，無趣殺此生，亦復不急。」左右感其言，遂不復彈鳥。

時少年通好此事，所在遂止。

年十五六，便博覽經史。弱冠拜中書郎。明帝入輔，遥欣與始安王遥光等參預政事，凡所談薦，皆得其人。由是朝野輻湊，軒蓋盈門。延興元年，明帝以遥欣爲兗州刺史。時豐城公遥昌亦出鎮壽春，帝於便殿密宴，始安王遥光亦在座，帝慘然謂遥欣曰：「昭王云『不患汝兄弟不富貴，而言不及見』，如何！」因悲慟不自勝，君臣皆嗚咽，侍者雨淚。及泊歐陽岸，忽謂左右曰：「比何都不見彈？」左右云：「有門生因彈見勗，遂以此廢，所在皆止。」遥欣笑曰：「我小兒時聊復語耳，那復遂斷邪？」

建武元年，進號西中郎將，封聞喜縣公，遷荆州刺史，加都督，改封曲江公。明帝子弟弱小，晉安王寶義有廢疾，故以遥光爲揚州居中，遥欣居陝西在外，威權并在其門。遥欣好勇，聚畜武士，以爲形援。永泰元年，詔遥欣以本官領雍州刺史、寧蠻校尉〔一〇〕，移州鎮襄陽。魏軍退，不行。卒，贈司空，謚康公，葬用王禮。

子幾字德玄，年十歲便能屬文。早孤，有弟九人，並幼，幾恩愛篤睦，聞於朝廷。性温和，與物無競。清貧自立，好學，善草隸書。湘州刺史楊公則，曲江公故吏也，每見幾，謂人曰：「康公此子，可謂桓靈寶重出。」及公則卒，幾爲之誄，時年十五。沈約見而奇之，謂其舅蔡撙曰：「昨見賢甥楊平南誄文，不減希逸之作，始驗康公積善之慶。」位中書侍郎、尚書左丞。

末年專釋教〔一一〕。爲新安太守，郡多山水，特其所好，適性遊履，遂爲之記。卒于官。子清，亦有文才，位永康令。

遥欣弟遥昌字季暉，建武元年，封豐城縣公，位豫州刺史，卒，謚憲公。

安陸昭王緬字景業，善容止。仕宋位中書郎。建元元年，封安陸侯，爲五兵尚書。出爲吴郡太守，政有能名。竟陵王子良與之書曰：「竊承下風，數十年來，姑蘇未有此政。」武帝嘉其能，累遷寧蠻校尉、雍州刺史，加都督。緬留心辭訟，人人呼至案前，親自顧問，有不得理者，勉喻之，退皆無恨，爲百姓所畏愛。及卒，喪還，百姓緣沔水悲泣設祭，於峴山爲立祠。謚曰昭侯。

明帝少相友愛，時爲僕射，領衞尉，表求解職，私第展哀，詔不許。每臨緬靈，輒慟絶，哭不成聲。建武元年，贈司徒、安陸王。

子寶晊嗣，永元元年，改封湘東王。東昏廢，寶晊望物情歸己，坐待法駕，既而城内送款于梁武帝。宣德太后臨朝，拜太常，不自安。謀反，及弟江陵公寶覽、霄城公寶宏皆伏誅〔一二〕。

新吴侯景先，高帝從子也。祖爰之，員外郎。父敬宗，始興王國中軍。

景先少孤，有至性。隨母孔氏，爲舅氏鞠養。高帝嘉之，常相提攜。及鎮淮陰，以景先領軍主自隨，防衛城内，委以心腹。武帝爲廣興郡，啓高帝求景先同行，除武帝寧朔府司馬，自此常相隨逐。

建元元年，爲太子左衛率，封新吴縣伯，甚見委任〔一三〕，勢傾天下。景先本名道先，乃改爲景先，以避上諱。

初武帝少年，與景先共車，行泥路，車久故壞，至領軍府西門，車轅折，俱狼狽。景先謂帝曰：「兩人脱作領軍，亦不得忘今日艱辛。」及武帝踐祚，詔以景先爲兼領軍將軍。拜日，羽儀甚盛，傾朝觀矚。拜還，未至府門，中詔：「相聞領軍，今日故當無折轅事邪？」景先奉謝。

景先事上盡心，故恩寵特密。初西還，上坐景陽樓召景先語，故舊唯豫章王一人在席而已。轉中領軍。車駕射雉郊外，景先常甲仗從，廉察左右。尋進爵爲侯。

始昇明中，沈攸之於荆州舉兵，武帝時鎮江州盆城，景先夜乘城，忽聞塹中有小兒呼蕭丹陽，未測何人，聲聲不絕。試問誰，空中應云：「賊尋當平，何事嚴防？」語訖不復言。即窮討之，了不見。明旦以白帝，帝曰：「攸之自無所至，焉知汝後不作丹陽尹？」景先曰：「寧有作理。」尋而攸之首至。及永明三年，詔以景先爲丹陽尹，謂曰：「此授欲驗往年盆城塹空中言耳。」後假節、司州諸軍事。卒，謚曰忠侯。

子毅，位北中郎司馬。性奢豪，好弓馬，爲明帝所疑忌。王晏事敗，并陷誅之。

南豐伯赤斧，高帝從祖弟也。祖隆子，衞軍録事參軍。父始之，冠軍中兵參軍。赤斧以和謹爲高帝所知。高帝輔政，爲黄門侍郎、淮陵太守。順帝遜位，于丹陽故所立宫，上令赤斧輔送。至，因留防衞，薨乃還。後爲雍州刺史，在州不營産利，勤於奉公。遷散騎常侍、左衞將軍。武帝親遇，與蕭景先相比。封南豐縣伯，遷給事中、太子詹事，卒於家。貧無絹爲衾，武帝聞之，愈加惋惜，謚懿伯。

子穎胄襲爵。

穎胄字雲長，弘厚有父風。起家祕書郎。高帝謂赤斧曰：「穎胄輕朱被身，覺其趨進轉美，足慰人意。」遷太子舍人。遭父喪，感脚疾，數年然後能行，武帝有詔慰勉之，賜以醫藥。除竟陵王司徒外兵參軍，晉熙王文學。

穎胄好文義，弟穎基好武勇。武帝登烽火樓，詔羣臣賦詩，穎胄詩合旨。上謂穎胄曰：「卿文弟武，宗室便不乏才。」上以穎胄勳戚子弟，自中書郎除左軍將軍，知殿内文武事，得入便殿。出爲新安太守，吏人懷之。後除黄門郎，領四廂直。遷衞尉。

明帝廢立，穎胄從容不爲同異，乃引穎胄預功。建武二年，進爵爲侯，賜以常所乘白愉牛。明帝每存儉約，欲鑄壞太官元日上壽銀酒鎗，尚書令王晏等咸稱盛德，穎胄曰：「朝廷盛禮，莫過三元，此一器既是舊物，不足爲侈。」帝不悦。後預曲宴，銀器滿席，穎胄曰：「陛下前欲壞酒鎗，恐宜移在此器也。」帝甚慚。

後爲廬陵王後軍長史、廣陵太守，行南兖州府事〔一四〕。是年，魏揚聲當飲馬長江，帝懼，敕穎胄移居人入城，百姓驚恐，席卷欲南度。穎胄以魏軍尚遠，不即施行，魏軍亦尋退。仍爲南兖州刺史，加都督。和帝爲荆州，以穎胄爲西中郎長史、南郡太守，行荆州府事。時江祏專執朝權，此行由祏，穎胄不平，曰：「江公蹔我輩出。」

東昏侯誅戮羣公，委任厮小，崔、陳敗後，方鎮各懷異計。永元二年十月，尚書令臨湘侯蕭懿及弟衞尉暢見害，先遣輔國將軍劉山陽就穎胄兵襲梁武帝。帝時爲雍州刺史，將起兵，慮穎胄不同，遣穎胄親人王天武詣江陵，聲云山陽西上，并襲荆、雍，書與穎胄，勸同舉兵，穎胄意猶未決。初，山陽出南州，謂人曰：「朝廷以白虎幡追我，亦不復還矣。」席捲妓妾，盡室西行。至巴陵，遲回十餘日不進。梁武帝復遣天武齎書與穎胄〔一五〕，設奇略以疑之。是時或云山陽謀殺穎胄，以荆州同舉。山陽至，果不敢入城。穎胄計無所出，夜遣錢唐人朱景思呼西中郎城局參軍席闡文、諮議參軍柳忱閉齋定議。闡文曰：「蕭雍州畜養士馬，非復一日。江陵素畏襄陽人，人衆又不敵，取之不可必制，制之，歲寒復不爲朝廷所容。今若殺山陽，與雍州舉事，立天子以令諸侯，霸業成矣。山陽持疑不進，是不信我，今斬送天武，則彼疑可釋。至而圖之，罔不濟矣。」忱亦勸焉。穎胄乃斬天武，以示山陽。山陽大喜，輕將步騎數百到州，闡文勒兵斬之，傳首于梁武。

東昏聞山陽死，發詔討荆、雍。穎胄有器局，既唱大事，衆情歸之。長沙寺僧鑄黄金爲龍數千兩埋土中，歷相傳付，稱爲下方黄鐵。穎胄因取此龍，以充軍實，乃歎曰：「往年江祏斥我，至今始知禍福之無門也。」十二月，移檄建鄴。

三年正月，和帝爲相國，穎胄爲左長史，進號鎮軍將軍，於是始選用方伯。梁武屢表勸和帝即尊號，穎胄使別駕宗夬撰定禮儀〔一六〕。上尊號、改元。於江陵立宗廟南北郊。州府城門，悉依建康宫〔一七〕，置尚書五省，以城南射堂爲蘭臺，南郡太守爲尹。建武中，荆州大風雨，龍入柏齋中，柱壁上有爪足處，刺史蕭遥欣恐畏，不敢居之，至是以爲嘉福殿〔一八〕。

中興元年三月，穎胄爲侍中、尚書令、監八州軍事、荆州刺史，留衞西朝。以弟穎達爲冠軍將軍。及楊公則等率師隨梁武圍郢城，穎達會軍於漢口，與王茂、曹景宗等攻陷郢城。梁武進漂州〔一九〕，使與曹景宗破東昏將李居士。又從下東城。

初梁武之起也，巴東太守蕭惠訓子璝、巴西太守魯休烈弗從，舉兵侵荆州，敗輔國將軍任漾之於峽口，穎胄遣軍拒之，而梁武已平江、郢，圍建康〔二〇〕。時穎胄輔帝主，有安重之勢。素能飲酒，噉白肉膾至三斗。自以職居上將，不能拒制璝等，憂愧發疾而卒。州中祕之，使似其書者假爲教命。

時梁武圍建康，住石頭，和帝密詔報穎胄凶問，亦秘不發喪。及建康平，蕭璝亦衆懼而潰，和帝乃始發喪，詔贈穎胄丞相，前後部羽葆、鼓吹，班劍三十人，輼輬車，黄屋左纛。諡曰獻武。梁天監元年，追封巴東郡公。喪還，武帝車駕臨哭渚次，葬依晉王導、齊豫章王故事。

弟穎達，少好勇使氣。穎胄齊建武末行荆州事，穎達亦爲西中郎外兵參軍，俱在西府。齊季多難，頗不自安，因與兄穎胄舉兵。

穎達弟穎孚自建鄴爲廬陵人脩景智潛引，與南歸。穎孚緣山踰嶂，僅免。道中絕糧，後因食過飽而卒。

建康平，梁武帝以穎達爲前將軍、丹陽尹。及受禪，贈穎孚右衛將軍，封穎達作唐侯，位侍中、衛尉卿。出爲豫章内史，意甚憒憒。未發前，預華林宴，酒後於座辭氣不悦。沈約因勸酒，欲以釋之。穎達大罵約曰：「我今日形容，正是汝老鼠所爲，何忽復勸我酒！」舉坐驚愕。帝謂之曰：「汝是我家阿五，沈公宿望，何意輕脱。若以法繩汝，汝復何理。」穎達竟無一言，唯大涕泣，帝心愧之。未幾，遷江州刺史。少時，懸瓠歸化，穎達長史沈瑀等苛刻爲盜所害，衆頗疑穎達，或傳謀反。帝遣直閤將軍張豹子稱江中討盜，實使防之。穎達知朝廷之意，唯飲酒不知州事。後卒於左衛將軍[二]，謚康侯。

子敏嗣，位新安太守，好射雉，未嘗在郡，辭訟者遷於畎焉。後張弩損腰而卒。

第七子敳，太清初，爲魏興太守。梁州刺史宜豐侯循以爲府長史。梁州有古墓名曰「尖冢」，或云張騫墳，欲有發者，輒聞鼓角與外相拒，椎埋者懼而退。敳謂無此理，求自監督。及開，唯有銀鏤銅鏡方尺。敳時居母服，清談所貶。

衡陽公諶，字彦孚，高帝絶服族子也。祖道清，員外郎。父仙伯，桂陽國下軍。

宋元徽末，武帝在郢，欲知都下消息，高帝遣諶就武帝宣傳謀計，留爲腹心。昇明中，爲武帝中軍刑獄參軍、南東莞太守，以勞封安復縣男。建元初，武帝在東宮，諶領宿衛。高帝殺張景真，武帝令諶啓乞景真命，高帝不悦，諶懼而退。武帝即位，除步兵校尉、南蘭陵太守，領御仗主，齋内兵仗，悉委付之，心膂密事，皆使參掌。爲左中郎將、後軍將軍，太守如故。武帝卧疾延昌殿，諶在左右宿直。上崩，遺敕諶領殿内事如舊。

鬱林即位，深委信諶，諶每請急出宿〔三三〕，帝通夕不能寐，諶還乃安。轉衛軍司馬，兼衛尉。丁母憂，敕還本位，守衛尉。明帝輔政，諶回附明帝，勸行廢立，密召諸王典籤約語之，不許諸王外接人物。諶親要日久，衆皆憚而從之。鬱林被廢日，初聞外有變，猶密爲手敕呼諶，其見信如此。諶性險，無護身計。及廢帝日，領兵先入後宫，齋内仗身，素隸服諶，莫有動者。

海陵立，轉中領軍，進爵爲公，甲仗五十人，入直殿内，月十日還府。建武元年，轉領軍將軍、左將軍、南徐州刺史，給扶，進爵衡陽郡公。明帝初許事剋用諶爲揚州，及有此授，諶恚曰：「見炊飯推以與人。」王晏聞之曰：「誰復爲蕭諶作甌箭者。」

諶恃勳重，干豫朝政，明帝新即位，遣左右要人於外聽察，具知諶言，深相疑阻。二年六月，上幸華林園〔一三〕，宴諶及尚書令晏等數人盡歡。坐罷，留諶晚出，至華林閤，仗身執還入省。上遣左右莫智明數諶曰：「隆昌之際，非卿無有今日。今一門二州，兄弟三封，朝廷相報，政可極此。卿恒懷怨望，乃云『炊飯已熟，合甑與人邪』，今賜卿死。」諶謂智明曰：「天去人亦復不遠，我與至尊殺高、武諸王，是卿傳語來去，我今死，還取卿矣。」於省殺之。至秋，而智明死，見諶爲祟。詔乃顯其過惡，收付廷尉。

諶好左道，吴興沈文猷相諶云：「相不減高帝。」諶喜曰：「感卿意，無爲人言也。」至是，文猷伏誅。

諶兄誕字彦偉，永明中，爲建康令，與秣陵令司馬迪之同乘行，車前導四卒。左丞沈昭略奏：「凡有鹵簿官，共乘不得兼列騶寺，請免誕等官。」詔贖論。延興元年，歷徐、司二州刺史。明帝立，封安復侯，徵爲左衞將軍。上欲殺諶，以誕在邊鎮拒魏，故未及行。魏軍退六旬，諶誅，遣梁武帝爲司州別駕，使誅誕〔一四〕。誕子稜妻，江淹女，字才君，聞誕死，曰：「蕭氏皆盡，妾何用生。」慟哭而絕。

諶弟誅，字彦文，與諶同豫廢立，封西昌侯，位太子左衞率。誅諶之日，輔國將軍蕭季敞啓求收誄，深加排苦，乃至手相摧辱。誄徐曰：「已死之人，何足至此，君不憶相提拔時邪？幽冥有知，終當相報。」

季敞麤猛無行，善於彌縫，高帝時爲諶所獎説〔二五〕，故累爲郡守。在政貪穢，諶輒掩之。後爲廣州刺史，白日見誄將兵入城收之。少日，果爲西江都護周世雄所襲〔二六〕，軍敗，奔山中，爲蛭所嚙，肉都盡而死，慘楚備至，後爲村人所斬。論者以爲有天道焉。

臨汝侯坦之字君平，高帝絶服族子也。祖道濟，太中大夫。父欣祖，武進令。坦之與蕭諶同族，爲東宮直閤，以勤直爲文惠所知，除給事中、蘭陵令。武帝崩，坦之率太孫文武度上臺，除射聲校尉，令如故。未拜，除正員郎、南魯郡太守。少帝以坦之文惠舊人，親信不離〔二七〕，得入内見皇后。帝於宫中及出後堂雜狡獪，坦之皆得在側，或遇醉後倮袒，坦之輒扶持諫喻。見帝不可奉，乃改附明帝，密爲耳目。

隆昌元年，追録坦之父勳，封臨汝縣男。少帝微聞外有異謀，憚明帝在臺内，敕移西州。後在華林園華光殿露著黄縠褌，跂牀垂脚，謂坦之曰：「人言鎮軍與王晏、蕭諶欲共廢我，似非虚傳，蘭陵所聞云何？」坦之嘗作蘭陵令，故稱之。坦之曰：「天下寧當有此？

誰樂無事廢天子邪？昔元徽獨在路上走，三年人不敢近，政坐枉殺孫超、杜幼文等故敗耳。官有何事，一旦便欲廢立？朝貴不容造此論〔二八〕，政當是諸尼師母言耳。豈可以尼姥言爲信！官若無事除此三人，誰敢自保。安陸諸王在外，寧肯復還，道剛之徒，何能抗此。」帝曰：「蘭陵可好聽察，作事莫在人後。」

帝以爲除諸執政，應須當事人，意在沈文季，夜遣內左右密賂文季，文季不受。帝大怒，謂坦之曰：「我賜文季不受，豈有人臣拒天子賜。」坦之曰：「官遣誰送？」帝曰：「內左右。」坦之曰：「官若詔敕出賜，令舍人主書送往，文季寧敢不受！政以事不方幅，故仰遣耳。」

帝又夜醉，乘馬從西步廊向北馳走，如此兩三將倒，坦之諫不從，執馬控，帝運拳擊坦之不著，倒地。坦之與曹道剛扶抱還壽昌殿璹瑁牀上臥，又欲起走，坦之不能制，坦之馳信報皇后，至，請譬良久，乃眠。

時明帝謀廢殺，既與蕭諶及坦之定謀，少帝腹心直閤將軍曹道剛，疑外間有異，密有處分，諶未能發。始興內史蕭季敞、南陽太守蕭穎基並應還都，諶欲待二蕭至，藉其威力以舉事。明帝慮事變，以告坦之，坦之馳謂諶曰：「廢天子古來大事，比聞曹道剛、朱隆之等轉已猜疑，衞尉明日若不就，事無所復及。弟有百歲母，豈能坐聽禍敗，政應作餘計耳。」諶惶遽，明日遂廢帝，坦之力也。

海陵即位，除黄門郎，兼衞尉。建武元年，遷左衞將軍，進爵爲侯〔二九〕。

東昏立，爲侍中、領軍將軍。永元元年，母憂，起復職，加將軍，置府〔三〇〕。江祏兄弟欲立始安王遥光，密告坦之。坦之曰：「明帝取天下已非次第，天下人至今不服，今若復作此事，恐四海瓦解，我其不敢言。」

及遥光起事，遣人夜掩取坦之，坦之科頭著褌踰墻走。逢臺遊邏主顔端，執之。坦之謂曰：「始安作賊，遣人見取，向於宅奔走，欲還臺耳，君何見録。」端不答，而守防逾嚴。坦之謂曰：「身是大臣，夜半奔走，君理見疑，以爲得罪朝廷。若不信，自可步往東府參視。」亦不答。端至小街，審知遥光舉事，乃走還。未至三十餘步，下馬再拜曰：「今日乞垂將接。」坦之曰：「向語君何所道，豈容相欺。」端以馬與坦之，相隨去。比至新亭，道中收遥光所虜之餘，得二百許人，并有钃仗。乃進西掖門，開鼓後得入殿内。其夕四更，主書馮元嗣叩北掖門，告遥光反，殿内爲之備。向曉，召徐孝嗣入。左將軍沈約五更初聞難〔三一〕，馳車走趨西掖門。或勸戎服，約慮外軍已至，若戎衣，或者謂同遥光，無以自明，乃朱服而入。

臺内部分既立，坦之假節、督衆軍討遥光。事平，遷尚書左僕射、丹陽尹，右軍如故，進爵爲公。

坦之肥黑無鬚，語聲嘶，時人號爲蕭瘂。剛佷專執，羣小畏而憎之。遥光事平二十餘日，帝遣延明主帥黄文濟圍坦之宅，誅之。

坦之從兄翼宗爲海陵郡，將發，坦之謂文濟曰：「從兄海陵宅故應無他。」文濟曰：「海陵宅在何處？」坦之告之。文濟曰：「政應得罪。」仍遣收之。檢家赤貧，唯有質錢帖子數百，還以啓帝，原其死。

和帝中興元年，追贈坦之中軍將軍、開府儀同三司。

論曰：有齊宗室，唯始安之後克昌。明帝取之以非道，遥光濟之以殘酷，其卒至顛仆，所謂「亦以此終」者也。穎胄荆州之任，蓋惟失職，及其末途倚伏，豈預圖之所致乎。諶與坦之俱應顧託，既以傾國，亦以覆身，各其宜矣。

校勘記

〔一〕三年進號撫軍將軍　「三年」，南齊書卷四五宗室始安貞王道生傳附遥光傳作「二年」。

〔二〕足疾不得同朝例　「例」，御覽卷七四〇引齊書作「列」。

〔三〕唯曼遊是好　「曼遊」疑當作「慢遊」。尚書益稷：「惟慢遊是好。」

〔四〕河東王鉉等十王一夕見殺　「十王」，原作「七王」。按南齊書卷六明帝紀：永泰元年春正月「丁未，誅河東王鉉、臨賀王子岳、西陽王子文、衡陽王子峻、南康王子琳、永陽王子珉、湘東王子建、南郡王子夏、桂陽王昭粲、巴陵王昭秀」。凡十王。又十王本傳並云見殺於永泰元年，知「七」字爲「十」字之訛，今改正。

〔五〕收集荆豫二州部曲於府東門　「府東門」，南齊書卷四五宗室始安貞王道生傳附遥光傳、建康實録卷一六作「東府門」。通鑑卷一四二齊紀八永元元年作「東府東門」。按馬宗霍校證：「府東門」「實則東府之東門也」。

〔六〕遥光戎服至聽事　「至」，南齊書卷四五宗室始安貞王道生傳附遥光傳、通鑑卷一四二齊紀八永元元年作「出」。按下文云「停輿處分，上仗登城行賞賜」，疑作「出」是。

〔七〕於是戒嚴赦都下　「於是」上原衍「遥光」二字，據南齊書卷四五宗室始安貞王道生傳附遥光傳删。按南齊書卷七東昏侯紀：「詔曲赦京邑，中外戒嚴。」

〔八〕太子右率左興盛屯東府東籬門　「府」字下原衍「門」字，據南齊書卷四五宗室始安貞王道生傳附遥光傳、御覽卷三二一引齊書、通志卷八二删。

〔九〕天下知名之士劉渢渢弟溓陸閑閑子絳司馬端崔慶遠皆坐誅　「溓」，原作「謙」，據南齊書卷四五宗室始安貞王道生傳附遥光傳改。按「渢」字從「水」，其弟名疑應從「水」。

〔一〇〕詔遥欣以本官領雍州刺史寧蠻校尉　「詔」字上，南齊書卷四五宗室始安貞王道生傳附遥欣傳有「以雍州虜寇」五字，册府卷二七九有「以雍州魏兵至」六字，通志卷八二有「有魏師」三字。按下文有：「魏軍退，不行。」此處疑有脱文。

〔一一〕末年專釋教　「專」字下，北監本、殿本及梁書卷四一蕭幾傳有「尚」字。

〔一二〕及弟江陵公寶覽霄城公寶宏皆伏誅　「寶覽」，原作「寶賢」，據南齊書卷四五宗室安陸昭王緬傳改。

〔一三〕甚見委任　「甚」字原脱，據通志卷八二補。

〔一四〕後爲廬陵王後軍長史廣陵太守行南兗州府事　「南」字原脱，據南齊書卷三八蕭赤斧傳附蕭穎胄傳、册府卷四〇四、卷四一九補。

〔一五〕梁武帝復遣天武齎書與穎胄　「遣」，原作「追」，據殿本及南齊書卷三八蕭赤斧傳附蕭穎胄傳、通志卷八二改。

〔一六〕穎胄使别駕宗夬撰定禮儀　「宗夬」，原作「宗史」，據南齊書卷三八蕭赤斧傳附蕭穎胄傳改。按殿本考證：「『史』應作『夬』。雖梁書宗夬本傳未載此事，而云『故領軍將軍蕭穎胄深相委仗，每事諮焉』，其爲『夬』無疑也。」

〔一七〕州府城門悉依建康宫　「城門」二字原互倒，「宫」原作「官」，據南齊書卷三八蕭赤斧傳附蕭穎胄傳、通鑑卷一四四齊紀一〇中興元年、通志卷八二乙改。

〔一八〕至是以爲嘉福殿　「嘉福殿」，南齊書卷三八蕭赤斧傳附蕭穎胄傳作「嘉祐殿」，建康實録卷一六作「嘉瑞殿」。

〔一九〕梁武進漂州　「漂州」，疑當作「溧州」。梁書卷一〇蕭穎達傳亦誤作「漂州」，册府卷三四四即作「溧州」。按宋書卷六孝武帝紀「上次溧洲」，即此江上洲。

〔二〇〕圍建康　「圍」，梁書卷一〇蕭穎達傳作「圖」。

〔二一〕後卒於左衛將軍　「左衛將軍」，梁書卷一〇蕭穎達傳作「右衛將軍」。

〔二二〕諶每請急出宿　「出宿」二字原互倒，據殿本及南齊書卷四二蕭諶傳、通鑑卷一三九齊紀五建武元年、通志卷八二乙正。

〔二三〕上幸華林園　「幸」字原脱，據南齊書卷四二蕭諶傳補。

〔二四〕遣梁武帝爲司州別駕使誅誕　「駕」字原脱，據南齊書卷四二蕭諶傳補。

〔二五〕高帝時爲諶所獎説　册府卷九四一宋本「諶」字上有「誅」字。

〔二六〕果爲西江都護周世雄所襲　按南朝有西江督護一職，見本書卷八梁本紀下、卷九陳本紀上、卷三九劉勔傳、卷五一梁宗室上吴平侯景傳附蕭勵傳及臨川靜惠王宏傳附蕭正則傳。南齊書卷二九周盤龍傳附周奉叔傳又載：「弟世雄，永元中，爲西江督護。」疑「都」爲「督」之訛。

〔二七〕少帝以坦之文惠舊人親信不離　「離」，原作「難」，據南監本、殿本及南齊書卷四二蕭坦之傳改。

〔二八〕朝貴不容造此論　「此」，原作「以」，據通鑑卷一三九齊紀五建武元年改。王懋竑記疑：「『以』疑作『此』。」

〔二九〕遷左衛將軍進爵爲侯　「左衛將軍」，南齊書卷四二蕭坦之傳作「右衛將軍」。按南齊書卷六明帝紀：建武二年春正月，「右衛將軍蕭坦之督徐州征討」。疑作「右衛將軍」是。

〔三〇〕加將軍置府　「將軍」，南齊書卷四二蕭坦之傳作「右將軍」。

〔三一〕左將軍沈約五更初聞難　梁書卷一三沈約傳載約「遷左衛將軍」。通鑑卷一四二齊紀八永元元年同南史，胡三省注：「據梁書沈約傳，約時爲左衛將軍。此逸『衛』字。」錢大昕考異卷三六：「按沈約傳，齊時爲左衛將軍，不爲左將軍。」「左將軍」疑當作「左衛將軍」。

南史卷四十二

列傳第三十二

齊高帝諸子上

豫章文獻王嶷 子子廉 子恪 子操 子範 子範子乾 子範弟子顯 子雲

齊高帝十九男：昭皇后生武帝、豫章文獻王嶷，謝貴嬪生臨川獻王映、長沙威王晃，羅太妃生武陵昭王曄，任太妃生安成恭王暠，陸脩儀生鄱陽王鏘、晉熙王銶，袁脩容生桂陽王鑠，何太妃生始興簡王鑑、宜都王鏗，區貴人生衡陽王鈞，張淑妃生江夏王鋒、河東王鉉，李美人生南平王銳。第九、第十三、第十四、第十七皇子早亡，衡陽王鈞出繼高帝兄元王後。

豫章文獻王嶷字宣儼，高帝第二子也。寬仁弘雅，有大成之量，高帝特鍾愛焉。仕宋爲尚書左户郎，錢唐令。高帝破薛索兒，改封西陽，以先爵賜嶷，爲晉壽縣侯。後爲武陵内史。

時沈攸之賧伐荆州界内諸蠻，遂反五溪。禁斷魚鹽，羣蠻怨怒。西溪蠻王田頭擬殺攸之使，攸之責賧千萬，頭擬輸五百萬，發氣死。其弟婁侯篡立，頭擬子田都走入獠中。於是蠻部大亂，抄掠至郡城下〔一〕，嶷遣隊主張英兒擊破之〔二〕。田都自獠中請立，而婁侯亦歸附。嶷誅婁侯於郡獄，命田都繼其父，蠻衆乃安。

入爲宋順帝驃騎從事中郎。詣司徒袁粲，粲謂人曰：「後來佳器也。」

高帝在領軍府，嶷居青溪宅。蒼梧王夜中微行，欲掩襲宅内，嶷令左右儛刀戟於中庭，蒼梧從牆間窺見已有備，乃去。高帝憂危既切，腹心荀伯玉勸帝度江北起兵。嶷諫曰：「主上狂凶，人不自保，單行道路，易以立功，外州起兵，鮮有剋勝，於此立計，萬不可失。」及蒼梧殞，高帝報嶷曰：「大事已判，汝明可早入。」順帝即位，轉侍中，總宮内直衛。

沈攸之之難，高帝入朝堂，嶷出鎮東府，加冠軍將軍。及袁粲舉兵夕，丹陽丞王遜告變，先至東府，嶷遣帳内軍主戴元孫二千人隨薛道深等俱至石頭，焚門之功，元孫預焉。

先是王蘊薦部曲六十人助爲城防，實以爲內應也。嶷知蘊懷貳，不給其仗，散處外省。及難作搜檢，皆已亡去。

上流平後，武帝自尋陽還。嶷出爲都督、江州刺史。以定策功，改封永安縣公。仍徙鎮西將軍、都督、荆州刺史。時高帝作輔，嶷務存約省，停府州儀迎物。及至州，坦懷納善，側席思政。王儉與嶷書曰：「舊楚蕭條，仍歲多故，政荒人散，寔須緝理。公臨莅甫爾，英風惟穆，江漢來蘇，八荒慕義，庾亮以來，荆州無復此政。古人云『朞月有成』，而公旬日成化，豈不休哉。」初，沈攸之欲聚衆，開人相告，士庶坐執役者甚衆。嶷至鎮，一日遣三千餘人，見囚五歲刑以下不連臺者，皆原遣。以市稅重，多所寬假。百姓甚悅。禪讓之間，武帝欲速定大業，嶷依違其事，默無所言。建元元年，高帝即位，赦詔未至，嶷先下令蠲除部內昇明二年以前逋負。遷侍中、尚書令、都督、揚州刺史、驃騎大將軍、開府儀同三司，封豫章郡王。

會魏軍動，詔以嶷爲南蠻校尉、荆湘二州刺史，都督八州。尋給油絡俠望車。二年，給班劍二十人。其夏，於南蠻園東南開館立學，上表言狀。置生三十人〔三〕，取舊族父祖位正佐臺郎年二十五以下十五以上補之。置儒林參軍一人，文學祭酒一人，勸學從事二人。行釋菜禮。以穀過賤，聽人以米當口錢，優評斛一百。義陽劫帥張羣亡命積年，鼓行爲賊，義陽、武陵、天門、南平四郡界被其殘破，沈攸之連討不禽，末乃首用之。攸之起事，羣從下郢，於路先叛，結柴於三溪，依據深險。嶷遣中兵參軍虞欣祖爲義陽太守，使降意誘納之，厚爲禮遺，於坐斬首，其黨皆散，四郡獲安。

入爲中書監、司空、揚州刺史，都督二州，侍中如故，加兵置佐，以前軍臨川王映府文武配司空。嶷以將還都，修廨宇及路陌，東歸部曲不得齎府州物出城。發江津，士女觀送數千人皆垂泣。嶷發江陵感疾，至都未瘳，上深憂慮，爲之大赦，三年六月壬子赦令是也。疾愈，上幸東府，設金石樂，使乘輿至宫六門。

武帝即位，進位太尉，增置兵佐，解侍中，增班劍三十人〔四〕。建元中，武帝以事失旨，高帝頗有代嫡之意。而嶷事武帝恭悌盡禮，未嘗違忤顔色，故武帝友愛亦深。性至孝，高帝崩，哭泣過度，眼耳皆出血。

永明元年，領太子太傅，解中書監。宋武以來，州郡秩俸及雜供給，多隨土所出，無有定準。嶷上表請明立定格，班下四方，永爲恒制，從之。嶷不參朝務，而言事密謀，多見信納。服闋，加侍中。宋元嘉制，諸王入齋閤，得白服裙帽見人主，唯出太極四廂，乃備朝衣。自此以來，此事一斷。上與嶷同生相友睦，宫内曲宴，許依元嘉。嶷固辭，不奉敕；唯車駕幸第，乃白服烏紗帽以侍宴焉。至於衣服制度，動皆陳啓，事無專制，務從減省，並不見許。又啓曰：「北第舊邸，本自甚華，臣往歲作小眠齋，皆補接爲辦，無乖格制。要是檉柏之華，一時新淨，東府又有此齋，亦爲華屋，而臣頓有二處住止，下情竊所未安。訊訪東宮玄圃，乃有柏屋，制甚古拙，臣乃欲壞取以奉太子，非但失之於前，且補接既多，不可見移，亦恐外物或爲異論，不審可有垂許送東府齋理不？」上答曰：「見別紙，汝勞疾，亦復那得不動，何意爲作煩長啓事。」竟不從。

三年，文惠太子講孝經畢，嶷求解太傅，不許。嶷常慮盛滿，又因言宴求解揚州授竟陵王子良，上終不許，曰：「畢汝一世，無所多言。」

武帝即位後，頻發詔拜陵，不果行，遣嶷拜陵。還過延陵季子廟，觀沸井，有水牛突部伍，直兵執牛推問，嶷不許，取絹一疋，橫繫牛角，放歸其家。政在寬厚，故得朝野歡心。

四年，唐寓之賊起，嶷啓上曰：「此段小寇，出於凶愚，天網宏罩，理不足論。但聖明御世，幸可不爾。比藉聲聽，皆云有由而然。但頃小大士庶，每以小利奉公，不顧所損者大。摤籍檢功巧，督卹簡小塘，藏丁匿口，凡諸條制，實長怨府。此目前交利，非天下大計。一室之中，尚不可精，宇宙之內，何可周洗。公家何嘗不知人多巧〔五〕，古今政以不可細碎，故不爲耳。爲此者實非乖理，但識理者百不有一。陛下弟兒大臣，猶不能伏理，況復天下悠悠萬品？怨積聚黨，凶迷相類，止於一處，何足不除，脱復多所，便成紜紜。」上答曰：「欺巧那可容！宋世混亂，以爲是不？蚊蟻何足爲憂，至今都應散滅。吾政恨其不辯大耳，亦何時無亡命邪。」後乃詔聽復籍注。

是時武帝奢侈，後宮萬餘人，宮内不容，太樂、景第、暴室皆滿，猶以爲未足。嶷後房亦千餘人。潁川荀丕獻書於嶷，極言其失，嶷咨嗟良久，爲書答之，又爲之減遣。

丕字令哲，後爲荆州西曹書佐，長史王秀與其書，題之云「西曹荀君」。丕報書曰：「第五之位，不減驃騎，亦不知西曹何殊長史！且人之處世，當以德行稱著，何遽以一爵高人邪？相如不見屈於澠池，毛遂安受辱於郢都，造敵臨事，僕必先於二子，未知足下之貴，足下之威，孰若秦、楚兩王。僕以德爲寶，足下以位爲寶，各寶其寶，於此敬宜。」於是直題云「長史王君」。時尚書令王儉當朝，丕又與儉書曰：「足下建高人之名，而不顯高人之迹，將何以書於齊史哉。」及南郡綱紀啓荆州刺史隨王子隆請罪丕，丕自申乃免。又上書極諫武帝，言甚直，帝不悦，丕竟於荆州獄賜死。徐孝嗣聞其死，曰：「丕縱有罪，亦不應殺，數千年後，其如竹帛何！」

五年，嶷進位大司馬。八年，給皁輪車。尋加中書監，固讓。嶷身長七尺八寸，善持容範，文物衞從，禮冠百僚。每出入殿省，皆瞻望嚴肅。自以地位隆重，深懷退素，北宅舊有園田之美，乃盛脩理之。武帝嘗問臨川王映居家何事樂，映曰：「政使劉瓛講禮，顧愳講易〔六〕，朱廣之講莊、老，臣與二三諸彥兄弟友生時復擊贊，以此爲樂。」上大賞之。他日謂嶷曰：「臨川爲善，遂至於斯。」嶷曰：「此大司馬公之次弟，安得不爾！」上仍以玉如意指嶷曰：「未若皇帝之次弟爲善最多也。」

嶷常戒諸子曰：「凡富貴少不驕奢，以約失之者鮮矣。漢世以來，侯王子弟，以驕恣之故，大者滅身喪族，小者削奪邑地，可不戒哉！」稱疾不利住東城，累求還第，令世子子廉代鎮東府。上數幸嶷第，宋長寧陵隧道出第前路，上曰：「我便是入他家墓内尋人。」乃徙其表闕騏驎於東岡。騏驎及闕，形勢甚巧，宋孝武於襄陽致之，後諸帝王陵皆模範，而莫及也。

永明末，車駕數遊幸，唯嶷陪從。上嘗出新林苑，同輦夜歸，至宮門，嶷下輦辭出，上曰：「今夜行，無使爲尉司所呵也。」嶷對曰：「京輦之内，皆屬臣州，願陛下不垂過慮。」上大笑，賜以魏所送氈車。每幸第，不復屏人，敕外監曰：「我往大司馬第，是還家耳。」嶷妃庾氏，嘗有疾，瘳，上幸嶷邸，後堂設金石樂，宮人畢至。登桐臺，使嶷著烏紗帽，極日盡歡，敕嶷備家人之禮。嶷謂上曰：「古來言願陛下壽比南山，或稱萬歲，此殆近皃言。如臣所懷，實願陛下極壽百年亦足矣。」上曰：「百年復何可得，止得東西一百，於事亦濟。」因相執流涕。

十年，上封嶷諸子。舊例王子封千户，嶷欲五子俱封，啓減，人五百户。其年疾篤，表解職，不許，賜錢五百萬營功德〔七〕。薨，年四十九。其日上視疾，至薨乃還宫。詔斂以衮冕之服，温明秘器，大鴻臚持節護喪事，太官朝夕送祭奠，大司馬、太傅二府文武悉停過葬。詔贈假黄鉞、都督中外諸軍事、丞相、揚州牧，緑綟綬，具九服錫命之禮，侍中、大司馬、太傅、王如故。給九旒鸞輅，黄屋左纛，虎賁班劍百人，轀輬車，前後部羽葆、鼓吹。喪葬送儀，並依漢東平王蒼故事。

嶷臨終，召子子廉、子恪曰：「吾無後，當共相勉勵，篤睦爲先。才有優劣，位有通塞，運有富貧，此自然理，無足以相陵侮。勤學行，守基業，修閨庭，尚閑素，如此足無憂患。聖主儲皇及諸親賢，亦當不以吾没易情也。三日施靈，惟香火、盤水、干飯、酒脯、檳榔而已，朔望菜食一盤，加以甘果，此外悉省。葬後除靈，可施吾常所乘轝扇繖。朔望時節，席地香火、盤水、酒脯、干飯、檳榔便足。棺器及墓中勿用餘物爲後患也。朝服之外，唯下鐵環刀一口。作冢毋令深〔八〕，一一依格，莫過度也。後堂樓可安佛，供養外國二僧，餘皆如舊。與汝遊戲後堂船乘，吾所乘牛馬，送二宫及司徒。服飾衣裘，悉爲功德。」子廉等號泣奉行。

武帝哀痛特至，蔬食積旬。太官朝送祭奠〔九〕，敕王融爲銘，云：「半岳摧峰，中河墜月。」帝流涕曰：「此正吾所欲言也。」至其年十二月，乃舉樂宴朝臣。樂始舉，上便歔欷流涕。

嶷薨後，第庫無見錢，武帝敕貨雜物服飾數百萬〔一○〕，起集善寺，月給第見錢百萬，至上崩乃省。

嶷性汎愛，不樂聞人過失，左右投書相告，置靴中，竟不視，取火焚之。齋庫失火，燒荆州還資，評直三千餘萬，主局各杖數十而已。嶷薨後，忽見形於沈文季曰：「我未應便死，皇太子加膏中十一種藥，使我癰不差，湯中復加藥一種，使利不斷。吾已訴先帝，先帝許還東邸，當判此事。」因胸中出青紙文書示文季曰：「與卿少舊，因卿呈上。」俄失所在。文季秘而不傳，甚懼此事，少時太子薨。

又嘗見形於第後園，乘腰輿，指麾處分，呼直兵，直兵無手板，左右授一玉手板與之，謂曰：「橘樹一株死，可覓補之。」因出後園閤，直兵倒地，仍失手板。

羣吏中南陽樂藹、彭城劉繪、吴郡張稷，最被親禮。藹與竟陵王子良牋，欲率荆、江、湘三州僚吏建碑，託中書侍郎劉繪營辨。藹又與右率沈約書，請爲文。約答曰：「郭有道漢末之匹夫，非蔡伯喈不足以偶三絶。謝安石素族之台輔，時無麗藻，迄乃有碑無文。況文獻王冠冕彝倫，儀形寓内，自非一代辭宗，難或與此。約閭閈鄙人，名不入第，欻酬今旨，便是以禮許人，聞命慙顏，已不覺汗之霑背也。」建武中，第二子子恪託約及太子詹事孔珪爲文。

妃庾氏，有女功婦德，嶷甚重之。宋時，武帝及嶷位宦尚輕，家又貧薄，庾氏常徹己損身，以相營奉。兄弟每行來公事，晚還飢疲，躬營飲食，未嘗不迎時先辦。雖豐儉隨事，而香淨適口。穆皇后不自營，又不整潔，上亦以此貴之。又不妬忌，嶷倍加敬重。嶷薨後，少時亦亡。

子廉字景藹。初，嶷養魚復侯子響爲嗣子，子廉封永新侯，子響還本。子廉爲世子，位淮陵太守，太子中舍人，前將軍〔一〕，善撫諸弟。十一年卒，贈侍中，謚哀世子。子元琳嗣。梁武受禪，詔曰：「豫章王元琳、故竟陵王昭胄子同〔二〕，齊氏宗國，高、武嫡胤，宜祚井邑，以傳于後。降封新淦侯〔三〕。」

子廉弟子恪字景沖，永明中，以王子封南康縣侯。年十二，和從兄司徒竟陵王子良高松賦，衞軍王儉見而奇之。

建武中，爲吴郡太守。及大司馬王敬則於會稽反，奉子恪爲名，而子恪奔走，未知所在。始安王遥光勸上併誅高、武諸子孫，於是並敕竟陵王昭胄等六十餘人入永福省，令太醫煮椒二斛，并命辦數十具棺材，謂舍人沈徽孚曰：「椒熟則一時賜死。」期三更當殺之。會上暫臥，主書單景儁啓依旨斃之，徽孚堅執曰：「事須更審。」爾夕三更，子恪徒跣奔至建陽門。上聞驚覺曰：「故當未賜諸侯命邪？」徽孚以答。上撫牀曰：「遥光幾誤人事。」及見子恪，顧問流涕，諸侯悉賜供饌。以子恪爲太子中庶子。

東昏即位，爲侍中。中興二年，爲相國諮議參軍。梁天監元年，降爵爲子，位司徒左長史。

子恪與弟子範等嘗因事入謝，梁武帝在文德殿引見，謂曰：「夫天下之寶，本是公器，苟無期運，雖有項籍之力，終亦敗亡。宋孝武爲性猜忌，兄弟粗有令名者，無不因事鴆毒，所遺唯景和〔一四〕。至朝臣之中疑有天命而致害者，枉濫相繼。于時雖疑卿祖，無如之何。如宋明帝本爲庸常被免，豈疑得全。又復我于時已年二歲，彼豈知我應有今日。當知有天命者非人所害，害亦不能得。我初平建康城，朝廷内外皆勸我云：『時代革異，物心須一，宜行處分。』我于時依此而行，誰謂不可？政言江左以來，代謝必相誅戮，此是傷於和氣，國祚例不靈長。此是一義。二者，齊、梁雖曰革代，義異往時。我與卿兄弟宗屬未遠，卿勿言兄弟是親，人家兄弟自有周旋者不周旋者，況五服之屬邪？齊業之初，亦是甘苦共嘗，腹心在我，卿兄弟年少，理當不悉。我與卿兄弟便是情同一家，豈當都不念此，作行路事。此是二義。且建武屠滅卿門，我起義兵，非惟自雪門恥，亦是爲卿兄弟報仇。卿若能在建武、永元之時撥亂反正，我雖起樊、鄧，豈得不釋戈推奉。我今爲卿報仇，且時代革異，望卿兄弟盡節報我耳。且我自藉喪亂，代明帝家天下，不取卿家天下。昔劉子輿自稱成帝子，光武言：『假使成帝更生，天下亦不復可得，況子輿乎？』梁初人勸我相誅滅者，我答之猶如向言：『若苟有天命，非我所殺，若其無運，何忽行此，政是示無度量〔一五〕。』曹志親是魏武帝孫，入事晉武，爲晉室忠臣。此即卿事例。卿是宗室，情義異他，方坦然相期，小待自當知我寸心。」又文獻王時內齋直帳閹人趙叔祖，天監初入臺爲齋帥，在壽光省。武帝呼問曰：「汝比見北第諸郎不？若見道我此意：今日雖是革代，情同一家；但今盤石未立，所以未得用諸郎。非唯在我未宜，我亦是欲使諸郎得安耳。但閉門高枕，後自當見我心。」叔祖即出，具宣敕意。

子恪普通三年累遷都官尚書，四年轉吏部。大通二年，出爲吴郡太守，卒官。謚曰恭子。

子恪兄弟十六人並入梁，有文學者子恪、子質、子顯、子雲、子暉〔一六〕。子恪常謂所親曰：「文史之事，諸弟備之矣，不煩吾復牽率。但退食自公，無過足矣。」

子恪亦涉學，頗屬文，隨棄其本，故不傳文集。

子恪次弟子操，封泉陵侯。王侯出身，官無定準，素姓三公長子一人爲員外郎。建武中，子操解褐爲給事中。自此齊末皆以爲例。永泰元年，兄南康侯子恪爲吴郡太守，避王敬則難歸，以子操爲吴郡太守。永元中，爲黄門郎。

子操弟子範字景則，齊永明中封祁陽縣侯，拜太子洗馬。天監初降爵爲子，位司徒主簿。丁所生母憂去職。

子範有孝性，居喪以毁聞。服闋，累遷大司馬南平王從事中郎。王愛文學士，子範偏被恩遇，常曰：「此宗室奇才也。」使製千字文，其辭甚美。王命記室蔡薳注釋之。自是府中文筆皆使具草。

後爲臨賀王正德長史。正德遷丹陽尹，復爲正德信威長史，領尹丞。歷官十餘年，不出蕃府，而諸弟並登顯列，意不能平。及是爲到府牋曰：「上蕃首僚，於兹再忝，河南雌伏，自此重叨。老少異時，盛衰殊日，雖佩恩寵，還羞年鬢。」子範少與弟子顯、子雲才名略相比，而風采容止不逮，故宦途有優劣。每讀漢書杜緩傳云：「六弟五人至大官，唯中弟欽官不至，最知名。」常吟諷之，以況己也。

後爲秘書監。簡文即位，召爲光禄大夫，加金章紫綬。以逼賊不拜。其年葬簡皇后，使製哀策，文理哀切。帝謂武林侯蕭諮曰：「此段莊陵萬事零落，唯哀册尚有典刑。」敕賚米千石。

子範無居宅，尋卒於招提寺僧房。賊平，元帝追贈金紫光禄大夫，謚曰文。前後文集三十卷。

子滂、確並少有文章，簡文在東宫時，嘗與邵陵王數諸蕭文士，滂、確並預焉。滂位中軍宣城王記室，先子範卒。確位司徒右長史。魏平江陵，入長安。

滂弟乾字思惕，容止雅正，性恬簡，善隸書，得叔父子雲之法。九歲，補國子周易生，祭酒袁昂深敬重之。仕梁爲宣城王諮議參軍。陳武帝鎮南徐州，引爲司空從事中郎。及受命，永定元年，除給事黄門侍郎。時熊曇朗在豫章，周迪在臨川，留異在東陽，陳寶應在建安〔一七〕，共相連結，閩中豪帥，立柴自保。武帝患之，令乾往，諭以逆順，謂曰：「昔陸賈南征，趙他歸順；隨何奉使，黥布來臣。追想清風，髣髴在目，卿宜勉建功名，不煩更勞師旅。」乾至，示以逆順，所在款附。其年，就除建安太守。

天嘉二年，留異反，陳寶應助之，又資周迪兵糧，出寇臨川，因逼建安。乾單使臨郡，不能守，乃棄郡以避寶應。時閩中宰守並受寶應署置，乾獨不屈，徙居郊野。及寶應平，都督章昭達以聞，文帝甚嘉之，超授五兵尚書。卒，謚靜子。

子顯字景陽，子範弟也。幼聰慧，嶷偏愛之。七歲，封寧都縣侯，梁天監初，降爲子。位太尉録事參軍。

子顯身長八尺，狀皃甚雅，好學，工屬文。嘗著鴻序賦，尚書令沈約見而稱曰：「可謂明道之高致〔一八〕，蓋幽通之流也。」又採衆家後漢，考正同異，爲一家之書。又啓撰齊史，書成表奏，詔付祕閣。累遷邵陵王友。後除黄門郎。

中大通二年，遷長兼侍中。梁武帝雅愛子顯才，又嘉其容止吐納，每御筵侍坐，偏顧訪焉。嘗從容謂曰：「我造通史，此書若成，衆史可廢。」子顯對曰：「仲尼讚易道，黜八索；述職方，除九丘。聖製符同，復在兹日。」時以爲名對。

三年，以本官領國子博士。武帝製孝經義，未列學官，子顯在職，表置助教一人，生十人。又啓撰武帝集并普通北伐記。遷國子祭酒，加侍中，於學遞述武帝五經義，遷吏部尚書，侍中如故。

子顯風神灑落，雍容閑雅，簡通賓客，不畏鬼神。性愛山水，爲伐社文以見其志。飲酒數斗，頗負才氣。及掌選，見九流賓客不與交言，但舉扇一撝而已，衣冠竊恨。然簡文素重其爲人，在東宮時，每引與促宴。子顯嘗起更衣，簡文謂坐客曰：「常聞異人間出，今日始見，知是蕭尚書。」其見重如此。出爲吴興太守。卒時年四十九，詔贈侍中、中書令。及請謚，手敕曰：「恃才傲物，宜謚曰驕。」子顯嘗爲自序，其略云：「余爲邵陵王友，忝還京師，遠思前比，即楚之唐、宋，梁之嚴、鄒。追尋平生，頗好辭藻，雖在名無成，求心已足。若乃登高目極，臨水送歸，風動春朝，月明秋夜，早鴈初鶯，開花落葉，有來斯應，每不能已也。且前代賈、傅、崔、馬、邯鄲、繆、路之徒，並以文章顯，所以屢上歌頌，自比古人。天監十六年，始預九日朝宴〔九〕，稠人廣坐，獨受旨云：『今雲物甚美，卿將不斐然賦詩。』詩既成，又降旨曰：『可謂才子。』余退謂人曰：一顧之恩，非望而至，遂方賈誼何如哉，未易當也。每有製作，特寡思功，須其自來，不以力構。少來所爲詩賦，則鴻序一作，體兼衆製，文備多方，頗爲好事所傳，故虛聲易遠。」

子顯所著後漢書一百卷，齊書六十卷，普通北伐記五卷，貴儉傳三卷〔一〇〕，文集二十卷。

子序、愷並少知名。序太清中位中庶子，卒。愷太子家令。

愷才學譽望，時論以方其父。簡文在東宮早引接之。時中庶子謝嘏出守建安，於宣猷堂餞飲，並召時才賦詩，同用十五劇韻。愷詩先就，其辭又美。簡文與湘東王令曰：「王筠本自舊手，後進有蕭愷可稱，信爲才子。」先是太學博士顧野王奉令撰玉篇，簡文嫌其書詳略未當，以愷博學，於文字尤善，使更與學士删改。太清中，卒於侍中。子顯弟子雲。

子雲字景喬，年十二，齊建武四年，封新浦縣侯。自製拜章，便有文采。梁天監初，降爵爲子。及長，勤學有文藻，弱冠撰晉書，至年二十六，書成百餘卷，表奏之，詔付祕閣。子雲性沈靜，不樂仕進，風神閑曠，任性不羣。夏月對賓客，恒自裸袒。而兄弟不睦，乃至吉凶不相弔問，時論以此少之。

年三十，方起家爲祕書郎，遷太子舍人，撰東宮新記奏之，敕賜束帛。累遷丹陽郡丞。湘東王繹爲丹陽尹，深相賞好，如布衣之交。中大通三年，爲臨川内史，在郡以和理稱，人吏悦之。還除散騎常侍。歷侍中，國子祭酒。

梁初，郊廟未革牲牷，樂辭皆沈約撰，至是承用。子雲啓宜改之，敕答曰：「此是主者守株，宜急改也。」仍使子雲撰定。敕曰：「郊廟歌辭，應須典誥大語，不得雜用子史文章淺言。而沈約所撰，亦多舛謬。」子雲作成，敕並施用。

子雲善草隸，爲時楷法，自云善效鍾元常、王逸少而微變字體。嘗答敕云：「臣昔不能拔賞，隨時所貴，規摹子敬，多歷年所。年二十六著晉史，至二王列傳，欲作論草隸法，言不盡意，遂不能成，略指論飛白一事而已。十許年，始見敕旨論書一卷，商略筆狀，洞澈字體，始變子敬，全範元常。逮爾以來，自覺功進。」其書迹雅爲武帝所重，帝嘗論書曰：「筆力勁駿，心手相應，巧逾杜度，美過崔寔，當與元常並驅爭先。」其見賞如此。

出爲東陽太守。百濟國使人至建鄴求書，逢子雲爲郡，維舟將發。使人於渚次候之，望船三十許步，行拜行前。子雲遣問之，答曰：「侍中尺牘之美，遠流海外，今日所求，唯在名迹。」子雲乃爲停船三日，書三十紙與之，獲金貨數百萬。性吝，自外答餉不書好紙，好事者重加賂遺，以要其答。

太清元年，復爲侍中、國子祭酒。二年，侯景寇逼，子雲逃人間。三年，宮城失守，奔晉陵，餒卒于顯雲寺僧房〔二二〕，年六十三。所著晉書一百一十卷，東宮新記二十卷。

子特字世達，早知名，亦善草隸，時人比之衞恒、衞瓘。武帝嘗使特書，及奏，帝曰：「子敬之迹不及逸少，蕭特之書遂逼於父。」位太子舍人，海鹽令，坐事免。先子雲卒，遺啓簡文求爲墓誌銘，帝爲製銘焉。

子雲弟子暉字景光，少涉學，亦有文才。性恬靜，寡嗜慾，嘗預重雲殿聽制講三慧經，退爲講賦奏之，甚見貴〔一三〕。卒於驃騎長史。

校勘記

〔一〕抄掠至郡城下　「郡城」，原作「都城」。按郡城指武陵郡城，據南齊書卷二二豫章文獻王傳、通志卷八二改。

〔二〕嶷遣隊主張英兒擊破之　「張英兒」，南齊書卷二二豫章文獻王傳作「張莫兒」。

〔三〕置生三十人　「三十」，南齊書卷二二豫章文獻王傳作「四十」。

〔四〕增班劍三十人　南齊書卷二二豫章文獻王傳「班劍」下有「爲」字。

〔五〕公家何嘗不知人多巧　南齊書卷二二豫章文獻王傳「巧」字上有「欺」字。馬宗霍校證：「下文云『欺巧那可容』，即承本文而言，則此『欺』字不可省。」

〔六〕顧懇講易　按鍾嶸詩品卷下有「齊秀才顧則心」，未詳其名孰是。

〔七〕賜錢五百萬營功德　「五百萬」，南齊書卷二二豫章文獻王傳、册府卷二七六作「百萬」。

〔八〕作冢毋令深　「毋」，原作「每」。南齊書卷二二豫章文獻王傳、册府卷八九八作「勿」。按馬宗霍校證：「『每』蓋『毋』之誤。」今改正。

〔九〕太官朝送祭奠　南齊書卷二二豫章文獻王傳「朝」字下有「夕」字。

〔一〇〕武帝敕貨雜物服飾數百萬　南齊書卷二二豫章文獻王傳「服飾」下有「得」字。按馬宗霍校證：「『得』謂得錢也，不可省。」

〔一一〕位淮陵太守太子中舍人前將軍　「前將軍」，南齊書卷二二豫章文獻王傳作「前軍將軍」。

〔一二〕豫章王元琳故竟陵王昭胄子同　「竟陵王」，南齊書卷二二豫章文獻王傳作「巴陵王」。按南齊書卷四〇武十七王傳、本書卷四四齊武帝諸子傳，竟陵王昭胄於「永元元年，改封巴陵王」。南史以改封前封國稱之。

〔一三〕降封新淦侯　「新淦」，原作「新塗」，據南齊書卷二二豫章文獻王傳、册府卷二一一、通志卷八二改。

〔一四〕所遺唯景和　「遺」，原作「爲」，據南監本、北監本、汲本、殿本及梁書卷三五蕭子恪傳、册府卷一九六改。

〔一五〕政是示無度量　「是」，梁書卷三五蕭子恪傳、册府卷一九六、通鑑卷一四五梁紀一天監元年作「足」。

〔一六〕有文學者子恪子質子顯子雲子暉　「子質」疑當作「子範」，梁書及本書皆無子質傳，而子範與子顯等皆有傳。子範傳亦云：「少與弟子顯、子雲才名略相比。」若作「子範」則相合。

〔一七〕陳寶應在建安　「建安」，陳書卷二一蕭乾傳、册府卷六五二、卷六五三作「建晉」。按錢大昕考異卷二七：「建、晉謂建安、晉安也。」

〔一八〕可謂明道之高致　梁書卷三五蕭子恪傳附蕭子顯傳、册府卷八三九宋本、通志卷八二「明道」上有「得」字。

〔一九〕天監十六年始預九日朝宴　「十六年」，原作「六年」，據梁書卷三五蕭子恪傳附蕭子顯傳、册府卷七七〇改。按邵陵之封在天監十三年，此云「始預」亦有遲晚意，當爲「十六年」。

〔二〇〕貴儉傳三卷　「三卷」，梁書卷三五蕭子恪傳附蕭子顯傳作「三十卷」。

〔二一〕餒卒于顯雲寺僧房　「顯雲寺」，梁書卷三五蕭子恪傳附蕭子雲傳、册府卷九四八作「顯靈寺」。

〔二二〕甚見貴　「貴」，北監本、殿本及通志卷八二作「賞」，梁書卷三五蕭子恪傳附蕭子暉傳、册府卷八三九作「稱賞」，册府卷二七〇作「貴重」。

南史卷四十三

列傳第三十三

齊高帝諸子下

臨川獻王映字宣光，高帝第三子也。少而警悟，美言笑，善容止。仕宋位給事黃門侍郎、南兗州刺史，留心吏事，自下莫不肅然，令行禁止。

高帝踐阼，爲荊州刺史〔一〕，加都督，封臨川王。嘗致錢還都買物，有獻計者，於江陵買貨，至都還換，可得微有所增。映笑曰：「我是賈客邪，乃復求利。」改授都督、揚州刺史。莅事聰敏，府州曹局皆重足以奉禁令，自宋彭城王義康以後，未之有也。

永明元年，爲侍中、驃騎將軍。五年，即本號開府儀同三司。七年薨。映善騎射，解聲律，工左右書、左右射，應接賓客，風韻韶靡，及薨，朝野莫不惋惜。贈司空。九子皆封侯。

長子子晉，永元初爲侍中，入梁爲高平太守。第二子子游，州陵侯，爲黄門侍郎。謀反，兄弟並伏誅。

長沙威王晃字宣明，高帝第四子也。少有武力，爲高帝所愛。昇明二年，代兄映爲淮南、宣城二郡太守。晃便弓馬，初沈攸之事起，晃多從武容，赫弈都街，時人爲之語曰：「焕焕蕭四繖。」其年，遷西中郎將、豫州刺史，監三州諸軍事〔二〕。

高帝踐阼，晃每陳政事，輒爲典籤所裁，晃殺之。上大怒，手詔賜杖。遷南徐州刺史，加都督。武帝爲皇太子，拜武進陵，於曲阿後湖鬭隊，使晃御馬軍，上聞之，又不悦。臨崩，以晃屬武帝，處以輦轂近蕃，勿令遠出。

永明元年，以晃爲都督、南徐州刺史。入爲中書監。時禁諸王蓄仗，在都下者，唯置捉刀左右四十人。晃愛武飾，罷徐州還，私載數百人仗還都，爲禁司所覺，投之江中。帝聞之大怒，將糾以法，豫章王嶷稽首流涕曰：「晃罪誠不足宥，陛下當憶先朝念白象。」白象，晃小字也。上亦垂泣。高帝大漸時，戒武帝曰：「宋氏若骨肉不相圖，他族豈得乘其弊？汝深戒之。」故武帝終無異意，然晃亦不見親寵。當時論者，以武帝優於魏文，減於漢明。

後拜車騎將軍、侍中。薨，贈開府儀同三司。武帝嘗幸鍾山，晃從駕。以馬矟刺道邊枯蘖，上令左右數人引之，銀纏皆卷聚而矟不出，乃令晃復馳馬拔之，應手便去。每遠州獻駿馬，上輒令晃於華林中調試之。高帝常曰：「此我家任城也。」武帝緣此意，故謚曰威。

武陵昭王曅字宣昭〔三〕，高帝第五子也。母羅氏，從高帝在淮陰，以罪誅。曅年四歲，思慕不異成人，每慟吐血。高帝敕武帝曰：「三昧至性如此，恐不濟，汝可與共住，每抑割之。」三昧，曅小字也。故曅見愛。

高帝雖爲方伯，而居處甚貧，諸子學書無紙筆，曅常以指畫空中及畫掌學字，遂工篆法。少時又無棊局，乃破荻爲片，縱橫以爲棊局，指點行勢，遂至名品。

性剛穎儁出，與諸王共作短句詩，學謝靈運體，以呈高帝。帝報曰：「見汝二十字，諸兒作中，最爲優者。但康樂放蕩，作體不辯有首尾，安仁、士衡深可宗尚，顔延之抑其次也。」

建元二年〔四〕，爲會稽太守，加都督。上遣儒士劉瓛往郡，爲曄講五經。武帝即位，歷中書令、祠部尚書。巫覡或言曄有非常之相，以此自負，武帝聞之，故無寵，未嘗處方岳。於御坐曲宴，醉伏地，貂抄肉柈。帝笑曰：「汙貂。」對曰：「陛下愛其羽毛，而疏其骨肉。」帝不悅。

性輕財重義，有古人風。罷會稽還都，齋中錢不滿萬，俸祿所入，皆與參佐賓僚共之。常曰：「兄作天子，何畏弟無錢。」居止附身所須而已。名後堂山爲首陽，蓋怨貧薄也。嘗於武帝前與竟陵王子良圍棊，子良大北。及退，豫章文獻王謂曄曰：「汝與司徒手談，故當小相推讓。」答曰：「曄立身以來，未嘗一口妄語。」執心疎婞，偏不知悔。好文章，射爲當時獨絕，琅邪王瞻亦稱善射，而不及曄也。

武帝幸豫章王嶷東田，宴諸長王，獨不召曄。嶷曰：「風景殊美，今日甚憶武陵。」上仍呼使射，屢發命中，顧四坐曰：「手何如？」上神色甚怪，嶷曰：「阿五常日不爾，今可謂仰藉天威。」帝意乃釋。後於華林射賭，凡六箭，五破一皮，賜錢五萬文。又上舉酒勸曄，曄曰〔五〕：「陛下常不以此處許臣。」上回面不答。

豫章王於邸起土山，列種桐竹，號爲桐山。武帝幸之，置酒爲樂，顧臨川王映：「王邸亦有嘉名不？」映曰：「臣好栖靜，因以爲稱。」又問曄，曄曰：「臣山卑，不曾栖靈昭景，唯有薇蕨，直號首陽山。」帝曰：「此直勞者之歌也。」

久之，出爲江州刺史。上以曄方出鎮，求其宅給諸皇子，遣舍人喻旨。曄曰：「先帝賜臣此宅，使臣歌哭有所，陛下欲以州易宅，臣請不以宅易州。」帝恨之。至鎮百餘日，典籤趙渥之啓曄得失，徵還爲左户尚書。遷太常卿。累不得志。

冬節問訊，諸王皆出，曄獨後來，上已還便殿，聞曄至，引見，問之，曄稱牛羸不能取路。上敕車府給副御牛一頭。敕主客自今諸王來不隨例者，不復爲通。

公事還，過竟陵王子良宅，冬月道逢乞人，脱襦與之。子良見曄衣單，進襦於曄。曄曰：「我與向人亦復何異。」尚書令王儉詣曄，曄留儉設食，盤中菘菜鮑魚而已。儉重其率真，爲飽食盡歡而去。

尋爲丹陽尹，始不復置行事，自得親政。轉侍中、護軍將軍，給油絡車，又給扶二人。武帝臨崩，遺詔爲衞將軍、開府儀同三司。大行在殯，竟陵王子良在殿内，太孫未至，衆論喧疑，曄衆中言曰：「若立長，則應在我；立嫡，則應立太孫。」及鬱林立，甚見馮賴。隆昌元年薨，贈司空，班劍二十人。

安成恭王暠字宣曜，高帝第六子也。性清和，多疾。歷位南中郎將、江州刺史，侍中，領步兵校尉，中書令。永明九年，爲散騎常侍、秘書監，領石頭戍事。及夏薨〔六〕。

鄱陽王鏘字宣韶，高帝第七子也。建元末，武帝即位，爲雍州刺史，加都督。武帝服除，鏘方還，始入覲拜便流涕。武帝愕然，問其故，鏘收淚曰：「臣違奉彌年，今奉顔色，聖顔損瘦，所以泣耳。」武帝歎曰：「我復是有此一弟。」

累遷丹陽尹。永明十一年〔七〕，爲領軍將軍。鏘和悌美令，性謙慎，好文章，有寵於武帝。領軍之授，齊室諸王所未爲，鏘在官理事無擁，當時稱之。車駕游幸，常甲仗衞從，恩待次豫章王嶷。其年，給油絡車。

隆昌元年，轉尚書右僕射〔八〕，遷侍中、驃騎將軍、開府儀同三司，領兵置佐。鏘雍容得物情，爲鬱林依信。鬱林心疑明帝，諸王問訊，獨留鏘，謂曰：「聞鸞於法身何如？」鏘曰：「臣鸞於宗戚最長，且受寄先帝，臣等年皆尚少，朝廷之幹，唯鸞一人，願陛下無以爲慮。」鬱林退謂徐龍駒曰：「我欲與公共計取鸞，公既不同，我不能獨辦，且復小聽。」及鬱林廢，鏘竟不知。

延興元年，進位司徒，侍中如故。明帝鎮東府，權威稍異，鏘每往，明帝屣履至車迎鏘，語及家國，言淚俱下，鏘以此推信之。而宮臺内皆屬意於鏘，勸令入宮，發兵輔政。制局監謝粲説鏘及隨王子隆曰：「殿下但乘油壁車入宮，出天子置朝堂，二王夾輔號令，粲等閉城門上仗，誰敢不同，宣城公政當投井求活，豈有一步動哉！東城人政共縛送耳。」子隆欲定計，鏘以上臺兵力既悉度東府，且慮難捷，意甚猶豫。馬隊主劉巨，武帝時舊人，詣鏘請間，叩頭勸鏘立事。鏘命駕將入，復回還内，與母陸太妃别，日暮不成行。典籤知謀告之，數日，明帝遣二千人圍鏘宅，害鏘，謝粲等皆見殺。凡諸王被害，皆以夜遣兵圍宅，或斧斫關排牆，叫譟而入，家財皆見封籍焉。

桂陽王鑠字宣朗，高帝第八子也。永明七年爲中書令，加散騎常侍。時鄱陽王鏘好文章，鑠好名理，人稱爲鄱桂。

鑠清羸有冷疾，常枕卧，武帝臨視，賜牀帳衾褥。性理偏詖，遇其賞興，則詩酒連日，情有所廢，則兄弟不通。隆昌元年，加前將軍，給油絡車，并給扶二人。

鄱陽王見害，鑠遷中軍將軍、開府儀同三司。不自安，至東府見明帝，及出，處分存亡之計。謂侍讀山悰曰：「吾前日覲王，王流涕嗚咽，而鄱陽、隨郡見誅。今日見王，王又流涕而有愧色，其在吾邪？」其夜三更中兵至，見害。

始興簡王鑑字宣徹，高帝第十子也。性聰警。年八歲，喪所生母，號慕過人，數日中便至骨立。豫章文獻王聞之，撫其首嗚咽，謂高帝曰：「此兒操行異人，恐其不濟。」高帝亦悲不自勝。

初封廣興郡王，袁彖時爲秘書丞，早有令譽，高帝盛重鑑，乃以彖爲友。後改封始興。自晉以來，益州刺史皆以良將爲之。宋泰始中，益州市橋忽生小洲，道士邵碩見之，曰：「此謂狂華，當有貴王臨州〔九〕。」劉亮爲刺史，齋前石榴樹陵冬生華，亮以問碩，碩曰：「此宋諸劉滅亡之象。後二年君當終，後九載宋當滅。」滅後有王勝憙來作此州，冀爾時蜀土平。」碩始康人，元徽二年，忽告人云：「吾命終。」因卧而死。後人見碩在荆州上明，以一隻故履縛左脚，而行甚疾，遂不知所之。永明二年，武帝不復用諸將爲益州，始以鑑爲益州刺史、督益寧二州軍事，加鼓吹一部。「勝憙」反語爲「始興」，碩言於此乃驗。

先是劫帥韓武方常聚黨千餘人，斷流爲暴，郡縣不能禁，行旅斷絶。鑑行至上明，武方乃出降。長史虞悰等咸請殺之。鑑曰：「武方爲暴積年，所在不能制，今降而被殺，失信；且無以勸善。」於是啓臺，果被宥，自是巴西蠻夷凶惡，皆望風降附。行次新城，道路籍籍，云陳顯達大選士馬，不肯就徵，巴西太守陰智伯亦以爲然。乃停新城十許日，遣典籤張曇晳往觀形勢。俄而顯達遣使人郭安明、朱公恩奉書貢遺，咸勸鑑執之。鑑曰：「顯達立節本朝，必自無此。曇晳還，若有同異，執安明等未晚。」居二日，曇晳還，説顯達遣家累已出城，日夕望殿下至。於是乃前。時年十四。

好學，善屬文，不重華飾，器服清素，有高士風。與記室參軍蔡仲熊登張儀樓，商略先言往行及蜀土人物。鑑言辭和辯，仲熊應對無滯，當時以爲盛事。

州城北門常閉不開，鑑問其故於虞悰，悰答曰：「蜀中多夷暴，有時抄掠至城下，故相承閉之。」鑑曰：「古人云，『善閉無關楗』。且在德不在門。」即令開之。戎夷慕義，自是清謐。於州園地得古冢，無復棺，但有石槨。銅器十餘種，並古形；玉璧三枚；珍寶甚多，不可皆識；金銀爲蠶蛇形者數斗。又以朱沙爲阜，水銀爲池，左右咸勸取之。鑑曰：「皇太子昔在雍，有發古冢者，得玉鏡、玉屏風、玉匣之屬，皆將還都，吾意常不同。」乃遣功曹何佇爲之起墳，諸寶物一不得犯。

性甚清，在蜀積年，未嘗有所營造，資用一歲不滿三萬。王儉常歎云：「始興王雖尊貴，而行履都是素士。」時有廣漢什邡人段祖，以淳于獻鑑〔一〇〕，古禮器也。高三尺六寸六分，圍三尺四寸〔一一〕，圓如筩，銅色黑如漆，甚薄，上有銅馬，以繩縣馬，令去地尺餘，灌之以水，又以器盛水於下，以芒莖當心跪注淳于，以手振芒，則聲如雷，清響良久乃絕。古所以節樂也。五年，鑑獻龍角一枚，長九尺三寸，色紅，有文。

九年，爲散騎常侍、秘書監，領石頭戍事。上以與鑑久別，車駕幸石頭，宴會賞賜。尋遷左衞將軍，未拜，遇疾。上爲南康王子琳起青楊巷第，新成，車駕與後宮幸第樂飲。其日鑑疾，上遣騎詔問疾相繼，爲之止樂。尋薨。

江夏王鋒字宣穎，高帝第十二子也。母張氏有容德，宋蒼梧王逼取之，又欲害鋒。高帝甚懼，不敢使居舊宅，匿於張氏舍，時年四歲。

性方整，好學書，張家無紙札，乃倚井欄爲書，書滿則洗之，已復更書，如此者累月。又晨興不肯拂牕塵，而先畫塵上，學爲書字。

五歲，高帝使學鳳尾諾，一學即工。高帝大悅，以玉騏驎賜之，曰：「騏驎賞鳳尾矣。」

至十歲，便能屬文。武帝時，藩邸嚴急，諸王不得讀異書，五經之外，唯得看孝子圖而已。鋒乃密遣人於市里街巷買圖籍，朞月之間，殆將備矣。

好琴書，蓋亦天性。嘗覲武帝，賜以寶裝琴，仍於御前鼓之，大見賞。帝謂鄱陽王鏘曰：「闍黎琴亦是柳令之流亞，其既事事有意，吾欲試以臨人。」鏘曰：「昔鄒忌鼓琴，威王委以國政。」乃出爲南徐州刺史。善與人交，行事王文和、別駕江祏等，皆相友善。後文和被徵爲益州，置酒告別，文和流淚曰：「下官少來未嘗作詩，今日違戀，不覺文生於性。」王儉聞之，曰：「江夏可謂善變素絲也。」

工書，爲當時蕃王所推。南郡王昭業亦稱工，謂武帝曰：「臣書固應勝江夏王。」武帝答：「闍黎第一，法身第二。」法身，昭業小名；闍黎，鋒小名也。

隆昌元年，爲侍中，領驍騎將軍，尋加祕書監。及明帝知權，蕃邸危懼，江祏嘗謂王晏曰：「江夏王有才行，亦善能匿迹，以琴道授羊景之，景之著名，而江夏掩能於世，非唯七絃而已，百氏亦復如之。」鋒聞歎曰：「江祏遂復爲混沌畫眉[一二]，欲益反弊耳。寡人聲酒是耽，狗馬是好，豈復一豪於平生哉。」當時以爲話言。常忽忽不樂，著脩柏賦以見志，曰：「既殊羣而抗立，亦含貞而挺正。豈春日之自芳，在霜下而爲盛。衝風不能摧其枝，積雪不能改其性。雖坎壈於當年，庶後凋之可詠。」

時鼎業潛移，鋒獨慨然有匡復之意，逼之行事典籤，故不遂也。嘗見明帝，言次及遙光才力可委之意，鋒答曰：「遙光之於殿下，猶殿下之於高皇，衞宗廟，安社稷，實有攸寄。」明帝失色。

鋒有武力，明帝殺諸王，鋒與書詰責，左右不爲通。明帝深憚之，不敢於第收之〔一三〕。鋒出登車，兵人欲上車防勒，鋒以手擊却數人，皆應時倒地，遂逼害之。江斅聞其死，流涕曰：「芳蘭當門，不得不鋤，其脩柏之賦乎。」

南平王銳字宣毅，高帝第十五子也。位左户尚書，朝直勤謹，未嘗屬疾。永明十年，出爲南中郎將、湘州刺史〔一四〕。延興元年，明帝作輔，害諸王，遣裴叔業平尋陽，仍進湘州。銳防閤周伯玉大言於衆曰：「此非天子意，今斬叔業，舉兵匡社稷，誰敢不同！」銳典籤叱左右斬之，銳見害，伯玉下獄誅。

宜都王鏗字宣儼〔一五〕，高帝第十六子也。生三歲喪母。及有識，問母所在，左右告以早亡，便思慕蔬食自悲。不識母，常祈請幽冥，求一夢見。至六歲，遂夢見一女人，云是其母。鏗悲泣，向舊左右説容貌衣服事，皆如平生，聞者莫不歔欷。

清悟有學行。永明十一年，爲南豫州刺史、都督二州軍事。雖未經庶務，而雅得人心。舉動每爲籤帥所制，立意多不得行。

州鎮姑熟，于時人發桓温女冢，得金巾箱，織金篾爲嚴器，又有金蠶銀璽等物甚多〔一六〕。條以啓聞，鬱林敕以物賜之。鏗曰：「今取往物，後取今物，如此循環，豈可熟念。」使長史蔡約自往脩復，纖毫不犯。

年十歲時，與吉景曜商略先言往行。左右誤排楠瘤屏風，倒壓其背，顔色不異，言談無輟，亦不顧視。彌善射，常以堋的太闊，曰：「終日射侯，何難之有。」乃取甘蔗插地，百步射之，十發十中。

永明中，制諸王年未三十，不得畜妾。及武帝晏駕後，有勸取左右者，鏗曰：「在内不無使役，既先朝遺旨，何忍而違。」

及延興元年，明帝誅高、武、文惠諸子，鏗聞之，馮左右從容雅步，詠陸機弔魏武云：「昔以四海爲己任，死則以愛子託人。」如此者三，左右皆泣。後果遣吕文顯賫藥往，夜進聽事，正逢八關齋。鏗上高坐，謂文顯曰：「高皇昔寵任君，何事乃有今日之行？」答云：

「出不獲已。」於是仰藥。時年十八。身長七尺，鏗狀似兄嶷，咸以國器許之。及死，有識者莫不痛惜。

初鏗出閤時，年七歲，陶弘景爲侍讀，八九年中，甚相接遇。後弘景隱山，忽夢鏗來，慘然言別，云：「某日命過。無罪，後三年當生某家。」弘景訪以幽中事，多祕不出。覺後，即遣信出都參訪，果與事符同，弘景因著夢記云。

晉熙王銶字宣攸，高帝第十八子也。隆昌元年，位郢州刺史。延興元年見害。

河東王鉉字宣胤，高帝第十九子也。母張氏，有寵於高帝，鉉又最幼，尤所留心。高帝臨崩，以屬武帝，武帝甚加意焉，爲納柳世隆女爲妃。武帝與羣臣看新婦，流涕不自勝，豫章王嶷亦哽咽。及明帝誅高帝諸子，以鉉高帝所愛，亦以才弱年幼，故得全。

初鉉年三四歲，高帝嘗晝臥纏髮，鉉上高帝腹上弄繩，高帝因以繩賜鉉。及崩後，鉉以寶函盛繩，歲時輒開視，流涕嗚咽。人才甚凡，而有此一至。

建武中，高、武子孫憂疑。鉉朝見，常鞠躬俯僂，不敢正行直視。尋遷侍中、衞將軍。

鉉年稍長。四年，誅王晏，以謀立鉉爲名，鉉免官，以王還第，禁不得與外人交通。永泰元年，明帝暴疾甚，乃見害。聞收至，欣然曰：「死生命也，終不斅建安乞爲奴而不得。」仰藥而卒。鉉二子在孩抱，亦見殺。

論曰：豫章文獻王珪璋之質，夙表天姿，行己所安，率由忠敬。雖代宗之議早隆皇矚，而天倫之愛無虧永明，故知「爲仁由己」，不虚言也。自宋受晉終，馬氏遂爲廢姓；齊受宋禪，劉宗盡見誅夷。梁武革齊，弗取前轍，子恪兄弟，並皆録用，雖見梁武之弘裕，亦表文獻之餘慶。昔陳思表云：「權之所存，雖疎必重，勢之所去，雖親必輕。」原夫此言，實存固本。然就國之典，既隨代革，卿士入朝，作貴蕃輔，皇王託體，同禀尊極，仕無常資，秩有恒數，禮地兼隆，易生推擬。武帝顧命，情深尊嫡，密圖遠筭，意在求安。以明帝同起布衣，用存顧託，遂韜末命於近戚，寄重任於疎親。以爲子弟布列，外有强大之固，支庶中立，可息覬覦之謀，表裏相維，洊隆家國。曾不慮機能運衡〔一七〕，權可制衆，宗族殲滅，一至于斯。曹植之言，遠有致矣。

校勘記

〔一〕爲荆州刺史　「荆州」，原作「雍州」，據南齊書卷三五高帝十二王臨川獻王映傳改。按南齊書卷二高帝紀下：建元元年，以「冠軍將軍映爲荆州刺史」。又下云「於江陵買貨，至都還换」，則作「荆州」是。

〔二〕遷西中郎將豫州刺史監三州諸軍事　南齊書卷三五高帝十二王長沙威王晃傳：「遷爲持節、監豫司二州郢州之西陽諸軍事、西中郎將、豫州刺史。」

〔三〕武陵昭王曄字宣昭　「宣昭」，南齊書卷三五高帝十二王武陵昭王曄傳作「宣照」。

〔四〕建元二年　「二年」，南齊書卷三五高帝十二王武陵昭王曄傳、通志卷八二作「三年」。

〔五〕又上舉酒勸曄曄曰　「勸」字下原脱一「曄」字，據南齊書卷三五高帝十二王武陵昭王曄傳、通志卷八二補。王懋竑記疑：「下更當有『曄』字。」

〔六〕永明九年爲散騎常侍秘書監領石頭戍事及夏薨　「九年」，原作「元年」。按南史删「元年」以下諸年事，而以「九年」之「爲散騎常侍、秘書監，領石頭戍事」承之，遂致舛誤，南齊書卷三五高帝十二王安成恭王暠傳記此事在九年，今改正。又南齊書「及夏薨」作「其夏薨」，其夏指永明九年。

〔七〕永明十一年　「十一年」，原作「十年」，據南齊書卷三五高帝十二王鄱陽王鏘傳改。按南齊書卷三武帝紀：永明十一年春正月，「江州刺史鄱陽王鏘爲領軍將軍」。

〔八〕轉尚書右僕射　「右」，原作「左」，據南齊書卷三五高帝十二王鄱陽王鏘傳改。按本書卷五齊本紀下：隆昌元年春正月，「以領軍鄱陽王鏘爲尚書右僕射」。永明五年八月，「右僕射王晏爲左僕射」。延興元年秋七月，「以尚書左僕射王晏爲尚書令」。知此時王晏爲尚書左僕射，當以「尚書右僕射」爲是。

〔九〕當有貴王臨州　「王」，原作「一」，據汲本、殿本及御覽卷一六六引南史、通志卷八二改。

〔一〇〕以淳于獻鑑　「淳于」，南齊書卷三五高帝十二王始興簡王鑑傳、通典卷一四四、御覽卷五七五引宋史、通志卷八二作「錞于」。下同。

〔一一〕圍三尺四寸　「三尺」，南齊書卷三五高帝十二王始興簡王鑑傳、通典卷一四四、御覽卷五七五引宋史作「二尺」。

〔一二〕江祏遂復爲混沌畫眉　「畫」，原作「書」，據册府卷二七四、通志卷八二改。

〔一三〕明帝深憚之不敢於第收之　李慈銘南史札記：「南齊書言『高宗深憚之，不敢於第收鋒，使兼祠官於太廟，夜遣兵廟中收之』。此處『於第』下蓋有脱文。」

〔一四〕永明十年出爲南中郎將湘州刺史　「十年」，原作「七年」，據南齊書卷三五高帝十二王南平王鋭傳改。按南齊書卷三武帝紀：永明十年春正月，「以左民尚書南平王鋭爲湘州刺史」。

〔一五〕宜都王鏗字宣儼　「宣儼」，南齊書卷三五高帝十二王宜都王鏗傳作「宣嚴」。按王鳴盛商榷卷六二：「案豫章王已字宣儼，二王皆高帝子，不應同字，必有一誤。」

〔一六〕又有金蠶銀蠒等物甚多　「蠒」，原作「璽」，南齊書卷三五高帝十二王宜都王鏗傳、册府卷二七二、卷九四六作「繭」，御覽卷五五八引齊書、通志卷八二作「蠒」。按「蠒」同「繭」，因形近訛爲「璽」，今改正。

〔一七〕曾不慮機能運衡　「運」，原作「還」，據南齊書卷三五高帝十二王傳改。

南史卷四十四

列傳第三十四

齊武帝諸子　文惠諸子　明帝諸子

武帝二十三男：穆皇后生文惠太子、竟陵文宣王子良，張淑妃生廬陵王子卿、魚復侯子響，周淑儀生安陸王子敬、建安王子真，阮淑媛生晉安王子懋、衡陽王子峻，王淑儀生隨郡王子隆，蔡婕妤生西陽王子明，樂容華生南海王子罕，傅充華生巴陵王子倫，謝昭儀生邵陵王子貞，江淑儀生臨賀王子岳，庾昭容生西陽王子文，荀昭華生南康王子琳，顏婕妤生永陽王子珉，宮人謝生湘東王子建，何充華生南郡王子夏。第六、第十一、第十五、第二十二皇子早亡。子珉繼衡陽元王後。

文惠皇太子長懋，字雲喬，小字白澤，武帝長子也。武帝年未弱冠而生太子，姿容豐美，爲高帝所愛。宋元徽末，除秘書郎，不拜，板輔國將軍，遷晉熙王撫軍主簿。事寧，武帝遣太子還都〔一〕。高帝方創霸業，心存嫡嗣，謂太子曰：「汝還，吾事辦矣。」處之府東齋，令通文武賓客。謂荀伯玉曰：「我出行日，城中軍悉受長懋節度。我雖不行，内外直防及諸門甲兵，悉令長懋時時履行。」

轉秘書丞，以與宣帝諱同，不就。歷中書、黄門侍郎。昇明三年，高帝將受禪，以襄陽兵馬重鎮，不欲處佗族，出太子爲雍州刺史，加都督、北中郎將、寧蠻校尉。建元元年，封南郡王，江左嫡皇孫封王，始自此也。

先是，梁州刺史范柏年頗著威名，沈攸之事起，候望形勢，事平，朝廷遣王玄邈代之。玄邈已至，柏年遲回魏興不肯下，太子慮其爲變，乃遣説之，許啓爲府長史。及至襄陽，因執誅之。

二年，徵爲侍中、中軍將軍，置府，鎮石頭。穆妃薨，成服日，車駕出臨喪，朝議疑太子應出門迎。左僕射王儉曰：「尋禮記服問：『君所主夫人、妻、太子嫡婦。』言國君爲此三人爲主喪也。今鑾輿臨降，自以主喪而至，雖因事撫慰，義不在弔，南郡以下不應出門奉迎。但尊極所臨，禮有變革，權去杖絰，移立户外，足表情敬，無煩止哭。皇太子既一宫之主，自應以車駕幸宫，依常奉候。既當成服之日，吉凶不相干，宜以衰幘行事，望拜止哭，率由舊章。尊駕不以臨弔，奉迎則惟常體，求之情禮，如爲可安。」又其年九月有閏，小祥疑應計閏。儉又議，以爲「三百六旬，尚書明義，文公納幣，春秋致譏。故先儒朞喪，歲數没閏，大功以下，月數數閏。所以吴商云：『舍閏以正朞〔一〕，允協情理。』没閏之理，固在言先」。並從之。

武帝即位，爲皇太子。初高帝好左氏春秋，太子承旨諷誦，以爲口實。及正位東儲，善立名尚，解聲律，工射，飲酒至數斗，而未嘗舉盃。從容有風儀，音韻和辯，引接朝士，人人自以爲得意。文武士多所招集，會稽虞炎、濟陽范岫、汝南周顒、陳郡袁廓，並以學行才能，應對左右。而武人略陽垣歷生、襄陽蔡道貴，拳勇秀出，當時以比關羽、張飛。其餘安定梁天惠、平原劉孝慶、河東王世興、趙郡李居士、襄陽黄嗣祖、魚文、康絢之徒，並爲後來名將。

永明三年，於崇正殿講孝經，少傅王儉令太子僕周顒撰爲義疏。五年冬，太子臨國學，親臨策試諸生，於坐問少傅王儉曲禮云「無不敬」義，儉及竟陵王子良等各有酬答。太子又以此義問諸學生，謝幾卿等一十人〔二〕，並以筆對。太子問王儉：「周易乾卦本施天位，而說卦云『帝出乎震』，震本非天義，豈當相主？」儉曰：「乾健震動，天以運爲德，故言『帝出乎震』。」儉又諮太子孝經「仲尼居曾子侍」義，臨川王映諮「孝爲德本」義，太子並應機酬答，甚有條貫。

明年，上將訊丹陽所領囚及南北二百里内獄〔四〕，詔太子於玄圃園宣猷堂録三署囚，原宥各有差。上晚年好游宴，尚書曹事，亦分送太子省視。

太子與竟陵王子良俱好釋氏，立六疾館以養窮人。而性頗奢麗，宫内殿堂，皆雕飾精綺，過於上宫。開拓玄圃園與臺城北塹等，其中起出土山、池閣、樓觀、塔宇，窮奇極麗，費以千萬。多聚異石，妙極山水。慮上宫中望見，乃旁列脩竹，外施高鄣〔五〕。造游觀數百間〔六〕，施諸機巧，宜須鄣蔽，須臾成立，若應毁撤，應手遷徙。製珍玩之物，織孔雀毛爲裘，光采金翠，過於雉頭遠矣。以晉明帝爲太子時立西池，乃啓武帝引前例，求於東田起小苑，上許之。

永明中，二宫兵力全實，太子使宫中將吏更番築役，營城包巷〔七〕，制度之盛，觀者傾都。上性雖嚴，太子所爲，無敢啓者。後上幸豫章王宅，還過太子東田，見其彌亘華遠，壯麗極目，於是大怒，收監作主帥，太子懼，皆藏之，由是見責。

太子素疾，體又過壯，常在宫内，簡於遨遊，玩弄羽儀，多所僭擬。雖咫尺宫禁，而上終不知。又使徐文景造輦及乘輿、御物、虎賁、雲罕之屬，上嘗幸東宮，忽忽不暇藏輦〔八〕，文景乃以佛像内輦中，故上不疑。文景父陶仁時爲給事中，謂文景曰：「終當滅門，政當掃墓待喪耳。」乃移家避之。其後文景竟賜死，陶仁遂不哭，時人以爲有古人風。

十年，豫章王嶷薨，太子見上友于既至，造碑文奏之，未及鐫勒。十一年春正月，太子有疾，上自臨視，有憂色。疾篤，上表告辭，薨于東宮崇明殿，時年三十六。

太子年始過立，久在儲宮，得參政事，内外百姓私咸謂旦暮繼體〔九〕，及薨，朝野驚惋焉。上幸東宮，臨哭盡哀〔一〇〕，詔斂以衮冕之服，謚曰文惠，葬崇安陵。有司奏御服朞，朝臣齊衰三月，南郡國臣齊衰朞，臨汝、曲江國臣並不服，六宮不從服。

武帝履行東宮，見太子服玩過制，大怒，敕有司隨事毁除，以東田殿堂處爲崇虚館。鬱林立，追尊爲文帝，廟稱世宗。

初，太子惡明帝，密謂竟陵王子良曰：「我意色中殊不悦此人，當由其福德薄所致。」子良便苦救解，後明帝立，果大相誅害。

竟陵文宣王子良字雲英，武帝第二子也。幼聰敏。武帝爲贛縣時，與裴后不諧，遣人船送后還都，已登路，子良時年小，在庭前不悦。帝謂曰：「汝何不讀書？」子良曰：「孃今何處？何用讀書。」帝異之，即召后還縣。

仕宋爲邵陵王友。時宋道衰謝，諸王微弱，故不廢此官。昇明三年，爲會稽太守，都督五郡。封聞喜公〔一一〕。宋元嘉中，皆責成郡縣，孝武後，徵求急速，以郡縣遲緩，始遣臺使，自此公役勞擾。高帝踐祚，子良陳之，請息其弊。

子良敦義愛古，郡人朱百年有至行，先卒，賜其妻米百斛，蠲一人，給其薪蘇。郡閤下有虞翻舊牀，罷任還，乃致以歸。後於西邸起古齋，多聚古人器服以充之。夏禹廟盛有禱祀，子良曰：「禹泣辜表仁，菲食旌約，服玩果粽，足以致誠。」使歲獻扇簟而已。

時有山陰人孔平詣子良，訟嫂市米負錢不還。子良歎曰：「昔高文通與寡嫂訟田，義異於此。」乃賜米錢以償平。

建元二年，穆妃薨，去官，仍爲丹陽尹，開私倉振屬縣貧人。先是太妃以七月薨，子良以八月奉凶問。及小祥，疑南郡王應相待。尚書左僕射王儉議以爲「禮有倫序，義無徒設。如令遠則不待，近必相須，禮例既乖，即心無取。若疑兄弟同居，吉凶舛雜，則遠還之子，自應開立別門，以終喪事，靈筵祭奠，隨在家之人，再朞而毀。庶子在家，亦不待嫡。而況儲妃正體王室，中軍長奠之重〔一二〕，天朝又行權制，進退彌復非疑。謂應不相待，中軍縓縞之日，聞喜致哀而已，不受弔慰。至聞喜變除，昆弟亦宜相就寫情，不對客」。從之。

武帝即位，封竟陵郡王、南徐州刺史，加都督。永明二年，爲護軍將軍，兼司徒。四年，進號車騎將軍。子良少有清尚[三]，禮才好士，居不疑之地，傾意賓客，天下才學皆游集焉。善立勝事，夏月客至，爲設瓜飲及甘果，著之文教。士子文章及朝貴辭翰，皆發教撰録。

是時上新視政，水旱不時，子良密啓請原除逋租。又陳寬刑息役，輕賦省徭。并陳「泉鑄歲遠，類多翦鑿，江東大錢，十不一在，公家所受，必須輪郭，遂買本一千，加子七百，求請無地，捶革相驅。尋完者爲用，既不兼兩，回復遷貿，會非委積，徒令小人每嬰困苦。且錢布相半，爲制永久，或聞長宰須令輸直，進違舊科，退容姦利」。

五年，正位司徒，給班劍二十人，侍中如故。移居雞籠山西邸，集學士抄五經百家，依皇覽例爲四部要略千卷。招致名僧，講論佛法，造經唄新聲，道俗之盛，江左未有。

武帝好射雉，子良啓諫。先是左衞殿中將軍邯鄲超上書諫射雉，武帝爲止，久之，超竟被誅。永明末，上將復射雉，子良復諫，前後所陳，上雖不盡納，而深見寵愛。

又與文惠太子同好釋氏，甚相友悌。子良敬信尤篤，數於邸園營齋戒，大集朝臣衆僧，至賦食行水，或躬親其事，世頗以爲失宰相體。勸人爲善，未嘗厭倦，以此終致盛名。

八年，給三望車。九年，都下大水，吴興偏劇，子良開倉振救貧病不能立者，於第北立解收養，給衣及藥。十年，領尚書令、揚州刺史，本官如故。尋解尚書令，加中書監。

文惠太子薨，武帝檢行東宫，見太子服御羽儀，多過制度，上大怒，以子良與太子善，不啓聞，頗加嫌責。

武帝不豫，詔子良甲仗入延昌殿侍醫藥。子良啓進沙門於殿户前誦經，武帝爲感夢見優曇鉢花。子良案佛經宣旨，使御府以銅爲花，插御牀四角。日夜在殿内，太孫間日入參。武帝暴漸，内外惶懼，百僚皆已變服，物議疑立子良。俄頃而蘇，問太孫所在，因召東宫器甲皆入，遺詔使子良輔政，明帝知尚書事。子良素仁厚，不樂時務，乃推明帝。詔云：「事無大小，悉與鸞參懷。」子良所志也。太孫少養於子良妃袁氏，甚著慈愛，既懼前不得立，自此深忌子良。大行出太極殿，子良居中書省，帝使虎賁中郎將潘敞二百人仗，屯太極西階之下。成服後，諸王皆出，子良乞停至山陵，不許。

進位太傅，增班劍爲三十人，本官如故，解侍中。隆昌元年，加殊禮，劍履上殿，入朝不趨，贊拜不名，進督南徐州。其年疾篤，謂左右曰：「門外應有異。」遣人視，見淮中魚無筭，皆浮出水上向城門。尋薨，年三十五。

帝常慮子良異志，及薨，甚悦。詔給東園温明祕器，斂以衮冕之服，東府施喪位，大鴻臚持節監護，太官朝夕送祭。又詔追崇假黄鉞、侍中、都督中外諸軍事、太宰、領大將軍、揚州牧，緑綟綬，備九服錫命之禮，使持節、中書監、王如故。給九旒鸞輅、黄屋左纛、轀輬車、前後部羽葆、鼓吹，挽歌二部，虎賁班劍百人，葬禮依晉安平王孚故事。初，豫章王嶷葬金牛山，文惠太子葬夾石。子良臨送，望祖硎山悲感歎曰：「北瞻吾叔，前望吾兄，死而有知，請葬兹地。」及薨，遂葬焉。

所著内外文筆數十卷，雖無文采，多是勸戒。

子良既亡，故人皆來奔赴，陸惠曉於邸門逢袁彖，問之曰：「近者云云，定復何謂？王融見殺，而魏準破膽。道路籍籍，又云竟陵不永天年，有之乎？」答曰：「齊氏微弱，已數年矣，爪牙柱石之臣都盡，命之所餘，政風流名士耳。若不立長君，無以鎮安四海。王融雖爲身計，實安社稷，恨其不能斷事，以至於此。道路之談，自爲虚説耳，蒼生方塗炭矣，政當瀝耳聽之。」

建武中，故吏范雲上表爲子良立碑，事不行。子昭胄嗣。

昭胄字景胤，汎涉書史，有父風，位太常。以封境邊魏，永元元年，改封巴陵王。

先是，王敬則事起，南康侯子恪在吴郡，明帝慮有同異，召諸王侯入宫，晉安王寶義及江陵公寶覽住中書省，高、武諸孫住西省，敕人各兩左右自隨，過此依軍法；孩抱者乳母隨入。其夜並將加害，賴子恪至乃免。自建武以來，高、武王侯，居常震怖，朝不保夕，至是尤甚。

及陳顯達起事，王侯復入宮，昭胄懲往時之懼，與弟永新侯昭穎逃奔江西，變形爲道人。崔慧景舉兵，昭胄兄弟出投之。慧景敗，昭胄兄弟首出投臺軍主胡松，各以王侯還第，不自安，謀爲身計。子良故防閤桑偃爲梅蟲兒軍副，結前巴西太守蕭寅，謀立昭胄。昭胄許事剋用寅爲尚書左僕射、護軍，以寅有部曲，大事皆委之。時胡松領軍在新亭，寅遣人説之，松許諾。又張欣泰嘗爲雍州，亦有部曲，昭胄又遣房天寶以謀告之，欣泰聞命響應。蕭寅左右華永達知其謀，以告御刀朱光尚。光尚挾左道以惑東昏，因謂東昏曰：「昨見蔣王，云巴陵王在外結黨欲反，須官出行，仍從萬春門入，事不可量。」時東昏日游走，聞此説大懼，不復出四十餘日。偃等議募健兒百餘人，從萬春門入，突取之。昭胄以爲不可。偃同黨王山沙慮事久無成，以事告御刀徐僧重，寅遣人殺山沙於路。吏於麝幐中得其事迹，昭胄兄弟與同黨皆伏誅。

梁受禪，降封昭胄子同爲監利侯。

同弟賁字文奂，形不滿六尺，神識耿介。幼好學，有文才，能書善畫，於扇上圖山水，咫尺之内，便覺萬里爲遥。矜慎不傳，自娱而已。好著述，嘗著西京雜記六十卷。起家湘東王法曹參軍，得一府歡心。及亂，王爲檄，賁讀至「偃師南望，無復儲胥露寒；河陽北臨，或有穹廬氈帳」，乃曰：「聖製此句，非爲過似，如體目朝廷，非關序賊。」王聞之大怒，收付獄，遂以餓終。又追戮賁尸，乃著懷舊傳以謗之，極言詆毁〔一四〕。

廬陵王子卿字雲長，武帝第三子也。建元元年，封臨汝縣公〔一五〕。武帝即位，爲郢州刺史，加都督。子卿諸子中無德，又與魚復侯子響同生，故無寵。徙都督、荆州刺史。始興王爲益州，子卿解督。

子卿在鎮，營造服飾，多違制度，作瑇瑁乘具。詔責之，令速送都；又作銀鐙、金薄裹箭脚，亦便速壞去。凡諸服章，自今不啓專輒作者，當得痛杖。又曰：「汝比令讀學，今年轉成長，學既不就，勿得敕如風過耳，使吾失氣〔一六〕。」

永明十年，爲都督、南豫州刺史〔一七〕。之鎮，道中戲部伍爲水軍，上聞大怒，殺其典籤。遣宜都王鏗代之。子卿還第，至崩不與相見。

隆昌元年，爲衞將軍、開府儀同三司，置兵佐。鄱陽王鏘見害，以子卿代爲司徒。所居屋梁柱際血出溜于地，旬日而見殺。

魚復侯子響字雲音，武帝第四子也。豫章王嶷無子，養子響。後嶷有子，表留爲嫡。武帝即位，爲南彭城、臨淮二郡太守。

子響勇力絶人，開弓四斛力〔一八〕，數在園池中帖騎馳走竹樹下，身無虧傷。既出繼，車服異諸王，每入朝輒忿，拳打車壁，武帝知之，令車服與皇子同。

永明六年，有司奏子響宜還本，乃封巴東郡王。七年，爲都督、荆州刺史。直閤將軍董蠻粗有氣力，子響要與同行。蠻曰：「殿下癲如雷，敢相隨邪？」子響笑曰：「君敢出此語，亦復奇癲。」上聞而不悦，曰：「人名蠻，復何容得蘊藉。」乃改名爲仲舒。謂曰：「今日仲舒，何如昔日仲舒？」答曰：「昔日仲舒，出自私庭，今日仲舒，降自天帝。以此言之，勝昔遠矣。」上稱善。

子響少好武，帶仗左右六十人，皆有膽幹，數在内齋殺牛置酒，與之聚樂。令私作錦袍絳襖，欲餉蠻交易器仗。長史劉寅等連名密啓，上敕精檢，寅等懼，欲祕之。子響聞臺使，不見敕〔一九〕，乃召寅及司馬席恭穆、諮議參軍江愈、殷曇粲、中兵參軍周彦、典籤吴脩之、王賢宗、魏景深等俱入〔二〇〕，於琴臺下併斬之。上聞之怒，遣衛尉胡諧之、游擊將軍尹略、中書舍人茹法亮領羽林三千人撿捕羣小。敕「子響若來首自歸〔二一〕，可全其性命」。諧之等至江津，築城燕尾洲。子響白服登城，頻遣信與相聞，曰：「天下豈有兒反，身不作賊，直是麤疎。今便單舸還闕，何築城見捉邪？」尹略獨答曰：「誰將汝反父人共語。」子響聞之唯灑泣。又送牛數十頭，酒二百石，果饌三十輿，略棄之江流。子響膽力之士王衡天不勝忿〔二二〕，乃率黨度洲攻壘斬略，而諧之、法亮單艇奔逸。

上又遣丹陽尹蕭順之領兵繼之，子響即日將白衣左右三十人，乘舴艋中流下都。初，順之將發，文惠太子素忌子響，密遣不許還，令便爲之所。子響及見順之，欲自申明，順之不許，於射堂縊之。有司奏絶子響屬籍，賜爲蛸氏。

子響密作啓數紙，藏妃王氏裙腰中，具自申明，云：「輕舫還闕不得，此苦之深，唯願矜憐，無使竹帛齊有反父之子，父有害子之名。」及順之還，上心甚怪恨。百日於華林爲子響作齋，上自行香，對諸朝士嚬蹙。及見順之，嗚咽移時，左右莫不掩涕。他日出景陽山，見一猨透擲悲鳴，問後堂丞：「此猨何意？」答曰：「猨子前日墮崖致死，其母求之不見，故爾。」上因憶子響，歔欷良久，不自勝。順之慙懼，感病，遂以憂卒。於是豫章王嶷上表曰：「故庶人蛸子響識懷靡樹，見淪不逞，肆憒一朝，取陷凶德，身膏草野，未云塞釁。但歸罪司戮，迷而知返，撫事惟往，載傷心目。伏願一下天矜，使得旋窆餘麓，豈伊窮骸被德，實且天下歸仁。」上不許，貶爲魚復侯。

安陸王子敬字雲端，武帝第五子也。初封應城縣公。先是子敬所生早亡，帝命貴妃范氏母養之，而子及婦服制[三]，禮無明文。永明中，尚書令王儉議：「孫爲慈孫，婦爲慈婦，姑爲慈姑，宜制朞年服。」從之。十年，位散騎常侍、撫軍將軍、丹陽尹。十一年，加車騎將軍。隆昌元年，遷都督、南兗州刺史。延興元年，加侍中。明帝除諸蕃王，遣中護軍王玄邈征九江，王廣之襲殺子敬。

初，子敬爲武帝所留心，帝不豫，有意立子敬爲太子，代太孫。子敬與太孫俱入，參畢同出，武帝目送子敬良久，曰：「阿五鈍。」由此代换之意乃息。

晉安王子懋字雲昌，武帝第七子也。諸子中最爲清恬，有意思，廉讓好學。年七歲時，母阮淑媛嘗病危篤，請僧行道。有獻蓮華供佛者，衆僧以銅罌盛水漬其莖，欲華不萎。

子懋流涕禮佛曰：「若使阿姨因此和勝，願諸佛令華竟齋不萎。」七日齋畢，華更鮮紅，視甖中稍有根鬚，當世稱其孝感。

永明五年，爲南兗州刺史、監五州軍事。六年，徙監湘州刺史。八年，撰春秋例苑三十卷，奏之，武帝敕付祕閣。十一年，爲都督、雍州刺史，給鼓吹一部。豫章王喪服未畢，上以邊州須威望，許得奏之。啓求所好書，武帝曰：「知汝常以書讀在心，足爲深欣。」賜以杜預手所定左傳及古今善言。

隆昌元年，爲征南大將軍、江州刺史，敕留西楚部曲助鎮襄陽，單將白直俠轂自隨。陳顯達時屯襄陽，入別，子懋謂之曰：「朝廷命身單身而反，身是天王，豈可過爾輕率。今欲將二三千人自隨，公意何如？」顯達曰：「殿下若不留部曲，便是大違敕旨。」顯達因辭出便發去。子懋計未立，還鎮尋陽。

延興元年，加侍中。聞鄱陽、隨郡二王見殺，欲起兵赴難，與參軍周英、防閤陸超之議：「傳檄荆、郢，入討君側，事成則宗廟獲安，不成猶爲義鬼。」防閤董僧慧攘袂曰：「此州雖小，孝武亦嘗用之〔二四〕。今以勤王之師，横長江，指北闕，以請鬱林之過，誰能對之。」於是部分兵將，入匡社稷。

母阮在都，遣書欲密迎上，阮報同産弟于瑶之爲計〔二五〕。瑶之馳告明帝，於是纂嚴，遣中護軍王玄邈、平西將軍王廣之南北討，使軍主裴叔業與瑶之先襲尋陽，聲云爲郢府司馬。子懋知之，遣三百人守盆城。叔業泝流直上，襲盆城。子懋先已具船於稽亭渚，聞叔業得盆城，乃據州自衞。

子懋部曲多雍土人，皆勇躍願奮，叔業畏之，遣于瑶之説子懋曰：「今還都，必無過憂，政當作散官，不失富貴也。」

子懋既不出兵攻叔業，衆情稍沮。中兵參軍于琳之，瑶之兄也，説子懋重賂叔業。子懋使琳之往，琳之因説叔業請取子懋。叔業遣軍主徐玄慶將四百人隨琳之入城，僚佐皆奔散，唯周英及外兵參軍王皎更移入城内。子懋聞之歎曰：「不意吾府有義士二人。」琳之從二百人仗自入齋，子懋笑謂之曰：「不意渭陽，翻成梟鏡。」琳之以袖障面，使人害之。故人懼罪無敢至者，唯英、皎、僧慧號哭盡哀，爲喪殯。

董僧慧，丹陽姑熟人，出自寒微而慷慨有節義。好讀書，甚驍果，能反手於背彎五斛弓，當世莫有能者。玄邈知其豫子懋之謀，執之。僧慧曰：「晉安舉義兵，僕實豫議。古人云『非死之難，得死之難』。僕得爲主人死，不恨矣。願至主人大斂畢，退就湯鑊，雖死猶生。」玄邈義而許之。還具白明帝，乃配東冶。言及九江時事，輒悲不自勝。子懋子昭基，九歲，以方二寸絹爲書，參其消息，并遺錢五百，以金假人，崎嶇得至。僧慧覩書，對錢曰：「此郎君書也。」悲慟而卒。

陸超之，吴人，以清静雅爲子懋所知。子懋既敗，于琳之勸其逃亡。答曰：「人皆有死，此不足懼。吾若逃亡，非唯孤晉安之眷，亦恐田横客笑人。」玄邈等以其義，欲因將還都，而超之亦端坐待命。超之門生姓周者，謂殺超之當得賞，乃伺超之坐，自後斬之，頭墜而身不僵。玄邈嘉其節，厚爲殯斂。周又助舉棺，未出户，棺墜，政壓其頭折即死〔二六〕。聞之者莫不以爲有天道焉。

隨郡王子隆字雲興，武帝第八子也。性和美，有文才。娶尚書令王儉女爲妃。武帝以子隆能屬文，謂儉曰：「我家東阿也。」

永明八年，爲都督、荆州刺史。隆昌元年，爲侍中、撫軍將軍，領兵置佐。延興元年，轉中軍大將軍，侍中如故。

子隆年二十一，而體過充壯，常使徐嗣伯合蘆茹丸以服自銷損，猶無益。明帝輔政，謀害諸王，武帝諸子中子隆最以才貌見憚，故與鄱陽王鏘同夜先見殺。文集行於世。

建安王子真字雲仙，武帝第九子也。永明七年，累遷郢州刺史，加都督。隆昌元年，爲散騎常侍、護軍將軍。

延興元年，明帝遣裴叔業就典籤柯令孫殺之，子真走入牀下，令孫手牽出之，叩頭乞爲奴贖死，不從，見害，年十九。

西陽王子明字雲光，武帝第十子也。永明元年，封武昌王。三年，失國璽，改封西陽。十年，爲會稽太守，督五郡軍事。

子明風姿明淨，士女觀者，咸嗟嘆之。建武元年，爲撫軍將軍，領兵置佐。二年，誅蕭諶，子明及弟子罕、子貞同諶謀見害，年十七。

南海王子罕字雲華，武帝第十一子也，頗有學。母樂容華有寵，故武帝留心。

母嘗寢疾，子罕晝夜祈禱。于時以竹爲燈纘照夜，此纘宿昔枝葉大茂，母病亦愈，咸以爲孝感所致。主簿劉𩕳及侍讀賀子喬爲之賦頌，當時以爲美談。建武元年，位護軍將軍。二年，見殺，年十七。

巴陵王子倫字雲宗，武帝第十三子也。永明十年，爲北中郎將、南琅邪彭城二郡太守。鬱林即位，以南彭城禄力優厚，奪子倫與中書舍人綦毋珍之，更以南蘭陵代之。

延興元年，明帝遣中書舍人茹法亮殺子倫，子倫時鎮琅邪城，有守兵，子倫英果，明帝恐不即罪，以問典籤華伯茂。伯茂曰：「公若遣兵取之，恐不即可辦，若委伯茂，一小吏力耳。」既而伯茂手自執鴆逼之，左右莫敢動者。子倫正衣冠，出受詔，謂法亮曰：「積不善之家，必有餘殃。昔高皇帝殘滅劉氏；今日之事，理數固然。」舉酒謂法亮曰〔二七〕：「君是身家舊人，今銜此命，當由事不獲已。此酒差非勸酬之爵。」因仰之而死，時年十六，法亮及左右皆流涕。

先是高帝、武帝爲諸王置典籤帥，一方之事，悉以委之。每至覲接，輒留心顧問，刺史行事之美惡，係於典籤之口，莫不折節推奉，恒慮弗及，於是威行州部，權重蕃君。武陵王曄爲江州，性烈直不可忤，典籤趙渥之曰：「今出郡易刺史〔二八〕。」及見武帝相詆，曄遂免還。南海王子罕戍琅邪，欲暫游東堂，典籤姜秀不許而止。還泣謂母曰：「兒欲移五步亦不得，與囚何異。」秀後輒取子罕屐繖飲器等供其兒昏，武帝知之，鞭二百，繫尚方，然而擅命不改。邵陵王子貞嘗求熊白，厨人答典籤不在，不敢與。西陽王子明欲送書參侍讀鮑僎病，典籤吳脩之不許，曰：「應諮行事。」乃止。言行舉動，不得自專，徵衣求食，必須諮訪。

永明中，巴東王子響殺行事劉寅等，武帝聞之，謂羣臣曰：「子響遂反。」戴僧靜大言曰：「諸王都自應反，豈唯巴東。」武帝問其故，答曰：「天王無罪，而一時被囚，取一挺藕，一杯漿，皆諮籤帥，不在則竟日忍渴。諸州唯聞有籤帥，不聞有刺史。」

竟陵王子良嘗問衆曰：「士大夫何意詣籤帥？」參軍范雲答曰：「詣長史以下皆無益，詣籤帥便有倍本之價〔二九〕，不詣謂何！」子良有愧色。

及明帝誅異己者，諸王見害，悉典籤所殺，竟無一人相抗。孔珪聞之流涕曰：「齊之衡陽、江夏最有意，而復害之。若不立籤帥，故當不至於此。」

邵陵王子貞字雲松，武帝第十四子也。建武二年見誅，年十五。

臨賀王子岳字雲嶠，武帝第十六子也。明帝誅武帝諸子，唯子岳及弟六人在後，時呼爲「七王」。朔望入朝，上還後宮，輒歎息曰：「我及司徒諸兒子皆不長，高、武子孫日長大。」永泰元年，上疾甚，絶而復蘇，於是誅子岳等。延興、建武中，凡三誅諸王，每一行事，明帝輒先燒香，嗚咽涕泣，衆以此輒知其夜當殺戮也。子岳死時年十四。

西陽王子文字雲儒，武帝第十七子也。永明七年，封蜀郡王，建武中，改封西陽。永泰元年見殺，年十四。

衡陽王子峻字雲嵩，武帝第十八子也。永明七年，封廣漢郡王，建武中改封。永泰元年見殺，年十四。

南康王子琳字雲璋，武帝第十九子也。母荀昭華盛寵，後宮才人位登采女者，依例舊賜玉鳳凰，荀時始爲采女，得玉鳳凰投地曰：「我不能例受此。」武帝乃拜爲昭華。子琳以母寵故最見愛。太尉王儉因請昏，武帝悦而許之。羣臣奉寶物名好盡直數百金，武帝爲之報答亦如此。及應封，而好郡已盡，乃以宣城封之。既而以宣城屬揚州，不欲爲王國，改封南康公褚蓁爲巴東公，以南康爲王國封子琳。永泰元年見殺，年十四。

湘東王子建字雲立，武帝第二十一子也。母謝無寵，武帝度爲尼。明帝即位，使還母子建。永泰元年見殺，年十三。

南郡王子夏字雲廣，武帝第二十三子也。上春秋高，子夏最幼，寵愛過諸子。初，武帝夢金翅鳥下殿庭，搏食小龍無數，乃飛上天。及明帝初，其夢方驗。永泰元年，子夏誅，年七歲。

文惠太子四男：安皇后生廢帝鬱林王昭業，宫人許氏生廢帝海陵恭王昭文，陳氏生巴陵王昭秀，褚氏生桂陽王昭粲。

巴陵王昭秀字懷尚，太子第三子也。鬱林即位，封臨海郡王。隆昌元年，爲都督、荆州刺史。延興元年，徵爲車騎將軍。明帝建武二年，改封巴陵王。永泰元年見殺，年十六。

桂陽王昭粲，太子第四子也。鬱林立，封永嘉郡王。延興元年，出爲荆州刺史，加都督。建武二年，改封桂陽王〔三〇〕。四年，爲太常。永泰元年見殺，年八歲。

明帝十一男：敬皇后生廢帝東昏侯寶卷、江夏王寶玄、鄱陽王寶寅、和帝，殷貴嬪生巴陵隱王寶義、晉熙王寶嵩，袁貴妃生廬陵王寶源，管淑妃生邵陵王寶脩〔三一〕，許淑媛生桂陽王寶貞。餘皆早夭。

巴陵隱王寶義字智勇，明帝長子也，本名明基。建武元年，封晉安郡王。寶義少有廢疾，不堪出人間，止加除授，爲都督、揚州刺史，仍以始安王遥光代之。轉爲右將軍，領兵置佐，鎮石頭。二年，爲南徐州刺史，加都督。東昏即位，進征北將軍、開府儀同三司〔三二〕，給扶。永元元年〔三三〕，爲都督、揚州刺史。三年，進位司徒。和帝西臺建，以爲侍中、司空。

梁武平建鄴，宣德太后令以寶義爲太尉、領司徒，詔云：「不言之化，形于自遠。」時人皆云此實録也。

梁受禪，封謝沐公。尋封巴陵郡王，奉齊後。天監中薨。

江夏王寶玄字智深，明帝第三子也。建武元年，封江夏郡王。東昏即位，爲都督、南徐兗二州刺史。

寶玄娶尚書令徐孝嗣女爲妃，孝嗣被誅離絶，東昏送少姬二人與之。寶玄恨望有異計。

明年，崔慧景舉兵，還至廣陵，遣使奉寶玄爲主，寶玄斬其使，因是發將吏防城。慧景將度江，寶玄密與相應，開門納慧景，乘八掆輿，手執絳麾幡，隨慧景至都，百姓多往投集。慧景敗，收得朝野投寶玄及慧景軍名，東昏令燒之，曰：「江夏尚爾，豈復可罪餘人。」

寶玄逃奔，數日乃出，帝召入後堂，以步鄣裹之，令羣小數十人鳴鼓角馳繞其外，遣人謂曰：「汝近圍我亦如此。」少日乃殺之。

廬陵王寶源字智泉〔三四〕，明帝第五子也。建武元年封。和帝即位，爲車騎將軍、開府儀同三司。中興二年薨。

鄱陽王寶寅字智亮，明帝第六子也。建武初，封建安郡王。東昏即位，爲都督、郢州刺史。永元三年，爲車騎將軍、開府儀同三司，鎮石頭。其秋，雍州刺史張欣泰等謀起事於新亭，殺臺内諸主帥。難作之日，并前南譙太守王靈秀奔往石頭，帥城内將吏，去車腳，載寶寅向臺城，百姓數千人皆空手隨後。至杜姥宅，日已欲暗，城門閉，城上人射之，衆棄寶寅走。

寶寅逃亡三日，戎服詣草市尉，尉馳以啓帝，帝迎入宫，問之。寶寅涕泣稱制不自由，帝笑，乃復爵位。宣德太后臨朝，改封寶寅鄱陽王。中興二年，謀反奔魏。

邵陵王寶脩字智宣，明帝第九子也。建武元年，封南平郡王，二年改封。中興二年謀反，宣德太后令賜死。

晉熙王寶嵩字智靖，明帝第十子也。中興元年，和帝以爲中書令。二年誅。

桂陽王寶貞，明帝第十一子也。中興二年誅。

論曰：守器之重，邦家所馮，觀文惠之在東儲，固已有虧令德，向令負荷斯集，猶當及於禍敗，況先期夙隕，愆失已彰。而武帝不以擇賢，傳之昏孽，推此而論，有冥數矣。子良物望所集，失在儒雅，當斷不斷，以及于災，非止自致喪亡，乃至宗祀覆滅，哀哉！夫帝王子弟，生長尊貴，情僞之事，不經耳目，雖卓爾天悟，自得懷抱，孤寡爲識，所陋猶多。齊氏諸王，並幼踐方岳，故輔以上佐，簡自帝心，勞舊左右，用爲主帥，州國府第，先令後行。飲食游居，動應聞啓，端拱守祿，遵承法度，張弛之要，莫敢厝言。行事執其權，典籤掣其肘，處地雖重，行止莫由。威不在身，恩未接下，倉卒一朝，事難總集，望其釋位扶危，不可得矣〔三五〕。路溫舒云：「秦有十失，其一尚存。」斯宋氏之餘風，及在齊而彌弊。寶玄親兼一體，欣受家殃，曾不知執柯所指，跗萼相從而敗。以此而圖萬事，未知其髣髴也。

校勘記

〔一〕事寧武帝遣太子還都　南齊書卷二一文惠太子傳「事寧」上有「宋元徽末，隨世祖在郢，世祖還鎮盆城拒沈攸之，使太子勞接將帥，親侍軍旅」。南史删去，遂不知「事寧」所指爲何。

〔二〕舍閏以正朞　「舍」，南齊書卷一〇禮志下作「含」。

〔三〕謝幾卿等一十人　「一十」，南齊書卷二一文惠太子傳作「十一」。

〔四〕上將訊丹陽所領囚及南北二百里内獄　「及」，原作「爲」，據南齊書卷二一文惠太子傳、册府卷二五九改。

〔五〕外施高鄣　「外」，南齊書卷二一文惠太子傳、御覽卷一九七引齊書、册府卷二五八作「内」。

〔六〕造游觀數百間　「觀」，南齊書卷二一文惠太子傳、御覽卷一九七引齊書、册府卷二五八作「牆」。

〔七〕太子使宫中將吏更番築役營城包巷　南齊書卷二一文惠太子傳、册府卷二五八「築役」作「役築」，「營城包巷」作「宫城苑巷」。

〔八〕忽忽不暇藏輩　「忽忽」，通鑑卷一三八齊紀四永明十一年、通志卷八二作「怱怱」。

〔九〕内外百姓私咸謂旦暮繼體　「百姓」，南齊書卷二一文惠太子傳作「百司」。

〔一〇〕臨哭盡哀　「臨」字上原衍「上」字，據南齊書卷二一文惠太子傳、通志卷八二删。王懋竑記疑：「『上』字衍文。」

〔一二〕封聞喜公　按南齊書卷四〇武十七王竟陵文宣王子良傳載封聞喜縣公在高帝踐祚之後。南齊書卷四〇武十七王廬陵王子卿傳：「建元元年，封臨汝縣公，……兄弟四人同封。」子良封聞喜縣公應當亦在此時。疑南齊書是。

〔一三〕中軍長奠之重　「奠」，南齊書卷一〇禮志下作「嫡」。

〔一三〕子良少有清尚　「尚」，原作「向」，據南齊書卷四〇武十七王竟陵文宣王子良傳、通鑑卷一三六齊紀二永明二年、册府卷二七二、通志卷八二改。

〔一四〕極言詆毁　「詆」，南監本、北監本、殿本作「詆」。

〔一五〕封臨汝縣公　「縣」，原作「郡」，據南齊書卷四〇武十七王廬陵王子卿傳改。按南齊書卷一四州郡志上，臨汝爲江州臨川郡屬縣。

〔一六〕學既不就勿得敕如風過耳使吾失氣　「不就」二字原脱，據南齊書卷四〇武十七王廬陵王子卿傳補。

〔一七〕永明十年爲都督南豫州刺史　按南齊書卷四〇武十七王廬陵王子卿傳：永明「十年，進號車騎將軍。俄遷使持節、都督南豫司三州軍事、驃騎將軍、南豫州刺史」。又南齊書卷三武帝紀：永明十年春正月，「中軍將軍廬陵王子卿進號車騎將軍」。永明十一年二月，「以車騎將軍廬陵王子卿爲驃騎將軍、南豫州刺史」。故子卿爲都督、南豫州刺史當在永明十一年。南齊書稱「俄遷」，南史删削舊史，以遷南豫州刺史在進號車騎將軍之同年，故有此誤。

〔一八〕開弓四斛力　「開」，南齊書卷四〇武十七王魚復侯子響傳作「關」。按左傳昭公二十一年：「將注，豹則關矣。」杜預注：「關，引弓。」

〔一九〕子響聞臺使不見敕　「臺使」，南齊書卷四〇武十七王魚復侯子響傳、通鑑卷一三七齊紀三永明八年下有「至」字，通志卷八二上有「有」字。

〔二〇〕「乃召寅」至「魏景深等俱入」　「魏景深」，南齊書卷四〇武十七王魚復侯子響傳作「魏景淵」，此避唐諱而改。

〔二一〕子響若來首自歸　「來首」，南齊書卷四〇武十七王魚復侯子響傳作「束首」，通鑑卷一三七齊紀三永明八年作「束手」。

〔二二〕子響膽力之士王衡天不勝忿　「王衡天」，汲本、殿本作「王衝天」，南齊書卷四〇武十七王魚復侯子響傳作「王充天」。

〔二三〕而子及婦服制　通志卷八二上有「及范氏薨」四字。

〔二四〕孝武亦嘗用之　「嘗」，原作「其」，據南監本、北監本、汲本、殿本及通志卷八二改。

〔二五〕阮報同産弟于瑤之爲計　「同産弟」，南齊書卷四〇武十七王晉安王子懋傳作「□其兄」，通鑑卷一三九齊紀五建武元年作「其同母兄」。

〔二六〕政壓其頭折即死　「折」字下，通鑑卷一三九齊紀五建武元年、通志卷八二有「頸」字。

〔二七〕舉酒謂法亮曰　「法」字原脱，據通志卷八二補。

〔二八〕今出郡易刺史　「郡」，通鑑卷一三九齊紀五建武元年作「都」。按「出都」指出至都，故下云「及見武帝相誣，曄遂免還」。疑作「都」是。

〔二九〕詣籤帥便有倍本之價　「便」上原衍「使」字，據通志卷八二刪。

〔三〇〕建武二年改封桂陽王　「二年」，原作「三年」，據南齊書卷五〇文二王桂陽王昭粲傳、册府卷二六四改。按南齊書卷六明帝紀、本書卷五齊本紀下，建武二年，改封「永嘉王昭粲爲桂陽王」。

〔三一〕管淑妃生邵陵王寶脩　「寶脩」，南齊書卷八和帝紀、卷五〇明七王傳、册府卷二六四、卷二七九作「寶攸」。

〔三二〕東昏即位進征北將軍開府儀同三司　「征北將軍」，南齊書卷七東昏侯紀、卷五〇明七王巴陵隱王寶義傳、册府卷二七六、卷二七九作「征北大將軍」。

〔三三〕永元元年　「永元」，原作「永泰」，據南齊書卷五〇明七王巴陵隱王寶義傳改。按永泰二年改元永元，無三年，而下出「三年」，明爲永元之三年。

〔三四〕廬陵王寶源字智泉　「智泉」，南齊書卷五〇明七王廬陵王寶源傳作「智淵」，此避唐諱而改。

〔三五〕望其釋位扶危不可得矣　「釋位」，原作「擇位」，據南齊書卷四〇武十七王傳史臣曰、通鑑卷一三九齊紀五建武元年改。

南史卷四十五

列傳第三十五

王敬則　陳顯達　張敬兒　崔慧景

王敬則，臨淮射陽人也。僑居晉陵南沙縣。母爲女巫，常謂人云：「敬則生時胞衣紫色，應得鳴鼓角。」人笑之曰：「汝子得爲人吹角可矣。」

敬則年長，而兩腋下生乳，各長數寸。夢騎五色師子。性倜儻不羈，好刀劍，嘗與既陽縣吏鬭，謂曰：「我若得既陽縣，當鞭汝小吏背。」吏唾其面曰：「汝得既陽縣，我亦得司徒公矣。」屠狗商販，徧於三吴。使於高麗，與其國女子私通，因不肯還，被收録然後反。

善拍張，補刀戟左右。宋前廢帝使敬則跳刀，高出白虎幢五六尺，接無不中。仍撫髀拍張，甚爲儇捷。補俠轂隊主，領細鎧左右，與壽寂之殺前廢帝。及明帝即位，以爲直閤將軍，封重安縣子。

敬則少時於草中射獵，有蟲如烏豆集其身，摘去乃脫，其處皆流血。敬則惡之，詣道士卜，道士曰：「此封侯瑞也。」敬則聞之喜，故出都自効。

後補既陽令，昔日鬬吏亡叛，勒令出，遇之甚厚。曰：「我已得既陽縣，汝何時得司徒公邪？」初至既陽縣陸主山下，宗侶十餘船同發，敬則船獨不進，乃令弟入水推之，見烏漆棺。敬則呪云：「若是吉，使船速進，吾富貴當改葬爾。」船須臾〔一〕，入縣收此棺葬之。

時軍荒後，縣有一部劫逃入山中爲人患，敬則遣人致意劫帥使出首，當相申論。郭下廟神甚酷烈，百姓信之，敬則引神爲誓，必不相負。劫帥既出，敬則於廟中設酒會，於坐收縛曰：「吾啓神，若負誓，還神十牛。今不得違誓。」即殺十牛解神，并斬諸劫，百姓悅之。

元徽二年，隨齊高帝拒桂陽賊於新亭，敬則與羽林監陳顯達、寧朔將軍高道慶乘舸迎戰，大破賊水軍。事寧，帶南太山太守、右俠轂主，轉越騎校尉、安成王車騎參軍。蒼梧王狂虐，左右不自安。敬則以高帝有威名，歸誠奉事，每下直輒往領軍府。夜著青衣，扶匐道路，爲高帝聽察。高帝令敬則於殿内伺機。及楊玉夫將首投敬則〔二〕，敬則馳謁高帝，乃戎服入宫。至承明門〔三〕，門郎疑非蒼梧還，敬則慮人覘見，以刀環塞窐孔，呼開門甚急。衞尉丞顔靈寶窺見高帝乘馬在外，竊謂親人：「今若不開内領軍，天下會是亂爾。」門開，敬則隨帝入殿。

昇明元年，遷輔國將軍，領臨淮太守，知殿内宿衞兵事。沈攸之事起，進敬則冠軍將軍。高帝入守朝堂，袁粲起兵，召領軍劉韞、直閤將軍卜伯興等於宫内相應〔四〕，戒嚴將發，敬則開關掩襲，皆殺之。殿内竊發盡平，敬則之力也。政事無大小，帝並以委之。

敬則不識書，止下名，然甚善決斷。齊臺建，爲中領軍。高帝將受禪，材官薦易太極殿柱。順帝欲避上，不肯出宫遜位。明日當臨軒，順帝又逃宫内。敬則將輿入迎帝，啓譬令出，引令升車。順帝不肯即上，收淚謂敬則曰：「欲見殺乎？」敬則答曰：「出居别宫爾，官先取司馬家亦復如此。」順帝泣而彈指：「唯願後身生生世世不復天王作因緣。」宫内盡哭，聲徹於外。順帝拍敬則手曰：「必無過慮，當餉輔國十萬錢。」

齊建元元年，出爲都督、南兖州刺史，封尋陽郡公。加敬則妻懷氏爵爲尋陽國夫人。

二年，魏軍攻淮、泗，敬則恐，委鎮還都，百姓皆驚散奔走。上以其功臣不問，以爲都官尚書，遷吴興太守。郡舊多剽掠，有十數歲小兒於路取遺物，敬則殺之以徇。自此路不拾遺，郡無劫盜。又録得一偷，召其親屬於前鞭之。令偷身長掃街路，久之，乃令偷舉舊偷自代。諸偷恐爲所識，皆逃走，境内以清。仍入烏程，從市過，見屠肉枅，歎曰：「吴興昔無此枅，是我少時在此所作也。」召故人飲酒説平生，不以屑也。遷護軍，以家爲府。

三年，以改葬去職，詔贈敬則母尋陽國太夫人，改授侍中、撫軍。高帝遺詔敬則以本官領丹陽尹，尋遷會稽太守，加都督。永明二年，給鼓吹一部。會土邊帶湖海，人丁無士庶皆保塘役。敬則以功力有餘，悉評斂爲錢送臺庫，以爲便宜。上許之。

三年，進號征東將軍。宋廣州刺史王翼之子妾路氏酷暴，殺婢媵，翼之子法朗告之〔五〕，敬則付山陰獄殺之。路氏家訴，爲有司所奏，山陰令劉岱坐棄市刑。敬則入朝，上謂敬則曰：「人命至重，是誰下意殺之？都不啓聞。」敬則曰：「是臣愚意。臣知何物科法，見背後有節，便言應得殺人。」劉岱亦引罪，上乃赦之；敬則免官，以公領郡。

後與王儉俱即本號開府儀同三司。時徐孝嗣於崇禮門候儉，因嘲之曰：「今日可謂連璧。」儉曰：「不意老子遂與韓非同傳。」人以告敬則，敬則欣然曰：「我南沙縣吏，徼倖得細鎧左右，逮風雲以至於此。遂與王衞軍同日拜三公，王敬則復何恨。」了無恨色。朝士以此多之。

十一年，授司空。敬則名位雖達，不以富貴自遇。初爲散輩使魏，於北館種楊柳。後員外郎虞長曜北使還，敬則問：「我昔種楊柳樹，今若大小？」長曜曰：「虜中以爲甘棠。」武帝令羣臣賦詩，敬則曰：「臣幾落此奴度〔六〕。」上問之，敬則對曰：「臣若解書，不過作尚書都令史爾，那得今日。」敬則雖不大識書，而性甚警黠，臨郡令省事讀辭，下教制決，皆不失理。

明帝輔政，密有廢立意。隆昌元年，出敬則爲會稽太守，加都督。海陵王立，進位太尉。明帝即位，爲大司馬，臺使拜授日，雨大洪注，敬則文武皆失色。一客旁曰：「公由來如此，昔拜丹陽尹、吳興時亦然。」敬則大悅曰：「我宿命應得雨。」乃引羽儀、備朝服、導引出聽事拜受，意猶不自得，吐舌久之。

帝既多殺害，敬則自以高、武舊臣，心懷憂懼。帝雖外厚其禮而内相疑備，數訪問敬則飲食體幹。聞其衰老，且以居内地，故得少安。後遣蕭坦之將齋仗五百人行晉陵〔七〕，敬則諸子在都，憂怖無計。上知之，問計於梁武帝，武帝曰：「敬則豎夫，易爲感，唯應錫以子女玉帛，厚其使人，如斯而已。」上納之。

吳人張思祖，敬則謀主也，爲府司馬，頻銜使。上僞傾意待之，以爲游擊將軍。遣敬則世子仲雄入東。仲雄善彈琴，江左有蔡邕焦尾琴在主衣庫，上敕五日一給仲雄。仲雄在御前鼓琴，作懊儂曲，歌曰：「常歎負情儂，郎今果行許。」又曰：「君行不淨心，那得惡人題。」帝愈猜愧。

永泰元年，帝疾屢經危殆，以張瓌爲平東將軍、吳郡太守，置兵佐，密防敬則。内外傳言當有處分。敬則聞之，竊曰：「東今有誰，祇是欲平我耳。東亦何易可平，吾終不受金罌。」金罌謂鴆酒也。諸子怖懼，第五子幼隆遣正員將軍徐嶽以情告徐州行事謝朓爲計，若同者當往報敬則。朓執嶽馳啓之。敬則城局參軍徐庶家在京口，其子密以報庶，庶以告敬則五官王公林。公林，敬則族子也，常所委信。公林勸敬則急送啓賜兒死，單舟星夜還都。敬則曰：「若爾，諸郎要應有信，且忍一夕。」其夜，呼僚佐文武摴蒱賭錢，謂衆曰：「卿諸人欲令我作何計？」莫敢先答。防閤丁興懷曰：「官祇應作爾。」敬則不聲。明旦，召山陰令王詢、臺傳御史鍾離祖願，敬則橫刀跂坐，問詢等發丁可得幾人，庫見有幾錢物，詢、祖願對並乖旨，敬則怒，將出斬之。王公林又諫敬則曰：「官詎不更思？」敬則唾其面，曰：「小子，我作事何關汝小子。」乃起兵，招集配衣，二三日便發。欲劫前中書令何胤還爲尚書令，長史王弄璋、司馬張思祖止之曰：「何令高蹈，必不從，不從便應殺之。舉大事先殺朝賢，事必不濟。」乃率實甲萬人過浙江，謂曰：「應須作檄。」思祖曰：「公今自還朝，何用作此？」乃止。

朝廷遣輔國將軍前軍司馬左興盛、直閤將軍馬軍主胡松三千餘人〔八〕，築壘於曲阿長岡；尚書左僕射沈文秀爲持節、都督〔九〕，屯湖頭，備京口路。

敬則以舊將舉事，百姓擔篙荷鍤隨逐之十餘萬衆。至武進陵口慟哭，乘肩輿而前。遇興盛、山陽二柴，盡力攻之。官軍不敵，欲退而圍不開，各死戰。胡松領馬軍突其後，白丁無器仗，皆驚散。敬則大叫索馬，再上不得上，興盛軍容袁文曠斬之傳首。

是時上疾已篤，敬則倉卒東起，朝廷震懼。東昏侯在東宮議欲叛，使人上屋望，見征虜亭失火，謂敬則至，急裝欲走。有告敬則者，敬則曰：「檀公三十六策，走是上計，汝父子唯應急走耳。」蓋譏檀道濟避魏事也。

敬則之來，聲勢甚盛，凡十日而敗。時年六十四〔一〇〕。朝廷漆其首藏在武庫，至梁天監元年，其故吏夏侯亶表請收葬，許之。

陳顯達，南彭城彭城人也。仕宋以軍功封彭澤縣子，位羽林監、濮陽太守，隸齊高帝討桂陽賊於新亭壘。劉勔大桁敗，賊進杜姥宅。及休範死，顯達出杜姥宅，大戰於宣陽門，大破賊，矢中左目而鏃不出。地黄村潘嫗善禁，先以釘釘柱，嫗禹步作氣，釘即出，乃禁顯達目中鏃出之。事平，封彭城侯〔一一〕，再遷平越中郎將、廣州刺史，加都督。

沈攸之事起，顯達遣軍援臺，長史到遁、司馬諸葛導勸顯達保境蓄衆，密通彼此。顯達於坐手斬之，遣表疏歸心齊高帝。帝即位，拜護軍將軍。後御膳不宰牲，顯達上熊蒸一盤，上即以充飯。後拜都督、益州刺史。

武帝即位，進號鎮西將軍。益部山險，多不賓服。大度村獠，前刺史不能制，顯達遣使責其租賧。獠帥曰：「兩眼刺史尚不敢調我。」遂殺其使。顯達分部將吏，聲將出獵，夜往襲之，男女無少長皆斬之。自此山夷震服。

永明二年，徵爲侍中、護軍將軍。顯達累任在外，經高帝之憂。及見武帝，流涕悲咽，上亦泣，心甚嘉之。八年，爲征南大將軍、江州刺史。

顯達謙厚有智計，自以人微位重，每遷官常有愧懼之色。子十餘人，誡之曰：「我本意不及此，汝等勿以富貴陵人。」家既豪富，諸子與王敬則諸兒並精車牛，麗服飾。當世快牛稱陳世子青、王三郎烏、吕文顯折角、江瞿曇白鼻，而皆集陳舍。顯達知此不悦。及子休尚爲郢府主簿，過九江拜别。顯達曰：「凡奢侈者鮮有不敗，麈尾蠅拂是王、謝家許，汝不須捉此自遂〔二〕。」即取於前燒除之。其靜退如此。

豫廢鬱林之勳，延興元年，爲司空，進爵爲公。明帝即位，進太尉，封鄱陽郡公。加兵二百人，給油絡車。後以太尉封鄱陽郡公〔三〕，爲三公事，而職典連率，人以爲格外三公。上欲悉除高、武諸孫，上微言問顯達〔四〕，答曰：「此等豈足介慮。」上乃止。

顯達建武世心懷不安，深自貶退，車乘朽敗，導從鹵簿皆用羸小。侍宴，酒後啓上借枕，帝令與之。顯達撫枕曰：「臣年已老，富貴已足，唯少枕枕死，特就陛下乞之。」上失色曰：「公醉矣。」以年老告退，不許。

永泰元年，乃遣顯達北侵。永元元年，顯達督平北將軍崔慧景衆軍四萬圍南鄉界馬圈城，去襄陽三百里。攻之四十日，魏軍食盡，噉死人肉及樹皮。外圍急，魏軍突走。顯達入據其城，遣軍主莊丘黑進取南鄉縣。魏孝文帝自領十餘萬騎奄至，軍主崔恭祖、胡松以烏布幔盛顯達，數人擔之，出均水口，臺軍緣道奔退，死者三萬餘人。顯達素有威名，著於外境，至是大損喪焉。御史中丞范岫奏免顯達官，又表解職，並不許。以爲江州刺史，鎮盆城。初，王敬則事起，始安王遥光啓明帝慮顯達爲變，欲追軍還，事平乃寢。顯達亦懷危怖。及東昏立，彌不樂還都，得此授甚喜。尋加領征南大將軍，給三望車。

顯達聞都下大相殺戮，徐孝嗣等皆死，傳聞當遣兵襲江州。顯達懼禍，十一月十五日舉兵，欲直襲建鄴，以掩不備，又遥指郢州刺史建安王寶寅爲主。朝廷遣後軍將軍胡松等據梁山，顯達率衆數千人發尋陽，與松戰於採石，大破之，都下震恐。

十二月，潛軍度取石頭北上襲城，宮掖大駭，閉門守備。顯達馬矟從步軍數百人，於西州前與臺軍戰，再合大勝，矟折，手猶殺十餘人。官軍繼至，顯達不能抗，退走至西州後烏榜村。騎官趙潭注矟刺落馬，斬之籬側，血涌湔籬，似淳于伯之被刑。時年七十三〔一五〕。

顯達在江州遇疾，不療之而差，意甚不悅。是時連冬大雪，梟首朱雀而雪不集，諸子皆伏誅。

張敬兒，南陽冠軍人也。父醜，爲郡將軍，官至節府參軍。敬兒年少便弓馬，有膽氣，好射猛獸，發無不中。南陽新野風俗出騎射，而敬兒尤多膂力。稍官至寧蠻行參軍，隨郡人劉胡伐襄陽諸山蠻，深入險阻，所向皆破。又擊胡陽蠻，官軍引退，敬兒單馬在後，賊不能抗。

山陽王休祐鎮壽陽，求善騎射士，敬兒及襄陽俞湛應選。敬兒善事人，遂見寵，爲長兼行參軍。泰始初，隨府轉驃騎參軍，署中兵，領軍討義嘉賊，與劉胡相拒於鵲尾洲，啓明帝乞本郡。事平，除南陽太守。

敬兒之爲襄陽府將也，家貧，每休假輒傭賃自給。嘗爲城東吴泰家擔水，通泰所愛婢。事發，將被泰殺，逃賣棺材中，以蓋加上，乃免。及在鵲尾洲，啓明帝云：「泰以絲助雍州刺史袁顗爲弩弦，黨同爲逆[一六]，若事平之日，乞其家財。」帝許之。至是收籍吴氏，唯家人保身得出，僮役財貨直數千萬，敬兒皆有之。先所通婢，即以爲妾。

後爲越騎校尉，桂陽王事起，隸齊高帝頓新亭。賊矢石既交，休範白服乘輿勞樓下。敬兒與黄回白高帝，求詐降以取之。高帝曰：「卿若辦事，當以本州相賞。」敬兒相與出城南，放仗走，大呼稱降。休範喜，召至輿側。回陽致高帝密意，休範信之。回目敬兒，敬兒奪取休範防身刀斬之，其左右百人皆散。敬兒持首歸新亭。除驍騎將軍，加輔國將軍。高帝置酒謂敬兒曰：「非卿之功無今日安。」

帝以敬兒人位既輕，不欲使便爲襄陽重鎮。敬兒求之不已，乃微動高帝曰：「沈攸之在荆州，公知其欲何所作，不出敬兒以防之，恐非公之利也。」帝笑而無言，乃除雍州刺史，加都督，封襄陽縣侯〔一七〕。部伍泊沔口〔一八〕，敬兒乘舴艋過江，詣晉熙王燮。中江遇風船覆，左右丁壯者各泅水走，餘二小史没船下，求敬兒救，敬兒兩掖挾之，隨船仰得在水上，如此翻覆行數十里，方得迎接。失所持節，更給之。

至鎮，厚結攸之，得其事迹，密白高帝，終無二心。又與攸之司馬劉攘兵情款。及蒼梧廢，敬兒疑攸之當因此起兵，密問攘兵所言〔一九〕，寄敬兒馬鐙一隻。敬兒乃爲備。

昇明元年冬，攸之反，遣使報敬兒〔二〇〕。勞接周至，爲設食訖，列仗於聽事前斬之。集部曲。偵攸之下，當襲江陵〔二一〕。敬兒告變使至，高帝大喜，進號鎮軍將軍，改督。

攸之至郢城敗走，其子元琰與兼長史江乂、别駕傅宣等還江陵。敬兒軍至白水，元琰聞城外鶴唳，謂是叫聲，恐懼欲走。其夜，乂、宣開門出奔，城潰，元琰奔寵洲見殺。敬兒至江陵，誅攸之親黨，没入其財物數千萬，善者悉以入私，送臺者百不一焉。攸之於湯渚村自經死，居人送首荆州。敬兒使楯擎之，蓋以青繖，徇諸市郭，乃送建鄴。進爵爲公。

敬兒在雍州貪殘，人間一物堪用，莫不奪取。於襄陽城西起宅，聚物貨，宅大小殆侔襄陽。又欲移羊叔子墮淚碑，於其處置臺。綱紀諫曰：「此羊太傅遺德，不宜遷動。」敬兒曰：「太傅是誰，我不識。」

及齊受禪，轉侍中、中軍將軍，遷散騎常侍、車騎將軍，置佐史。高帝崩，遺詔加開府儀同三司。於家竊泣曰：「官家大老天子可惜，太子年少，向我所不及也。」及拜，王敬則戲之，呼爲褚彦回。敬兒曰：「我馬上所得，終不能作華林閤勳也。」敬則甚恨焉。

初，敬兒微時，有妻毛氏，生子道門〔三〕，而鄉里尚氏女有色貌，敬兒悦之，遂棄毛氏而納尚氏爲室。及居三司，尚氏猶居襄陽宅。慮不復外出，乃迎家口悉下至都，啓武帝，不蒙勞問。敬兒心自疑。及垣崇祖死，愈恐懼。性好卜術，信夢尤甚，初征荆州，每見諸將帥，不遑有餘計，唯敍夢云：「未貴時，夢居村中，社樹欻高數十丈。及在雍州，又夢社樹直上至天。」以此誘説部曲，自云貴不可言。由是不自測量，無知。又使於鄉里爲謡言，使小兒輩歌曰：「天子在何處？宅在赤谷口。天子是阿誰？非猪如是狗。」敬兒家在冠軍，宅前有地名赤谷。既得開府，又望班劍，語人曰：「我車邊猶少班蘭物。」

敬兒長自荒遠，少習武事，既從容都下，又四方寧靖，益不得志。其妻尚氏亦曰：「吾昔夢一手熱如火，而君得南陽郡；元徽中，夢一髀熱如火，君得本州；建元中，夢半體熱，尋得開府；今復舉體熱矣。」以告所親，言其妻初夢次夢，又言「今舉體熱矣」。閹人聞其言説之，事達武帝。敬兒又遣使與蠻中交關，武帝疑有異志，永明元年，敕朝臣華林八關齋，於坐收敬兒。初，左右雷仲顯常以盈滿誡敬兒，不能從，至是知有變，抱敬兒泣，敬兒脱冠貂投地曰：「用此物誤我。」及子道門、道暢、道休並伏誅，少子道慶見宥。後數年，上與豫章王嶷三日曲水内宴，舴艋船流至御坐前覆没，上由是言及敬兒，悔殺之。

敬兒始不識書，及爲方伯，乃習學讀孝經、論語。初徵爲護軍，乃潛於密室中屏人學揖讓答對，空中俯仰，妾侍竊窺笑焉。將拜三司，謂其妻嫂曰：「我拜後府開黄閤。」[二三]因口自爲鼓聲。初得鼓吹，羞便奏之。又於新林慈姥廟爲妾祈子祝神[二四]，口自稱三公，其鄙俚如此。

始其母於田中卧，夢犬子有角舐之，已而有娠而生敬兒，故初名苟兒。又生一子，因苟兒之名復名猪兒。宋明帝嫌苟兒名鄙，改爲敬兒，故猪兒亦改爲恭兒，位正員郎[二五]，謝病歸本縣，常居上保村，不肯出仕，與居人不異。與敬兒愛友甚篤。及聞敬兒敗，走入蠻。

後首出，原其罪。

崔慧景字君山，清河東武城人也。祖構，奉朝請。父系之，州别駕。

慧景少有志業，仕宋爲長水校尉。齊高帝在淮陰，慧景與宗人祖思同時自結。及高帝受禪，封樂安縣子，爲都督、梁南秦二州刺史。永明四年，爲司州刺史。母喪，詔起復本任。慧景每罷州，輒傾資獻奉，動數百萬。武帝以此嘉之。十年，爲都督、豫州刺史〔二六〕。鬱林即位，慧景以少主新立，密與魏通，朝廷疑之。明帝輔政，遣梁武帝至壽春安慰之。慧景密啓送誠勸進。建武四年，爲度支尚書，領太子左率。

東昏即位，爲護軍〔二七〕。時輔國將軍徐世標專權號令，慧景備員而已。帝既誅戮將相，舊臣皆盡，慧景自以年宿位重，轉不自安。及裴叔業以壽陽降魏，即授慧景平西將軍，假節、侍中、護軍如故。率軍水路征壽陽。軍頓白下將發，帝長圍屏除，出琅邪城送之。帝戎服坐樓上，召慧景騎進圍内，無一人自隨，裁交數言，拜辭而去。慧景出至白下甚喜，曰：「頸非復小豎等所折也。」子覺爲直閤將軍，慧景密與之期。

時江夏王寶玄鎮京口，聞慧景北行，遣左右余文興説之曰：「朝廷任用羣小，猜害忠賢，江、劉、徐、沈，君之所見，身雖魯、衞，亦不知滅亡何時。君今段之舉，有功亦死，無功亦死，欲何求所免。機不可失，今擁强兵，北取廣陵，收吴、楚勁卒，身舉州以相應，取大功如反掌耳。」慧景常不自安，聞言響應。

于時廬陵王長史蕭寅、司馬崔恭祖守廣陵城，慧景以寶玄事告恭祖。恭祖先無宿契，口雖相和，心實不同。還以事告寅，共爲閉城計。寅心謂恭祖與慧景同，謂曰：「廢昏立明，人情所樂，寧可違拒。」恭祖猶執不同。俄而慧景至，恭祖閉門不敢出。慧景知其異己，泣數行而去。

中兵參軍張慶延、明巖卿等勸慧景襲取廣陵，及密遣軍主劉靈運間行突入。慧景俄係至，遂據其城。子覺至，仍使領兵襲京口。寶玄本謂大軍併來，及見人少，極失所望，拒覺，擊走之。恭祖及覺精兵八千濟江。恭祖心本不同反，至蒜山〔二八〕，欲斬覺以軍降京口，事既不果而止。

覺等軍器精嚴，柳憕、沈佚等謂寶玄曰〔二九〕：「崔護軍威名既重，乃誠可見，既已脣齒，忽中道立異。彼以樂歸之衆，亂江而濟，誰能拒之。」於是登北固樓，並千蠟燭爲烽火，舉以應覺。帝聞變，以右衞將軍左興盛假節、督都下水陸衆軍。慧景停二日，便率大衆一時俱濟江，趣京口，寶玄仍以覺爲前鋒，恭祖次之，慧景領大都督，爲衆軍節度。東府、石頭、白下、新亭諸城皆潰，左興盛走，不得入宮，逃淮渚荻船中，慧景禽殺之。慧景稱宣德皇后令，廢帝爲吴王。

時柳憕别推寶玄，恭祖爲寶玄羽翼，不復承奉，慧景嫌之。巴陵王昭胄先逃人間，出投慧景，意更向之，故猶豫未知所立，此聲頗泄。憕、恭祖始貳於慧景。又恭祖勸慧景射火箭燒北掖樓，慧景以大事垂定，後若更造，費用功多，不從其計。性好談義，兼解佛理，頓法輪寺，對客高談，恭祖深懷怨望。

先是，衛尉蕭懿爲豫州刺史，自歷陽步道征壽陽，帝遣密使告之。懿率軍主胡松、李居士等自採石濟岸，頓越城舉火，臺城中鼓叫稱慶。恭祖先勸慧景遣二千人斷西岸軍，令不得度，慧景以城旦夕降，外救自然應散，不許。恭祖請擊義師，又不許。乃遣子覺將精甲數千人度南岸，義師昧旦進戰，覺大敗。慧景人情離沮。恭祖頓軍興皇寺，於東宫掠得女妓，覺來逼奪，由是忿恨。其夜，崔恭祖與驍將劉靈運詣城降。慧景乃將腹心數人潛去，欲北度江，城北諸軍不知，猶爲拒戰。城内出盪，殺數百人，慧景餘衆皆奔。

慧景圍城凡十二日，軍旅散在都下，不爲營壘。及走，衆於道稍散，單馬至蟹浦，投漁人太叔榮之。榮之故爲慧景門人，時爲蟹浦戍，謂之曰：「吾以樂賜汝，汝爲吾覓酒。」既而爲榮之所斬，以頭内鰌籃中擔送都。

恭祖者，慧景宗人，驍果便馬矟，氣力絶人，頻經軍陣。討王敬則，與左興盛軍容袁文曠爭敬則首，訴明帝曰：「恭祖禿馬絳衫，手刺倒敬則，故文曠得斬其首。以死易勳而見枉奪。若失此勳，要當刺殺左興盛。」帝以其勇健，謂興盛曰：「何容令恭祖與文曠爭功。」慧景平後，恭祖繫尚方，少時殺之。覺亡命爲道人，見執伏法。

覺弟偃，年十八便身長八尺，博涉書記，善蟲篆，爲始安内史，藏竄得免。和帝西臺立，以爲寧朔將軍。中興元年，詣公車尚書申冤〔三〇〕，言多指斥，尋下獄死。

先是，東陽女子婁逞變服詐爲丈夫，粗知圍棊，解文義，徧游公卿，仕至揚州議曹從事。事發，明帝驅令還東。逞始作婦人服而去，歎曰：「如此伎，還之爲老嫗，豈不惜哉。」此人妖也。陰而欲爲陽，事不果故泄，敬則、遥光、顯達、慧景之應也。舊史裴叔業有傳，事終于魏，今略之云。

論曰：光武功臣所以能終身名者，豈唯不任職事，亦以繼奉章、明，心存正嫡。王、陳拔迹奮飛，則建元、永明之運，身極鼎將，則建武、永元之朝。勳非往時，位踰昔等，禮授雖重，情分不交。加以主猜政亂，危亡慮及，舉手扞頭，人思自免。干戈既用，誠淪犯上之跡，敵國起於同舟，況又疎於此也。敬兒挾震主之勇，當鳥盡之運，内惑邪夢，跡涉覬覦，其至殲亡，亦其理也。慧景以亂濟亂，能無及乎。

校勘記

〔一〕船須臾　「須臾」，南齊書卷二六王敬則傳下有「去」字，御覽卷五五一引宋書下有「進」字，通志卷一三七上有「乃去」二字。

〔二〕及楊玉夫將首投敬則　南齊書卷二六王敬則傳上有「既而楊玉夫等危急殞帝」云云，知首爲蒼梧王之首。南史删削，致文意不明。通志卷一三七「首」字上有「蒼梧」二字。

〔三〕乃戎服入宫至承明門　「乃」字上，據南齊書卷二六王敬則傳、通志卷一三七當有「帝」字。「承明門」，原作「永明門」，據宋書卷九後廢帝紀、南齊書卷二六王敬則傳改。

〔四〕袁粲起兵召領軍劉韞直閤將軍卜伯興等於宫内相應　「召」，南齊書卷二六王敬則傳作「夕」，屬上爲讀。按馬宗霍校證：「考之宋書袁粲傳，粲之舉事，本期夜發，則當以『夕』字爲是。」

〔五〕翼之子法朗告之　「法朗」，南齊書卷二六王敬則傳作「法明」。

〔六〕臣幾落此奴度　「度」字下，南齊書卷二六王敬則傳、册府卷八〇〇有「内」字。

〔七〕後遣蕭坦之將齋仗五百人行晉陵　「晉陵」，南齊書卷二六王敬則傳、建康實録卷一五、通鑑卷一四一齊紀七永泰元年作「武進陵」。按馬宗霍校證：「南史作『晉陵』者，非陵名，乃郡名也。但宋、齊州郡志，晉陵郡所屬有晉陵縣，無「武進縣」，武進自屬南東海郡。唯齊書高帝紀謂『中朝亂，淮陰令整過江居晉陵武進縣之東城里』，則在晉代武進正屬晉陵郡。整即齊高帝之高祖也。」

〔八〕朝廷遣輔國將軍前軍司馬左興盛直閤將軍馬軍主胡松三千餘人　李慈銘南史札記：「南齊書『左興盛』下有『後軍將軍直閤崔恭祖、輔國將軍劉山陽』，此誤脱，則下文『山陽』二字無根。」

〔九〕尚書左僕射沈文秀爲持節都督　「左僕射沈文秀」，南齊書卷二六王敬則傳、通鑑卷一四一齊紀七永泰元年作「右僕射沈文季」。按南齊書卷四四沈文季傳：「王敬則反，詔文季領兵屯湖頭，備京路。」又按宋書卷八八沈文秀傳，文秀被虜於北魏，卒於齊永明四年。則王敬則反時沈文秀已死，討敬則者當爲沈文季。南齊書卷四四沈文季傳：「延興元年（四九四），遷尚書右僕射。……永元元年（四九九），轉侍中、左僕射。」本書卷三七沈慶之傳附沈文季傳略同。則永泰元年（四九八）四月王敬則反時文季應爲右僕射。故應作「右僕射沈文季」爲是。

〔一〇〕時年六十四　「六十四」，南齊書卷二六王敬則傳作「七十餘」，建康實録卷一五作「七十」。

〔一一〕封彭城侯　「彭城侯」，南齊書卷二六陳顯達傳作「豐城縣侯」。按宋書卷三六州郡志二，江州豫章太守領豐城侯相。

〔三〕麈尾蠅拂是王謝家許汝不須捉此自遂　「許」，北監本、殿本及通鑑卷一三八齊紀四永明十一年、册府卷八一七作「物」。「遂」，北監本、殿本作「隨」，南齊書卷二六陳顯達傳、册府卷八一七、卷九四六宋本作「逐」。

〔三〕後以太尉封鄱陽郡公　「封」，原作「判」，據通志卷一三七改。錢大昕考異卷三六：「五等封爵無判事之職，云『判鄱陽郡公』，非也。」

〔四〕上微言問顯達　南齊書卷二六陳顯達傳、册府卷二一八、通志卷一三七無「上」字。

〔五〕時年七十三　「七十三」，南齊書卷二六陳顯達傳作「七十二」。

〔六〕泰以絲助雍州刺史袁顗爲弩弦黨同爲逆　「袁顗」，原作「袁覬」，據通志卷一三七改。宋書卷八四有袁顗傳。下一「爲」字原脱，據通志卷一三七補。

〔七〕封襄陽縣侯　「陽」字原脱，據南齊書卷二五張敬兒傳、建康實録卷一五、通志卷一三七補。

〔八〕部伍泊沔口　「伍」字原脱，據南齊書卷二五張敬兒傳補，御覽卷三八六引蕭子顯齊書作「仵」。

〔九〕密問攘兵所言　「攘兵」下，南齊書卷二五張敬兒傳、通鑑卷一三四宋紀一六昇明元年、通志卷一三七有「攘兵無」三字。

〔一〇〕攸之反遣使報敬兒　「反」，原作「乃」，據南齊書卷二五張敬兒傳、册府卷三七一改。

〔二〕偵攸之下當襲江陵　「偵」，原作「頓」，據册府卷三七一、通鑑卷一三四宋紀一六昇明二年改。

〔二二〕生子道門　「道門」，南齊書卷二五張敬兒傳作「道文」。

〔二三〕謂其妻嫂曰我拜後府開黄閤　「妻嫂」，南齊書卷二五張敬兒傳、册府卷八三五作「妓妾」，建康實録卷一五作「妻」，册府卷九五四作「妓」。「府」，南齊書卷二五張敬兒傳、御覽卷五六七引齊書、册府卷八三五、卷九五四作「應」。馬宗霍校證：「疑『應』字是。」

〔二四〕又於新林慈姥廟爲妾祈子祝神　「慈」字原脱，據南齊書卷二五張敬兒傳、册府卷八三五、卷九五四補。按初學記卷八州郡部引丹陽記曰：「江寧南有慈母山，……俗呼爲鼓吹山，江寧謂之慈姥山，在當塗縣北。」太平寰宇記卷九〇江南東道二昇州條引輿地志云：「山南有慈姥神廟。」慈姥廟即此。

〔二五〕位正員郎　「正員郎」，南齊書卷二五張敬兒傳、册府卷二〇九作「員外郎」。

〔二六〕十年爲都督豫州刺史　據南齊書卷三武帝紀、通鑑卷一三八齊紀四，慧景爲豫州刺史皆在永明十一年。

〔二七〕東昏即位爲護軍　按馬宗霍校證：「按南齊書本傳云：『永元元年遷護軍將軍，尋加侍中。』南史『爲護軍』之下删去『加侍中』，則下文『侍中、護軍如故』一語，『侍中』二字無根。」

〔二八〕恭祖心本不同反至蒜山　「反」，北監本、殿本及通鑑考異卷六引南史作「及」，屬下讀。

〔二九〕柳憕沈佚等謂寶玄曰　「柳憕」，原作「柳燈」，據南齊書卷五〇明七王江夏王寶玄傳、通鑑卷一四三齊紀九永元二年、通鑑考異卷六引南史改。後同。

〔三〇〕詣公車尚書申冤　「公車尚書」，南齊書卷五一崔慧景傳、通鑑卷一四四齊紀一〇中興元年作「公車門上書」。按馬宗霍校證：「『尚』與『上』雖可通，然省去『門』字，則尚書連文與官名掍。」

南史卷四十六

列傳第三十六

李安人 子元履　戴僧靜　桓康　焦度　曹武 子世宗
呂安國　周山圖　周盤龍 子奉叔　王廣之 子珍國　張齊

李安人，蘭陵承人也。祖嶷，衞軍將軍〔一〕。父欽之，薛令。

安人少有大志，常拊髀歎曰：「大丈夫處世，富貴不可希，取三將五校，何難之有。」隨父在縣，宋元嘉中，縣被魏剋，安人尋率部曲自拔南歸。

明帝時，稍遷武衞將軍，領水軍討晉安王子勛，所向剋捷。事平，明帝大會新亭樓，勞諸軍主。摴蒱官賭，安人五擲皆盧。帝大驚，目安人曰：「卿面方如田，封侯相也。」安人少時貧，有一人從門過，相之。曰：「君後當大富貴，與天子交手共戲。」至是，安人尋此人，不知所在。

後爲廣陵太守，行南兗州事。齊高帝在淮陰，安人遥相結事。元徽初，除司州刺史，領義陽太守。及桂陽王休範起事，安人遣軍援都。建平王景素起兵，安人破其軍於葛橋。景素誅，留安人行南徐州事。城局參軍王回素爲安人所親〔一〕，盜絹二匹。安人流涕謂曰：「我與卿契闊備嘗，今日犯王法，乃卿負我也。」於軍門斬之，厚爲斂祭，軍府皆震服。轉東中郎司馬，行會稽郡事。時蒼梧縱虐，齊高帝憂迫無計。安人白高帝，欲於東奉江夏王躋起兵。高帝不許，乃止。

高帝即位，爲中領軍，封康樂侯。自宋泰始以來，内外頻有賊寇，將帥以下，各募部曲，屯聚都下。安人上表，以爲自非淮北常備，其外餘軍悉皆輸遣，若親近宜立隨身者，聽限人數。上納之，故詔斷衆募。時王敬則以勳誠見親，至於家國密事，上唯與安人論議。謂曰：「署事有卿名，我便不復細覽也。」

尋爲領軍將軍。魏攻壽春，至馬頭，詔安人禦之，魏軍退，安人沿淮進壽春。先是宋時亡命王元初聚黨六合山，僭大號。自云垂手過膝。州郡討不能禽，積十餘年。安人生禽之，斬建康市。

高帝崩，遺詔加侍中。武帝即位，爲丹陽尹，遷尚書左僕射〔三〕。安人時屢啓密謀見賞，又善結尚書令王儉，故世傳儉啓有此授。尋上表，以年疾求退，爲吴興太守。於家載米往郡，時服其清。吴興有項羽神護郡聽事，太守到郡，必須祀以軛下牛。安人奉佛法，不與神牛，著屐上聽事，又於聽上八關齋。俄而牛死，葬廟側，今呼爲李公牛冢。安人尋卒，世以神爲祟。謚肅侯。

子元履，幼有操業，甚閑政體，爲司徒竟陵王子良法曹參軍。與王融游狎，及王融誅，鬱林敕元履隨右衞將軍王廣之北征，密令於北殺之。廣之先爲安人所厚，又知元履無過，甚擁護之。會鬱林敗死，元履拜謝廣之，曰：「二十二載，父母之年，自此以外，丈人之賜也。」仕梁爲吴郡太守，度支尚書，衡、廣、青、冀四州刺史。

戴僧靜，會稽永興人也。少有膽力，便弓馬。事刺史沈文秀，俱被魏虜，後將家屬叛還淮陰。齊高帝撫畜，常在左右。後於都私賫錦出，事發，繫南兖州獄。高帝遣薛深餉僧靜酒食，以刀子置魚腹中。僧靜與獄吏飲酒，及醉，以刀刻械，手自折鎖，發屋而出，歸高帝。帝匿之齋内，以其家貧，年給穀千斛。

會魏軍至，僧靜應募出戰，單刀直前。魏軍奔退，又追斬三級。時天寒甚，乃脱衣，口銜三頭，拍浮而還。

沈攸之事起，高帝入朝堂，遣僧靜將腹心先至石頭經略袁粲。時蘇烈據倉城門，僧靜射書與烈，夜縋入城。粲登城西南門，列燭火坐，臺軍至射之，火乃滅。回登東門，其黨孫曇瓘驍勇善戰，每盪一合，輒大殺傷，官軍死者百餘人。軍主王天生殊死拒戰，故得相持。自亥至丑，有流星赤色照地墜城中，僧靜率力攻倉門，手斬粲於東門，外軍燒門入。以功除前軍將軍、寧朔將軍。

高帝即位，封建昌縣侯，位太子左衞率。武帝踐阼，出爲北徐州刺史。買牛給貧人令耕種，甚得荒情。後除南中郎司馬、淮南太守。

永明八年，巴東王子響殺僚佐，武帝召僧靜使領軍向江陵。僧靜面啓上曰：「巴東王年少，長史司馬捉之太急，忿不思難故耳。天子兒過誤殺人，有何大罪，今急遣軍西上，人情惶懼，無所不至。臣不敢奉勑。」上不答而心善之。徙廬陵王中軍司馬、高平太守。卒，謚壯侯。

桓康，北蘭陵承人也。勇果驍悍。宋大明中，隨齊高帝爲軍容，從武帝在贛縣。泰始初，武帝起義，爲郡所縶，衆皆散。康裝擔，一頭貯穆后，一頭貯文惠太子及竟陵王子良，自負置山中。與門客蕭欣祖等四十餘人相結，破郡獄，出武帝。郡追兵急，康等死戰破之。隨武帝起兵，摧堅陷陣，旅力絶人。所經村邑，恣行暴害，江南人畏之，以其名怖小兒，畫其形於寺中。病瘧者寫形帖著牀壁，無不立愈。

後除襄賁令。桂陽王休範事起，康棄縣還都就高帝。會事已平，除員外郎。

元徽五年七月六日夜，少帝微行至領軍府，帝左右人曰：「一府皆眠，何不緣墻入？」帝曰：「我今夕欲一處作適，待明日夜。」康與高帝所養健兒盧荒、向黑於門間聽得其語。明旦，王敬則將帝首至，扣府門。康謂是變，與荒、黑拔白刃欲出，仍隨高帝入宮。

高帝鎮東府，除武陵王中兵、寧朔將軍，帶蘭陵太守，常衞左右。高帝誅黄回，回時爲南兗州，部曲數千，欲收恐爲亂，召入東府，停外齋，使康數回罪，然後殺之。時人爲之語曰：「欲倂張，問桓康。」除後軍將軍、直閤將軍、南濮陽太守。

建元元年，封吴平縣侯〔四〕。高帝謂康曰：「卿隨我日久，未得方伯，亦當未解我意，正欲與卿先共滅虜耳。」三年，魏軍動，康大破魏軍於淮陽。武帝即位，卒於驍騎將軍。

焦度字文績〔五〕，南安氏也。祖文珪，避難居仇池。宋元嘉中，裴方明平楊難當，度父明與千餘家隨居襄陽，乃立天水郡略陽縣以居之。

度少有氣幹，便弓馬。孝武初，青州刺史顏師伯出鎮滑臺，度領幢主送之〔六〕，與魏豹皮公遇，交槊鬬，豹皮公墮地，禽其具裝馬，手殺數十人。師伯啓孝武，稱度氣力弓馬並絶人，帝召還充左右。見度形狀，謂師伯曰：「此真健人也。」

補晉安王子勛夾轂隊主，隨鎮江州。子勛起兵，以度爲龍驤將軍。爲前鋒，所向無不勝。事敗，逃宫亭湖爲賊。朝廷聞其勇，甚患之。使江州刺史王景文誘降之。景文以爲己鎮南參軍，領中軍直兵〔七〕，厚待之。

隨景文還都，常在府州内。景文被害夕，度大怒，勸景文拒命，景文不從，明帝不知也。以度武勇，補晉熙王燮防閤，隨鎮夏口。武陵王贊代燮爲郢州，度仍留鎮，爲贊前軍參軍。沈攸之事起，轉度中直兵。齊高帝又使假度輔國將軍、屯騎校尉，轉右將軍。

度容貌壯醜，皮膚若漆，質直木訥，口不能出言。晉熙王夾轂主周彦與度俱在郢州，彦有左右人與度父同名，彦常呼其名使役之。度積忿，呵責彦曰：「汝知我諱『明』，而恒呼明，何也！」

及在郢城，尤爲沈攸之所忿。攸之大衆至夏口，將直下都，留偏兵守郢而已。度於城樓上肆言罵辱攸之，至自發露形體穢辱之，故攸之怒，改計攻城。度親力戰，攸之衆蒙楯將登，度令投以穢器，賊衆不能冒，後呼此樓爲焦度樓。事寧，度功居多，封東昌縣子、東宫直閤將軍。還都，爲貴戚追敍郢城時褰露穢褻之事，其戇如此。

爲人朴澀，欲就高帝求州，比及見，竟不涉一語。帝以其不閑政事，竟不用。後求竟陵郡，不知所以置辭，親人授之辭百餘言，度習誦數日，皆得上口。會高帝履行石頭城，度於大衆中欲自陳，臨時卒忘所教，乃大言曰：「度啓公，度啓公，度無食。」帝笑曰：「卿何憂無食。」即賜米百斛。建元四年，乃除淮陵太守〔八〕。性好酒，醉輒暴怒，上常使人節之。年雖老而氣力如故，除游擊將軍，卒。

曹武字士威，下邳人也。本名虎頭。齊高帝鎮東府，使武與戴僧靜各領白直三百人。後爲屯騎校尉，帶南城令。石頭平，封羅江縣男。及高帝受禪，改封監利縣。武帝即位，累遷驍騎將軍。帝以虎頭名鄙，敕改之。鬱林即位，進號前將軍。隆昌元年，爲雍州刺史。建武二年，進爵爲侯。東昏即位，爲前將軍、鎮軍司馬。永元元年，始安王遥光反，武領軍屯青溪大橋〔九〕，事寧，轉散騎常侍、右衞將軍。

武形幹甚毅，善於誘納。晚節在雍州，致見錢七千萬〔一〇〕，皆厚輪大郭，他物稱是，馬八百匹。僕妾蔬食，膳無膏腴。嘗爲梅蟲兒、茹法珍設女伎，金翠曜眼，器服精華，蟲兒等因是欲誣而奪之。

人傳武每好風景，輒開庫招拍張武戲。帝疑武舊將領，兼利其財，新除未及拜，遇誅。及收兵至，歎曰：「諸人知我無異意，所以殺我，政欲取吾財貨伎女耳。恨令衆輩見之。」諸子長成者皆見誅，唯子世宗兄弟三人未冠，繫尚方，梁武帝兵至得免。

武雖武士，頗有知人鑒。梁武及崔慧景之在襄陽，于時崔方貴盛，武性儉嗇，無所餉遺，獨饋梁武，謂曰：「卿必大貴，我當不及見，今以弱子相託。」每密送錢物并好馬。時帝在戎多乏，就武换借，未嘗不得，遂至十七萬。及帝即位，忘其惠。天監二年，帝忽夢如田塍下行，兩邊水深無底，夢中甚懼。忽見武來負，武帝得過，曰：「卿今爲天下主，乃爾忘我顧託之言邪？我兒飢寒無衣〔一一〕，昔所换十七萬，可還其市宅。」帝覺，即使主書送錢還之，使用市宅。子世澄、世宗並蒙抽擢，三二年間，迭爲大郡。

世宗性嚴明，頗識兵勢，未遂封侯富顯〔一二〕。歷位太子左衞率，卒，贈左散騎常侍、左衞將軍，謚曰壯侯。

呂安國，廣陵人也。宋大明末，以將領見任，隱重有幹局，爲劉勔所稱。泰始二年，爲勔軍副，征殷琰，以功封鍾武縣男。累遷兗州刺史。及沈攸之事起，齊高帝以安國爲湘州刺史。建元元年，進爵爲侯，轉右衛將軍，加給事中。後改封湘鄉侯。武帝即位，累遷光禄大夫，加散騎常侍。

安國欣有文授，謂其子曰：「汝後勿袴褶驅使，單衣猶恨不稱，當爲朱衣官也。」歷都官尚書，太子左率，領軍將軍。安國累居將率，在朝以宿舊見遇。尋遷散騎常侍、金紫光禄大夫，給扶。永明八年卒，謚肅侯。

周山圖，字季寂，義興義鄉人也。家世寒賤，年十五六，氣力絶衆，食噉恒兼數人。鄉里獵戲集聚，常爲主帥，指麾處分皆見從。不事產業，恒願爲將，雖勇健而不閑弓馬。於書題甚拙，謹直少言，不嘗説人短長。與人周旋，皆白首不異。

宋元嘉二十七年，魏軍至瓜步，臺符取健兒，山圖應募，領白衣隊主。軍功除員外郎，加振武將軍。及鎮軍將軍張永侵魏，山圖領二千人迎運至武原〔三〕，爲魏軍所追，合戰多傷殺，魏軍稱其勇，呼爲武原將。及永軍大敗，山圖收散卒，守下邳城。還除給事中、冗從僕射、直閤將軍。

山圖好酒多失，明帝數加怒誚，後遂自改。累遷淮南太守。時盜發桓温冢，大獲寶物，客竊取以遺山圖。山圖不受，簿以還官。遷左中郎將。

齊高帝輔政，山圖密啓沈攸之久有異圖，宜爲之備。帝笑而納之。攸之事起，武帝爲西討都督，啓山圖爲軍副。攸之攻郢城，武帝令山圖量其形勢。山圖曰：「攸之爲人，性度險刻，無以結固士心。如頓兵堅城之下，適所以爲離散之漸耳。」及攸之敗，高帝謂曰：「周公前言，可謂明於見事矣。」〔四〕

建元元年，封晉興縣男〔五〕。武帝踐祚，遷竟陵王鎮北司馬，帶南平昌太守。以盆城之舊，出入殿省，甚見親信。義鄉縣長風廟神姓鄧，先經爲縣令，死遂發靈，山圖啓乞加神位輔國將軍。上答曰：「足狗肉便了事，何用階級爲。」

轉黄門郎，領羽林監四廂直衞。山圖於新林立墅舍，晨夜往還。上謂曰：「卿罷萬人都督而輕行郊外，自今往墅可以仗身自隨，以備不虞。」及疾，上手敕問疾。尋卒，年六十四。

周盤龍，北蘭陵人也。膽氣過人，尤便弓馬。宋泰始中，以軍功封晉安子。元徽二年，桂陽構難，盤龍時爲冗從僕射，隨齊高帝頓新亭。稍至驍騎將軍，改封沌陽侯〔一六〕。

高帝即位，進號右將軍。建元元年，魏攻壽春〔一七〕，以盤龍爲軍主、假節，助豫州刺史垣崇祖拒魏，大破之。上聞之喜，下詔稱美，送金釵以二十枚與其愛妾杜氏〔一八〕。手敕曰：「餉周公阿杜。」

明年，魏攻淮陽，圍角城。先是，上遣軍主成買戍角城，辭於王儉曰：「今段之行，必以死報。衡門蓬户，不朱斯白。小人弱息當得一子。」儉問其故，答曰：「若不殺賊，便爲賊殺。弱息不爲世子，便爲孝子；孝子則門加素堊，世子則門施丹赭。」至是買被圍，上遣領軍將軍李安人救之，敕盤龍率馬步下淮陽就李安人〔一九〕。買與魏拒戰，手所傷殺無數。晨起手中忽有數升血，其日遂戰死。首見斬，猶尸據鞍奔還軍，然後僵。

盤龍子奉叔單馬率二百餘人陷陣，魏軍萬餘騎張左右翼圍之。一騎走還，報奉叔已没，盤龍方食，棄筯。馳馬奮矟，直奔魏陣，自稱「周公來」。魏人素畏盤龍驍名，莫不披靡。時奉叔已大殺魏軍，得出在外，盤龍不知，乃東西觸擊，魏軍莫敢當。奉叔見其父久不出，復躍馬入陣，父子兩騎縈攪數萬人，魏軍大敗。盤龍父子由是名播北國。形甚羸而臨軍勇果，諸將莫逮。

永明五年，爲大司馬〔一〇〕，加征虜將軍、濟陽太守。武帝數講武，嘗令盤龍領馬軍，校騎騁稍。後以疾，爲光祿大夫。

尋出爲兗州刺史，進爵爲侯。角城戍將張蒲與魏潛通，因大霧乘船入清中採樵，載魏人直向城東門，坐爲有司所奏，詔白衣領職。八坐尋奏復位，加領東平太守。盤龍表年老才弱，不可鎮邊，求解職，見許。

還爲散騎常侍、光祿大夫。武帝戲之：「卿著貂蟬，何如兜鍪？」盤龍曰：「此貂蟬從兜鍪中生耳。」尋病卒，年七十九。

子奉叔，勇力絶人，少隨盤龍征討，所在暴掠。爲東宮直閤將軍。鬱林在西州，奉叔密得自進，及即位，與直閤將軍曹道剛爲心膂。奉叔善騎馬，帝從其學騎，尤見親寵，得入內，無所忌憚。陵轢朝士，就司空王敬則換米二百斛，敬則以百斛與之，不受。敬則大懼，乃更餉二百斛并金鉿等物。敬則有一內妓，帝令奉叔求。奉叔不通逕前，從者執單刀皆半拔，敬則跣走入內。既而自計不免，乃出，遥呼奉叔曰：「弟那忽能顧？」奉叔宣旨求妓意，乃得釋。與綦母珍、曹道剛、朱隆之共相脣齒，煽弄威權。奉叔常翼單刀二十口，出入禁闈，既無别詔，門衛莫敢訶。每語人云：「周郎刀不識君。」求武帝御角及輿，并求御仗以給左右。事無不從。又求黄門郎，明帝作輔，固執不能得，乃令蕭諶、蕭坦之説帝出奉叔爲外鎮，樹腹心。又説奉叔以方伯之重，奉叔納其言。隆昌元年，出爲青、冀二州刺史。奉叔就帝求千户侯，帝許之。明帝以爲不可。忽謂蕭諶曰〔二〕：「若不能見與千户侯，不復應減五百户；不爾，周郎當就刀頭取辦耳。」既而封曲江縣男，奉叔大怒，於衆中攘刀，厲目切齒。明帝説諭乃受。及將之鎮，明帝慮其不可復制，因其早入，引往後堂，執送廷尉盡之。

王廣之字士林，一字林之，沛郡相人也。少好弓馬，便捷有勇力。初爲馬隊主，隨劉勔征殷琰。兵既盛而合肥戍又阻兵爲寇〔三〕。勔宣令軍中求征合肥者，以大郡賞之。廣之曰：「若得將軍所乘馬，判能制之。」勔幢主皇甫肅謂勔曰：「廣之敢奪節下馬，可斬。」勔曰：「觀其意必能立功。」即推鞍下馬與之。及行，合肥果拔，勔大賞之，即擢爲軍主。廣之於勔前謂肅曰：「節下若從卿言，非唯斬壯士，亦自無以平賊。卿不賞才乃至此邪！」廣之由此知名。初封蒲圻子。肅有學術，善舉止，廣之亦雅相推慕。勔亡後，肅更依廣之，廣之盛相賞接，啓武帝以爲東海太守，不念舊惡如此。

廣之後以征伐功，位給事中、冠軍將軍，改封寧都縣子。齊高帝廢蒼梧，出廣之爲徐州刺史、鍾離太守。沈攸之事起，廣之留都下，豫平石頭，仍從高帝頓新亭。高帝誅黄回，回弟駟及從弟馬、兄子奴亡逸。高帝與廣之書曰：「黄回雖有微勳，而罪過轉不可容。近遂啓請御大小二輿爲刺史服飾，吾乃不惜爲其啓聞，政恐得輿復求畫輪車。此外罪不可勝數，弟自悉之。今啓依法。」令廣之於江西搜捕駟等。

建元元年，進爵爲侯。武帝即位，累遷右衛將軍，散騎常侍，前軍將軍。延興元年，爲豫州刺史，豫廢鬱林。後拜鎮南將軍、江州刺史，進應城縣公。建武中，位侍中、鎮軍將軍，給扶。後卒，贈車騎將軍，謚壯公[三]。

子珍國字德重，仕齊爲南譙太守，有能名。時郡境苦飢，乃發米散財以振窮乏。高帝手敕云：「卿愛人活國，甚副吾意。」

永明初，遷桂陽内史，討捕賊盜，境内肅清。罷任還都，路經江州，刺史柳世隆臨渚餞別，見珍國還裝輕素，歎曰：「此真良二千石也。」還爲大司馬中兵參軍。武帝雅相知賞，謂其父廣之曰：「珍國應堪大用，卿可謂老蚌也。」廣之曰：「臣不敢辭。」帝大笑。帝每歎曰：「晚代將家子弟如珍國者少矣。」累遷游擊將軍，父憂去職。

建武末，魏軍圍司州，明帝使徐州刺史裴叔業攻拔渦陽，以爲聲援，起珍國爲輔國將軍助焉。魏將楊大眼大衆奄至，叔業懼，棄軍走。珍國率其衆殿，故不至大敗。及會稽太守王敬則反，珍國又率衆拒之。永元中，爲北徐州刺史，將軍如故。

梁武起兵，東昏召珍國以衆還都，使出屯朱雀門，爲王茂所敗。乃入城，密遣郄纂奉明鏡獻誠於梁武帝，帝斷金以報之。時侍中、衞尉張稷都督衆軍，珍國潛結稷腹心張齊要稷，稷許之。十二月丙寅旦，珍國引稷於衞尉府勒兵入自雲龍門，殺東昏於内殿，與稷會尚書僕射王亮等於西鍾下，使國子博士范雲等奉東昏首歸梁武。

後因侍宴，帝曰：「卿明鏡尚存，昔金何在？」珍國曰：「黄金謹在臣肘，不敢失墜。」歷位左衞將軍，加散騎常侍，封灄陽侯。遷都官尚書。初，珍國自以廢殺東昏，意望台鼎。先是出爲梁、秦二州刺史，心常鬱怏，酒後於坐啓云：「臣近入梁山便哭。」帝大驚曰：「卿若哭東昏則已晚，若哭我，我復未死。」珍國起拜謝，竟不答，坐即散，因此疎退，久方有此進。

天監五年〔二四〕，魏任城王澄攻鍾離，帝遣珍國爲援，因問討賊方略。對曰：「臣常患魏衆少，不苦其多。」武帝壯其言，乃假節與衆軍同赴。魏軍退，班師。又出爲南秦、梁二州刺史，會梁州長史夏侯道遷以州降魏，珍國步道出魏興，將襲之，不果，遂留鎮焉。改封宜陽縣侯，累遷丹陽尹。卒，贈車騎將軍，謚曰威。子僧度嗣。

張齊字子響〔二五〕，馮翊郡人。少有膽氣。初事荆州司馬垣歷生，歷生酗酒，遇下嚴酷，不禮之。及吴郡張稷爲荆府司馬，齊復從之，甚見重，以爲腹心。齊盡心事稷，稷爲南兗州，擢爲府中兵參軍。

梁武帝起兵，東昏徵稷歸，都督宫城諸軍事。齊夜引珍國就稷，齊手自執燭定謀。明旦與稷、珍國即東昏於殿内，齊手殺焉。武帝受禪，封齊安昌侯，位歷陽太守。齊手不知書，目不識字，在郡清整，吏事甚脩。

天監四年，魏將王足攻蜀，圍巴西，帝以齊爲輔國將軍救蜀，未至，足退。齊進戍南安，遷巴郡太守〔二六〕。

初，南鄭没于魏，乃於益州西置南梁州。州鎮草創，皆仰益州取足。齊上夷獠義租，得米二十萬斛。

十一年，進假節，督益州外水諸軍。齊在益部累年，討擊蠻獠，身無寧歲。其居軍中，能身親勞辱，與士卒同勤苦，自頓舍城壘〔二七〕，皆委曲得其便。調給衣糧資用，人無困乏。既爲物情所歸，蠻獠亦不敢犯，是以威名行於庸蜀。

巴西郡居益州之半，又當東道衝要，刺史經過，軍府遠涉多窮匱。齊緣路聚糧食，種蔬菜，行者皆取給焉。歷南梁州刺史。遷信武將軍、征西鄱陽王司馬、新興永寧二郡太守，未發卒，謚曰壯。

論曰：宋氏將季，亂離日兆，家懷逐鹿，人有異圖。高帝觀釁深視，將符興運。李安人、戴僧靜、桓康、焦度、曹武、吕安國、周山圖、周盤龍、王廣之等，或早見誠款，或備盡心力，或受委方面，或功成麾下，其所以自致榮寵，夫豈徒然，蓋亦驗人心之有歸，樂推之非妄也。語云：「勇而無禮則亂。」觀夫奉叔取進之道，不亦幾於亂乎。其致屠戮，亦其宜矣。珍國明鏡雖在，而斷金莫驗，報罵之義，理則宜然，台輔之冀，其何爽也。張齊人位本下，志望易充，績宣所莅，其殆優也。

校勘記

〔一〕祖嶷衛軍將軍　「衛軍將軍」，南齊書卷二七李安民傳作「衛軍參軍」。按「衛軍參軍」即衛將軍府參軍，劉宋無衞軍將軍。

〔二〕城局參軍王回素爲安人所親　「王回」，南齊書卷二七李安民傳作「王迴」，御覽卷二九六引蕭子顯齊書、卷八一七引宋書、册府卷四〇一作「王迴」。

〔三〕遷尚書左僕射　「左僕射」，本書卷四齊本紀上、通鑑卷一三六齊紀二永明二年作「右僕射」。按是時尚書右僕射柳世隆進爲左僕射，李安民則繼柳世隆爲右僕射，此蓋形似而訛。

〔四〕封吴平縣侯　「吴平縣侯」，南齊書卷三〇桓康傳、建康實録卷一五、册府卷三四四、通志卷一三七並作「吴平縣伯」。

〔五〕焦度字文績　「文績」，南齊書卷三〇焦度傳、册府卷七二七作「文續」。

〔六〕青州刺史顔師伯出鎮滑臺度領幢主送之　「滑臺」，南齊書卷三〇焦度傳作「臺差」。按青州不當治滑臺，顔師伯亦無出鎮滑臺事，疑南史訛。

〔七〕景文以爲己鎮南參軍領中軍直兵　「中軍直兵」，南齊書卷三〇焦度傳、册府卷四二一、卷六九二、卷七二七作「中直兵」。

〔八〕乃除淮陵太守　「淮陵」，原作「淮陽」，據南齊書卷三〇焦度傳改。按南齊書卷一四州郡志上，南徐州領郡有「淮陵」，無「淮陽」。

〔九〕武領軍屯青溪大橋　「大橋」，南齊書卷三〇曹虎傳作「中橋」。按建康實録卷二注，青溪大橋在中橋之南。

〔一〇〕致見錢七千萬　「七千萬」，南齊書卷三〇曹虎傳、册府卷九三六作「五千萬」。

〔一一〕我兒飢寒無衣　「衣」，册府卷八四三明本、卷八九三作「依」。

〔一二〕末遂封侯富顯　「末」，原作「未」，據北監本、殿本及通志卷一三七改。

〔一三〕山圖領二千人迎運至武原　「運」，御覽卷四三五引齊書、册府卷三九二、卷三九五作「軍」，疑是。

〔一四〕高帝謂曰周公前言可謂明於見事矣　「高帝」，南齊書卷二九周山圖傳、册府卷三四四、卷四二八作「世祖」。按上載「武帝爲西討都督」，「山圖爲軍副」隨其出征，則此「謂」於山圖者當爲世祖武帝而非高帝。

〔一五〕封晉興縣男　「晉興」，南齊書卷二九周山圖傳、册府卷三四四宋本作「廣晉」。

〔一六〕改封沌陽侯　「沌陽侯」，南齊書卷二九周盤龍傳作「沌陽縣」。按宋書卷七四沈攸之傳作「沌陽縣開國子」。按後文云「尋出爲兗州刺史，進爵爲侯」，疑此處當從南齊書。

〔一七〕建元元年魏攻壽春　「元年」，南齊書卷二九周盤龍傳、建康實録卷一五、御覽卷五六七引南史、册府卷三五一作「二年」。按南齊書卷二高帝紀下：建元二年二月，「虜寇壽陽，豫州刺史垣崇祖破走之」。此應以「二年」爲是。

〔一八〕送金釵以二十枚與其愛妾杜氏　南齊書卷二九周盤龍傳、建康實録卷一五、御覽卷七一八引齊書、通志卷一三七無「以」字。

〔一九〕敕盤龍率馬步下淮陽就李安人　「淮陽」，南齊書卷二九周盤龍傳、册府卷四二五、通志卷一三七、南史詳節卷一五作「淮陰」。按淮陽、角城在淮水北，淮陰在淮水南。時魏軍攻淮陽，圍角城，而李安民大軍則在淮陰。

〔二〇〕爲大司馬　按錢大昕考異卷三六：「此時豫章王嶷爲大司馬，盤龍何以得代之，蓋爲嶷府之僚佐，史脱其文耳。」

〔二一〕忽謂蕭諶曰　按王懋竑記疑：「『忽』字上當有『奉叔』二字。」

〔二二〕隨劉勔征殷琰兵既盛而合肥戍又阻兵爲寇　通志卷一三七疊「琰」字。按王懋竑記疑：「『兵』上疑有『琰』字。」

〔二三〕贈車騎將軍謚壯公　「壯公」，南齊書卷二九王廣之傳作「莊公」。

〔二四〕天監五年　「五年」，汲本作「二年」。按通鑑卷一四五梁紀一，天監二年三月北魏任城王澄遣將寇梁，次年二月攻鍾離。所記與此不同。

〔二五〕張齊字子嚮　「子嚮」，梁書卷一七張齊傳作「子響」。

〔二六〕齊進戍南安遷巴郡太守　「巴郡」，梁書卷一七張齊傳、册府卷六九四作「巴西」。

〔二七〕自頓舍城壘　「自」字下，梁書卷一七張齊傳、册府卷三九二、卷四三一有「晝」字。

南史卷四十七

列傳第三十七

荀伯玉 崔祖思 祖思叔父景真 景真子元祖 祖思宗人文仲 蘇侃 虞悰 胡諧之 范柏年 虞玩之 劉休 江祏 劉暄

荀伯玉字弄璋，廣陵人也。祖永，南譙太守。父闡之，給事中。伯玉仕宋爲晉安王子勛鎮軍行參軍。泰始初，隨子勛舉事。及事敗還都，賣卜自業。

齊高帝鎮淮陰，伯玉爲高帝冠軍刑獄參軍。高帝爲宋明帝所疑，被徵爲黄門郎，深懷憂慮，見平澤有羣鶴，仍命筆詠之曰：「八風儛遥翮，九野弄清音。一摧雲間志，爲君苑中禽。」以示伯玉深指，伯玉勸高帝遣數十騎入魏界，安置標榜。魏果遣游騎數百履行界上，高帝以聞。猶懼不得留，令伯玉占。伯玉言不成行，而帝卒復本任。由是見親待。高帝有故吏東莞竺景秀嘗以過繫作部，高帝謂伯玉：「卿比看景秀不？」答曰：「數往候之，備加責誚，云『若許某自新，必吞刀刮腸，飲灰洗胃』。」帝善其答，即釋之，卒爲忠信士。

後隨高帝還都，除奉朝請。高帝使主家事。武帝罷廣興還，立別宅，遣人於大宅掘樹數株，伯玉不與，馳以聞。高帝善之。

高帝爲南兖州，伯玉從轉鎮軍中兵參軍，帶廣陵令。初，高帝在淮陰，伯玉假還廣陵，夢上廣陵城南樓，上有二青衣小兒語伯玉云：「草中肅，九五相追逐。」伯玉視城下人頭皆有草。泰始七年，又夢高帝乘船在廣陵北渚，兩腋下有翅不舒。伯玉問何當舒，帝曰：「却後三年。」伯玉夢中自謂是呪師，凡六唾呪之，有六龍出，兩腋下翅皆舒，還復斂。元徽二年，而高帝破桂陽，威名大震，五年而廢蒼梧，謂伯玉曰：「卿夢今且効矣〔一〕。」

昇明初〔二〕，仍爲高帝驃騎中兵參軍，帶濟陽太守。霸業既建，伯玉忠勤盡心，常衞左右，加前將軍，大見委信。齊建元元年，封南豐縣子，爲豫章王司空諮議，太守如故。

時武帝在東宮，自以年長，與高帝同創大業，朝事大小悉皆專斷，多違制度。左右張景真偏見任遇，又多僭侈。武帝拜陵還，景真白服乘畫舴艋，坐胡牀。觀者咸疑是太子，內外祇畏，莫敢有言者。驍騎將軍陳胤叔先已陳景真及太子前後得失，伯玉因武帝拜陵之後，密啓之，上大怒。豫章王嶷素有寵，政以武帝長嫡，又南郡王兄弟並列，故武帝爲太子，至是有改易之意。武帝東還，遣文惠太子、聞喜公子良宣敕詰責〔三〕，并示以景真罪狀，使以太子令收景真殺之。胤叔因白武帝，皆言伯玉以聞。武帝憂懼，稱疾月餘日。上怒不解，晝卧太陽殿，王敬則直入叩頭，啓請往東宮以慰太子。高帝無言，敬則因大聲宣旨往東宮，命裝束。又敕太官設饌，密遣人報武帝，令奉迎。因呼左右索輿，高帝了無動意。敬則索衣以衣高帝，仍牽上輿。遂幸東宮，召諸王宴飲，因游玄圃園。長沙王晃捉華蓋，臨川王映執雉尾扇，聞喜公子良持酒鎗，南郡王行酒，武帝與豫章王嶷及敬則自捧肴饌。高帝大飲，賜武帝以下酒，並大醉盡歡，日暮乃去。是日微敬則，則東宮殆廢。

高帝重伯玉盡心，愈見信，使掌軍國密事，權動朝右。每暫休外，軒蓋填門。嘗遭母憂，成服日，左率蕭景先、侍中王晏共載弔之。五更使巾車〔四〕，未到伯玉宅二里許，王侯朝士已盈巷，至下鼓尚未得前，司徒褚彦回、衛軍王儉俱進繼後方得前，又倚聽事久之。中詔遣中書舍人徐希秀斷哭止客，久方得弔。比出，二人飢乏，氣息惙然，切齒形于聲貌。明日入宫，言便云：「臣等所見二宫門及齋閤方荀伯玉宅，政可設雀羅。」續復言：「外論云，千敕萬令，不如荀公一命。」

武帝深怨伯玉，高帝臨崩，指伯玉以屬武帝。武帝即位〔五〕，伯玉憂懼。上聞之，以其與垣崇祖善，崇祖田業在江西，慮相扇爲亂，加意撫之，伯玉乃安。永明元年，與崇祖並見誣伏誅，而胤叔爲太子左率。呂文顯歎曰：「伯玉能謀太祖而不能自謀，豈非天哉。」

初，伯玉微時，有善相墓者謂其父曰：「君墓當出暴貴者，但不得久耳；又出失行女子。」伯玉聞之曰：「朝聞道，夕死可矣。」頃之，伯玉姊當嫁，明日應行，今夕逃隨人去，家尋求不能得。後遂出家爲尼。伯玉卒敗亡。

崔祖思字敬元，清河東武城人，魏中尉琰七世孫也。祖諲，宋冀州刺史。父僧護，州秀才。

祖思少有志氣，好讀書。年十八，爲都昌令，隨青州刺史垣護之入堯廟，廟有蘇侯神偶坐。護之曰：「唐堯聖人而與蘇侯神共坐，今欲正之何如？」祖思曰：「使君若清蕩此坐，則是堯廟重去四凶。」由是諸雜神並除。

齊高帝在淮陰，祖思聞風自結，爲上輔國主簿，甚見親待，參豫謀議。宋朝初議封高帝爲梁公，祖思啓高帝曰：「讖云『金刀利刃齊刈之』。今宜稱齊，實應天命。」從之。自相國從事中郎遷齊國內史。

高帝既爲齊王，置酒爲樂，羹膾既至，祖思曰：「此味故爲南北所推。」侍中沈文季曰：「羹膾吴食，非祖思所解。」祖思曰：「炰鼈鱠鯉，似非句吴之詩。」文季曰：「千里蓴羹，豈關魯、衞。」帝甚悦，曰：「蓴羹故應還沈。」

帝之輔政，衆議將加九錫，内外皆贊成之，祖思獨曰：「公以仁恕匡社稷，執股肱之義。君子愛人以德，不宜如此。」帝聞而非之，曰：「祖思遠同荀令，豈孤所望也。」由此不復處任職之官，而禮見甚重。垣崇祖受密旨參訪朝臣，光禄大夫垣閎曰：「身受宋氏厚恩，復蒙明公眷接，進不敢同，退不敢異。」祖思又曰：「公退讓誠節，故宜受之以禮。」次問冠軍將軍崔文仲，文仲問崇祖曰：「卿意云何？」對曰：「聖人云『知幾其神』。又云『見幾而作』。」文仲撫髀曰：「政與吾意同。」崇祖具説之。及帝受禪，閎存故爵，文仲、崇祖皆封侯，祖思加官而已。除給事中、黄門侍郎〔六〕。

武帝即位〔七〕，祖思啓陳政事，以爲：「自古開物成務，必以教學爲先。宜太廟之南，弘脩文序，司農以北，廣開武校。」又曰：「劉備取帳構銅鑄錢，以充國用；魏武遣女皁帳，婢十人；東阿婦以繡衣賜死；王景興以折米見誚；宋武節儉過人，張妃房唯碧綃蚊幬、三齊苮席、五盞盤桃花米飯，殷仲文勸令畜伎，答云：『我不解聲。』仲文曰：『但畜自解。』又答：『畏解故不畜。』歷觀帝王，未嘗不以約素興侈麗亡也。伏惟陛下體唐成儉，踵虞爲樸，寢殿則素木皁構，膳器則陶瓢充御。瓊簪玉笏，碎以爲塵；珍裘繡服，焚之如草。宜察朝士有柴車蓬館，高以殊等，馳禽荒色，長違清編，則調風變俗，不俟終日。」又曰：「憲律之重，由來尚矣。寔宜清置廷尉，茂簡三官。漢來習律有家，子孫並傳其業。今廷尉律生，乃令史門户，刑之不脣，抑此之由。」又曰：「案前漢編户千萬，太樂伶官方八百二十九人，孔光等奏罷不合經法者四百四十一人，正樂定員唯置三百八十八人。今户口不能百萬，而太樂雅鄭，元徽時校試千有餘人，後堂雜伎不在其數。糜費力役，傷敗風俗。今欲撥邪歸道，莫若罷雜伎，王庭唯置鍾簴羽戚登歌而已。」上詔報答。

後爲青、冀二州刺史，在政清勤，而謙卑下士，言議未嘗及時事，上更以敬重之。未幾卒，上深加歎惜。

祖思叔父景真，位平昌太守，有惠政，常懸一蒲鞭而未嘗用。去任之日，土人思之，爲立祠。

子元祖有學行，好屬文，仕至射聲校尉。武帝取爲延昌主帥。從駕至何美人墓，上爲悼亡詩，特詔元祖使和，稱以爲善。

永明九年，魏使李道固及蔣少游至。元祖言臣甥少游有班、倕之功，今來必令模寫宫掖，未可令反。上不從。少游果圖畫而歸。

元祖歷位驍騎將軍，出爲東海太守。上每思之，時節恒賜手敕，賞賜有加。時青州刺史張沖啓：「淮北頻歲不熟，今秋始稔。此境鄰接戎寇，彌須沃實，乞權斷穀過淮南。」而徐、兗、豫、司諸州又各私斷穀米，不聽出境，自是江北荒儉，有流亡之弊。元祖乃上書，謂宜豐儉均之。書奏見從。

祖思宗人文仲，位徐州刺史，封建陽縣子，在政爲百姓所懼。除黄門侍郎，領越騎校尉，徙封隨縣。嘗獻高帝纏鬚繩一枚，上納受。後卒於汝陰太守，贈徐州刺史，謚襄子。

蘇侃字休烈，武邑人也。祖護，本郡太守。父端，州中從事。侃涉獵書傳，薛安都反，引侃爲其府參軍，使掌書記。侃自拔南歸，齊高帝在淮上，便自委結。高帝鎮淮陰，取爲冠軍録事參軍。

時高帝在兵久見疑，乃作塞客吟以喻志曰：

寶緯紊宗，神經淡序〔八〕。德晦河、晋，曆宣江、楚〔九〕。雲雷兆壯，天山繇武。直髮指秦關，凝精越漢渚。秋風起，塞草衰。鵰鴻思，邊馬悲。平原千里顧，但見轉蓬飛。星嚴海淨，月澈河明。清暉映幕，素液凝庭。金笳夜厲，羽轄晨征。斡晴潭而悵泗〔一〇〕，柑松洲而悼情。蘭涵風而寫豔，菊籠泉而散英。曲繞首燕之歎，吹軫絶越之聲。欷園琴之孤弄，想庭藿之餘馨。青關望斷，白日西斜。恬源靚霧，壟首暉霞。戒旋鷁，躍還波〔一一〕。情緜緜而方遠，思裛裛而遂多。粤擊秦中之筑，因爲塞上之歌。歌曰：朝發兮江泉，日夕兮陵山。驚飆兮瀄汨，淮流兮潺湲。胡埃兮雲聚，楚斾兮星懸。愁墉兮思宇，惻愴兮何言。定寰中之逸鑒，審雕陵之迷泉。悟樊籠之或累，悵遐心以栖玄。

侃達高帝此旨，更自勤厲，遂見委付事〔一二〕，深被知待。桂陽之難，帝以侃爲平南録事，領軍主，從頓新亭，使分金銀賦賜將士。後爲帝太尉諮議。侃事高帝既久，備悉起居，乃與丘巨源撰蕭太尉記，載帝征伐之功。封新建縣侯。

齊臺建，爲黄門郎，領射聲校尉，任以心膂。帝即位，侃撰聖皇瑞命記一卷，奏之。建元元年卒，上惜之甚至，謚質侯。

虞悰字景豫，會稽餘姚人也。祖嘯父，晉左户尚書。父秀之，黄門郎。

悰少以孝聞，父病不欲見人，雖子弟亦不得前，時悰年十二三，晝夜伏户外問内豎消息。問未知，轉嗚咽流涕，如此者百餘日。及亡，終喪日唯食麥餅二枚。仕宋位黄門郎。宋明帝誅山陽王休祐，至葬日，寒雪厚三尺，故人無至者，唯悰一人來赴。

初，齊武帝始從宦，家尚貧薄，悰數相分遺。每行必呼帝同載，帝甚德之。齊建元初，爲太子中庶子，累遷豫章内史。

悰家富於財而善爲滋味，豫章王嶷盛饌享賓，謂悰曰：「肴羞有所遺不？」悰曰：「何曾食疏有黄頷臛，恨無之。」累遷太子右率。永明八年大水，百官戎服救太廟，悰朱衣乘車鹵簿，於宣陽門外入行馬内驅逐人，被奏見原。上以悰布衣之舊，從容謂悰曰：「我當令卿復祖業。」轉侍中，朝廷咸驚其美〔一三〕。遷祠部尚書。武帝幸芳林園就悰求味，悰獻糲及雜肴數十輿，太官鼎味不及也。上就悰求諸飲食方，悰祕不出。上醉後體不快，悰乃獻醒酒鯖鮓一方而已。

鬱林王立，兼大匠卿，起休安陵，於陵所受局下牛酒，坐免官。隆昌元年，以白衣領職。鬱林廢，悰竊歎曰：「王、徐遂縛袴廢天子，天下豈有此理耶？」延興元年，領右軍。明帝立，悰稱疾不陪位。帝使尚書令王晏齎廢立事示悰，以悰舊人，引參佐命。悰謂晏曰：「主上聖明，公卿戮力，寧假朽老以匡贊惟新乎，不敢聞命。」因慟不自勝。朝議欲糾之，僕射徐孝嗣曰：「此亦古之遺直。」衆議乃止。

悰稱疾篤還東，詔賜假百日。轉給事中、光禄大夫，尋加正員常侍，卒。悰性敦實，與人知識，必相存訪，親疎皆有終始，世以此稱之。

胡諧之，豫章南昌人也。祖廉之，書侍御史。父翼之，州辟不就。

諧之仕宋爲邵陵王左軍諮議。齊武帝爲江州，以諧之爲别駕，委以事任。

建元二年，爲給事中、驍騎將軍。上方欲奬以貴族盛姻，以諧之家人語傒音不正，乃遣宫内四五人往諧之家教子女語。二年後，帝問曰：「卿家人語音已正未？」諧之答曰：「宫人少，臣家人多，非唯不能得正音，遂使宫人頓成傒語。」帝大笑，徧向朝臣説之。

永明五年，爲左衞將軍，加給事中。諧之風采瓌潤，善自居處，兼以舊恩見遇，朝士多與交游。六年，遷都官尚書。上欲遷諧之，嘗從容謂曰：「江州有幾侍中邪？」答曰：「近世唯程道惠一人而已。」上曰：「當令有二。」後以語尚書令王儉，儉意更異，乃以爲太子中庶子，領左衞率。

諧之有識具，每朝廷官缺及應遷代，密量上所用人，皆如其言。虞悰以此稱服之。既居權要，多所徵求。就梁州刺史范柏年求佳馬，柏年患之，謂使曰：「馬非狗子，那可得爲應無極之求。」接使人薄，使人致恨歸，謂諧之曰：「柏年云，胡諧是何傒狗，無厭之求。」諧之切齒致忿。時王玄邈代柏年，柏年稱疾推遷不時還。諧之言於帝曰：「柏年恃其山川險固，聚衆欲擅一州。」及柏年下，帝欲不問，諧之又言：「見獸格得而放上山。」於是賜死。

十年，諧之轉度支尚書，領衞尉。明年卒，謚肅侯。

柏年本梓潼人，土斷屬梁州華陽郡。初爲州將，劉亮使出都諮事，見宋明帝。帝言次及廣州貪泉，因問柏年：「卿州復有此水不？」答曰：「梁州唯有文川、武鄉，廉泉、讓水。」又問：「卿宅在何處？」曰：「臣所居廉讓之間。」帝嗟其善答，因見知。歷位内外，終於梁州刺史。

虞玩之字茂瑤，會稽餘姚人也。祖宗，晉尚書庫部郎。父玫，通直常侍。玩之少閑刀筆，汎涉書史。仕宋爲烏程令。路太后外親朱仁彌犯罪，玩之依法案之。太后怨訴孝武，坐免官。

元徽中，爲尚書右丞。齊高帝參政，與玩之書曰：「張華爲度支尚書，事不徒然。今漕藏有闕，吾賢居右丞，已覺金粟可積也。」玩之上表，陳府庫錢帛，器械役力，所懸轉多〔四〕，興用漸廣，慮不支歲月〔五〕。朝議優報之。高帝鎮東府，朝廷致敬，玩之爲少府，猶躡屐造席。高帝取屐親視之，訛黑斜鋭，蔑斷以芒接之。問曰：「卿此屐已幾載？」玩之曰：「初釋褐拜征北行佐買之，著已三十年，貧士竟不辦易。」高帝咨嗟，因賜以新屐。玩之不受。帝問其故，答曰：「今日之賜，恩華俱重，但蓍簪弊席，復不可遺，所以不敢當。」帝善之。拜驃騎諮議參軍〔六〕。霸府初開，賓客輻湊，高帝留意簡接。玩之與樂安任遐俱以應對有席上之美，齊名見遇。玩之遷黄門郎。

先時，宋世人籍欺巧，及高帝即位，敕玩之與驍騎將軍傅堅意檢定之〔七〕。建元二年，詔朝臣曰：「黄籍人之大綱，國之政端。自頃甿俗巧僞，乃至竊注爵位，盜易年月，增損三狀，貿襲萬端。或户存而文書已絶，或人在而反託死叛，停私而云隸役，身强而稱六疾。此皆政之巨蠹，教之深疵。若約之以刑，則人僞已遠，若綏之以德，則勝殘未易。諸賢並深明政體，各獻嘉謀。」玩之表言便宜，多見采納。於是朝廷乃别置校籍官，置令史，限人一日得數巧，以防懈怠。既連年不已，貨賄潛通，百姓怨望。

富陽人唐寓之僑居桐廬，父祖相傳圖墓爲業。寓之自云其家墓有王氣。山中得金印，轉相誑惑。永明二年冬，寓之聚黨，遂陷富陽。至錢唐僭號，置太子。賊遂據郡，又遣僞會稽太守孫泓取山陰。時會稽太守王敬則朝正，故寓之謂可乘虛而襲。泓至浦陽江，而郡丞張思祖遣浹口戍主楊休武拒戰，大破之。朝廷遣禁兵東討，至錢唐，一戰便散，禽斬寓之。進兵平諸郡縣，臺軍乘勝，百姓頗被强奪。軍還，上聞之，收軍主、前軍將軍陳天福棄市。天福善馬矟，爲諸將法，上寵將也。既伏誅，内外莫不震肅。

玩之以久宦衰疾，上表告退，許之。玩之於人物好臧否，宋末，王儉舉員外郎孔逷使魏，玩之言論不相饒，逷、儉並恨之。至是，玩之東歸，儉不出送，朝廷無祖餞者。中丞劉休與親知書曰：「虞公散髮海隅，同古人之美，而東都之送，殊不藹藹。」

玩之歸家數年卒，其後員外郎孔瑄就儉求會稽五官。儉方盥，投皁莢於地曰：「卿鄉俗惡，虞玩之至死煩人。」

劉休字弘明，沛郡相人也。初爲駙馬都尉，宋明帝居藩，休爲湘東國常侍，不爲帝所知。襲祖南鄉侯〔一八〕。友人陳郡謝儼同丞相義宣反，休坐匿之，被繫尚方。孝武崩乃得出。

泰始初，諸州反，休素能筮，知明帝當勝，靜處不預異謀。休之繫尚方也，尚方令吴喜愛其才，後投吴喜，爲喜輔師府録事參軍。喜進之明帝，得在左右，板桂陽王征北參軍。帝頗有好尚，尤嗜飲食。休多藝能，爰至鼎味，莫不閑解，遂見親賞，長直殿内。後宫孕者，帝使筮其男女，無不如占。帝憎婦人妬，尚書右丞勞彦遠以善棊見親〔一九〕，婦妬傷其面，帝曰：「我爲卿斷之，何如？」彦遠率爾從旨。其夕，遂賜藥殺其妻。休妻王氏亦妬，帝聞之，賜休妾，敕與王氏二十杖。令休於宅後開小店，使王氏親賣皁莢掃箒，以此辱之。其見親如此。

尋除員外郎，領輔國司馬，中書通事舍人，帶南城令。後爲都水使者，南康相。善談政體，而在郡無異績。齊建元初，爲御史中丞。頃之啓言：「宋世載祀六十，歷斯任者五十有三，校其年月，不過盈歲。於臣叨濫，宜請骸骨。」四年，出爲豫章内史，卒。

宋末，造指南車，高帝以休有思理，使與王僧虔對共監試。又元嘉中，羊欣重王子敬正隸書，世共宗之，右軍之體微輕，不復見貴。及休始好右軍法，因此大行云。

江祏字弘業，濟陽考城人也。祖遵，寧朔參軍。父德驎〔二〇〕，司徒右長史。

祏姑爲齊高帝兄始安貞王道生妃，追謚景皇后，生齊明帝。祏少爲明帝所親，恩如兄弟。明帝爲吳興，以祏爲郡丞。後除通直郎，補南徐州別駕。明帝輔政，委以腹心，引爲驃騎諮議參軍，領南平昌太守。

時新立海陵，人情未服，祏每説明帝以君臣大節，明帝轉顧而不言。明帝髀上有赤誌，常祕不傳，既而祏勸帝出以示人。晉壽太守王洪範罷任還，上袒示之曰：「人皆謂此是日月相，卿幸無泄之。」洪範曰：「公日月在軀，如何可隱？轉當言之公卿。」上大悦。會直後張伯、尹瓚等屢謀竊發，祏憂虞無計，每夕輒託事外出。及明帝入纂議定，加祏寧朔將軍。

明帝爲宣城王，太史密奏圖緯云：「一號當得十四年。」祏入，帝喜以示祏曰：「得此復何所望。」及即位，遷守衞尉，安陸縣侯。祏祖遵以后父贈金紫光禄大夫，父德驎以帝舅亦贈光禄。

建武二年，遷左衞將軍[一二]，掌甲仗廉察。四年，轉太子詹事。祏以外戚親要，權冠當時。魏軍南伐，明帝欲以劉暄爲雍州。暄時方希內職，不願遠役，投於祏。祏謂明帝曰：「昔人相暄得一州便躓，今爲雍州，儻相中乎。」上默然。俄召梁武帝謂曰：「今使卿爲雍州，閫外一以相委。」祏既見任，遂遠致餉遺，或取諸王名書好物，然家行甚睦，待子姪有恩。

永泰元年，明帝寢疾，轉祏侍中、中書令，出入殿省。及崩，遺詔轉尚書右僕射〔二三〕，祏弟衞尉祀爲侍中，皇后弟劉暄爲衞尉，與始安王遥光、徐孝嗣、蕭坦之等輔政。誡東昏曰：「五年中汝勿厝意，過此自覽，勿復委人。」及即位，祏參掌選事。明帝雖顧命羣臣，而意寄多在祏兄弟，至是更直殿内，動止關諮。

永元元年，領太子詹事，劉暄遷散騎常侍、右衞將軍。帝稍欲行意，徐孝嗣不能奪。蕭坦之雖時有異同，而祏堅意執制，帝深忌之。孝嗣謂祏曰：「主上稍有異同，詎可爲相乖反？」祏曰：「但以見付，必無所憂。」左右小人會稽茹法珍、吴興梅蟲兒、東海祝靈勇、東冶軍人俞靈韻、右衞軍人豐勇之等，並爲帝所委任。祏常裁折之，羣小切齒。

帝失德既彰，祏議欲立江夏王寶玄。劉暄初爲寶玄郢州行事，執事過刻。有人獻馬，寶玄欲看之，暄曰：「馬何用看。」妃索煮肫，帳下諮暄，暄曰：「旦已煮鵝，不煩復此。」寶玄恚曰：「舅殊無渭陽之情。」暄聞之亦不悦。至是不同祏議，欲立建安王寶夤。密謀於遥光，遥光自以年長，屬當鼎命，微旨動祏。祏弟祀以少主難保，勸祏立遥光。暄以遥光若立，己失元舅之望，不肯同。故祏遲疑久不決。遥光大怒，遣左右黄曇慶於青溪橋道中刺殺暄。曇慶見暄部伍人多，不敢發。事覺，暄告祏謀，帝處分收祏兄弟。祀時直在殿内，疑有異，遣信報祏曰：「劉暄似有謀，今作何計？」祏曰：「政當靜以鎮之。」俄而召祏入見，停中書省。先是，直齋袁文曠以王敬則勳當封，祏執不與。帝使文曠取祏，以刀環築其心，曰：「復能奪我封不？」祏、祀同日見殺。祏任寄雖重，而不忘財利，論者以此少之。

祏等既誅，帝恣意遊走，單騎奔馳，謂左右曰：「祏常禁吾騎馬，小子若在，吾豈能得此。」因問祏親親餘誰，答曰：「江祥今猶在冶。」乃於馬上作敕，賜祥死。

祀字景昌，位晉安王鎮北長史、南東海太守，行府州事。祀弟禧，早卒。有子廞字偉卿，年十二，聞收至，謂家人曰：「伯既如此，無心獨存。」赴井死。

劉暄字士穆，彭城人。及聞祏等戮，眠中大驚，投出户外。問左右：「收至未？」良久意定，還坐，大悲曰：「不念江，行自痛也。」

遥光事起，以討暄爲名。事平，暄遷領軍將軍，封平都縣侯。其年，茹法珍、梅蟲兒、徐世標譖暄有異志。帝曰：「領軍是我舅，豈應有此？」世標曰：「明帝是武帝同堂，恩遇如此，尚滅害都盡，舅復焉可信。」乃誅之。

暄爲人性軟弱，當軸居政，每事讓江祏〔二三〕，羣弟不得進官。死之日，皆怨之。

和帝中興元年，贈祏衞將軍，暄散騎常侍、撫軍將軍〔二四〕，並開府儀同三司，祀散騎常侍、太常卿。

論曰：「君老不事太子」，義烈之遺訓也，欲夫專心所奉，在節無二。伯玉始遵其事，旋及誅夷，有以驗「行之惟艱」，且知齊武之非弘量矣。高帝作牧淮、兗，將興霸業，崔、蘇睹微知著，自同奔走。虞悰笥餌之恩，諧之心腹之寄，並得攀光日月，亦各時運之所躋乎。玩之臧否之尤，著在懸車之日，是知嗣宗所誡，蓋亦遠有致乎。江祏立辟非時，竟蹈龍逢之血，「人之多僻」，蓋詩人所深懼也。

校勘記

〔一〕卿夢今且効矣　「且」，原作「旦」，據南齊書卷三一荀伯玉傳、册府卷八九三、通志卷一三八改。

〔二〕昇明初　「昇明」，原作「昇平」，據南齊書卷三一荀伯玉傳、通志卷一三八改。按宋無「昇平」年號，順帝改元徽五年爲昇明元年。

〔三〕遺文惠太子聞喜公子良宣敕詰責　「遺」字上，南齊書卷三一荀伯玉傳有「上」字，册府卷三七一有「帝」字，通志卷一三八則有「高帝」二字。

〔四〕五更使巾車　「使」，通志卷一三八作「便」。

〔五〕指伯玉以屬武帝武帝即位　原不疊「武帝」二字，據通志卷一三八補。

〔六〕除給事中黄門侍郎　南齊書卷二八崔祖思傳無「中」字。按册府卷五二九、通鑑卷一三五齊紀一建元元年亦載其時崔祖思爲「給事黄門郎」，即給事黄門侍郎。此「中」字疑衍。

〔七〕武帝即位　按南齊書卷二八崔祖思傳云「上初即位」，「上」指齊高帝。册府卷五二九繫崔祖思陳事於「太祖建元初」，通鑑卷一三五齊紀一繫於建元元年四月。此處蓋誤高帝爲武帝。

〔八〕賓緯紊宗神經淡序　「淡」，南齊書卷二八蘇侃傳作「越」。

〔九〕曆宣江楚　「曆」，南齊書卷二八蘇侃傳作「力」。

〔一〇〕斡晴潭而悵泗　「晴」，原作「精」，據南齊書卷二八蘇侃傳改。

〔一一〕躍還波　「還」，原作「遠」，據南監本及南齊書卷二八蘇侃傳改。

〔一二〕遂見委付事　「委付」，南齊書卷二八蘇侃傳、册府卷二〇〇、通志卷一三八作「委以府」。

〔一三〕朝廷咸驚其美　南齊書卷三七虞悰傳「美」字下有「拜」字。

〔一四〕所懸轉多　「所懸」，原作「州縣」，據宋書卷九後廢帝紀、南齊書卷三四虞玩之傳、册府卷四六七、卷四七一改。按「縣」「懸」古今字，「州」「所」形近而訛。

〔一五〕慮不支歲月　「歲」字原脱，據南齊書卷三四虞玩之傳、册府卷四六七、通志卷一三八補。

〔一六〕拜驃騎諮議參軍　「驃騎」，原作「驍騎」，據南齊書卷三四虞玩之傳、册府卷七二七、通志卷一三八改。按南齊書卷一高帝紀上，齊高帝其時爲驃騎將軍。驃騎將軍得開府置諮議參軍，而驍騎將軍則否。

〔一七〕敕玩之與驍騎將軍傅堅意檢定之　「驍騎」，原作「驃騎」，據南齊書卷三四虞玩之傳、册府卷四八六改。據南齊書卷二二豫章文獻王傳，豫章王蕭嶷時爲驃騎將軍。

〔一八〕襲祖南鄉侯　「祖」字下，南齊書卷三四劉休傳有「封」字，通志卷一三八有「爵」字。

〔一九〕尚書右丞勞彦遠以善基見親　「勞彦遠」，南齊書卷三四劉休傳作「榮彦遠」，通志卷一三八作「羅彦遠」。按「榮彦遠」僅見於南齊書，「勞彦遠」又見宋書卷七二文九王始安王休仁傳及本書卷七四孝義下陶子鏘傳。

〔二〇〕父德驎　「德驎」，南齊書卷四二江祏傳作「德隣」。

〔二一〕遷左衛將軍　「左衛將軍」，南齊書卷四二江祏傳作「右衛將軍」。

〔二二〕遺詔轉尚書右僕射　「右僕射」，原作「左僕射」，據南齊書卷四二江祏傳改。按南齊書卷六明帝紀載齊明帝遺詔，「江祏可右僕射」。梁書卷一武帝紀上、卷一六王亮傳均稱祏時爲「右僕射」。

〔二三〕每事讓江祏　「讓」，原作「護」，據南監本、北監本、汲本、殿本及通志卷一三八改。

〔二四〕暄散騎常侍撫軍將軍　「騎」，原作「驃」，據南監本、北監本、汲本、殿本及南齊書卷四二江祏傳附劉暄傳、通志卷一三八改。

南史卷四十八

列傳第三十八

陸澄　陸慧曉子倕　孫繕　兄子閑　閑子絳　絳兄厥　厥弟襄　襄兄子雲公　雲公子瓊　瓊子從典　瓊從父弟琰　琰弟瑜　瑜從兄玠　從弟琛　陸杲子罩

陸澄字彥深[一]，吳郡吳人也。祖劭，臨海太守[二]。父瑗，州從事。

澄少好學，博覽無所不知，行坐眠食，手不釋卷。宋泰始初，爲尚書殿中郎，議皇后諱班下應依舊稱姓。左丞徐爰案司馬孚議皇后，春秋逆王后于齊，並不言姓。澄以意立議，坐免官，白衣領職。郎官舊坐杖，有名無實，澄在官積前後罰凡至千數。後兼左丞。

泰始六年，詔皇太子朝服衮冕九章，澄與儀曹郎丘仲起議：「服冕以朝，實著經文，秦除六冕，漢明還備。魏、晉以來，不欲令臣下服衮冕，故位公者加侍官。今皇太子禮絶羣后，宜遵聖王盛典，革近代之制。」累遷御史中丞。

齊建元元年，驃騎諮議沈憲等家奴客爲劫，子弟被劾，憲等晏然。左丞任遐奏澄不糾，請免澄官。上表自理，言舊例無左丞糾中丞之義。詔外詳議。尚書令褚彦回檢宋以來左丞糾正而中丞不糾免官者甚衆，奏澄「謏聞膚見，貽撓後昆，上掩皇明，下籠朝議。請以見事免澄所居官」。詔澄以白衣領職。

永明元年，累遷度支尚書，尋領國子博士。尚書令王儉謂之曰：「昔曹志、繆悦爲此官，以君係之，始無慙德。」儉嘗問澄曰：「崇禮門有鼓而未嘗鳴，其義安在？」答曰：「江左草創，崇禮闥皆是茅茨，故設鼓，有火則扣以集衆，相傳至今。」又與儉書陳：「王弼注易，玄學之所宗。今若弘儒，鄭注不可廢。并言左氏杜學之長。穀梁舊有麋信，近益以范甯，不足兩立。世有一孝經，題爲鄭玄注，觀其用辭，不與注書相類。案玄自序所注衆書，亦無孝經。且爲小學之類，不宜列在帝典。」儉答曰：「易體微遠，實貫羣籍，豈可專據小王便爲該備，依舊存鄭，高同來説。元凱注傳，超邁前儒，穀梁小書，無俟兩注。存麋略范，率由舊式。凡此諸議，並同雅論。疑孝經非鄭所注，僕以此書明百行之首，實人倫所先，七略、藝文並陳之六藝，不與蒼頡、凡將之流也。鄭注虚實，前代不嫌，意謂可安，仍舊立置。」

儉自以博聞多識，讀書過澄。澄謂曰：「僕少來無事，唯以讀書爲業；且年位已高。令君少便鞅掌王務〔三〕，雖復一覽便諳，然見卷軸未必多僕。」儉集學士何憲等盛自商略，澄待儉語畢，然後談所遺漏數百千條〔四〕，皆儉所未覩。儉乃歎服。儉在尚書省出巾箱几案雜服飾，令學士隸事事多者與之，人人各得一兩物。澄後來，更出諸人所不知事，復各數條，并舊物奪將去。

轉散騎常侍，祕書監，吴郡中正，光禄大夫，加給事中，尋領國子祭酒。竟陵王子良得古器，小口方腹而底平，可容七八升〔五〕，以問澄。澄曰：「此名服匿，單于以與蘇武。」子良詳視器底有字，彷彿可識，如澄所言。

隆昌元年，以老疾，轉光禄大夫，加散騎常侍，未拜，卒，謚靖子。

澄當世稱爲碩學，讀易三年不解文義，欲撰宋書竟不成。王儉戲之曰：「陸公，書厨也。」家多墳籍，人所罕見，撰地理書及雜傳，死後乃出。

澄弟鮮，得罪宋世，當死。澄於路見舍人王道隆，叩頭流血，以此見原。揚州主簿顧測以兩奴就鮮質錢，鮮死，子暉誣爲買券〔六〕。澄爲中丞，測遂爲澄所抑，世以此少之。

陸慧曉字叔明，吴郡吴人，晉太尉玩之玄孫也。自玩至慧曉祖萬載，世爲侍中，皆有名行。慧曉伯父仲元，又爲侍中，時人方之金、張二族。父子真，仕宋爲海陵太守。時中書舍人秋當見幸，家在海陵，假還葬父，子真不與相聞。當請發人脩橋，又以妨農不許。彭城王義康聞而賞之。王僧達貴公子孫，以才傲物，爲吴郡太守，入昌門曰：「彼有人焉。顧琛一公兩掾，英英門户；陸子真五世内侍，我之流亞。」子真自臨海太守眼疾歸，爲中散大夫，卒。

慧曉清介正立，不雜交游，會稽内史同郡張緒稱之曰：「江東裴、樂也。」〔七〕初應州郡辟，舉秀才，歷諸府行參軍，以母老還家侍養，十餘年不仕。

齊高帝輔政，除爲尚書殿中郎。鄰族來相賀，慧曉舉酒曰：「陸慧曉年踰三十，婦父領選，始作尚書郎，卿輩乃復以爲慶邪？」

高帝表禁奢侈，慧曉撰答詔草，爲帝所賞，引爲太傅東閤祭酒。齊建元初，遷太子洗馬。廬江何點常稱「慧曉心如照鏡，遇形觸物，無不朗然。王思遠恒如懷冰，暑月亦有霜氣」。當時以爲實録。

慧曉與張融並宅，其間有池，池上有二株楊柳。點歎曰：「此池便是醴泉，此木便是交讓。」及武陵王曄守會稽，上爲精選僚吏，以慧曉爲征虜功曹，與府參軍沛國劉璡同從述職。璡清介士也，行至吴，謂人曰：「吾聞張融與慧曉並宅，其間有水，此必有異味。」故命駕往，酌而飲之。曰：「飲此水，則鄙吝之萌盡矣。」

何點薦慧曉於豫章王嶷，補司空掾，加以恩禮。累遷安西諮議、領冠軍録事參軍。

武帝第三子廬陵王子卿爲南豫州刺史，帝稱其小名，謂司徒竟陵王子良曰：「烏熊癡如熊，不得天下第一人爲行事，無以壓一州。」既而曰：「吾思得人矣。」乃使慧曉爲長史、行事。别帝，問曰：「卿何以輔持廬陵？」答曰：「靜以脩身，儉以養性。靜則人不擾，儉則人不煩。」上大悦〔八〕。

後爲司徒右長史。時陳郡謝朏爲左長史，府公竟陵王子良謂王融曰：「我府前世誰比？」融曰：「明公二上佐，天下英奇，古來少見其比。」子良西邸抄書，令慧曉參知其事。

尋遷西陽王征虜、巴陵王後軍、臨汝公輔國三府長史，行府州事。復爲西陽王左軍長史，領會稽郡丞，行郡事。隆昌元年，徙爲晉熙王冠軍長史、江夏内史，行郢州事。慧曉歷輔五政，立身清肅，僚佐以下造詣，必起送之。或謂慧曉曰：「長史貴重，不宜妄自謙屈。」答曰：「我性惡人無禮，不容不以禮處人。」未嘗卿士大夫，或問其故，慧曉曰：「貴人不可卿，而賤者乃可卿，人生何容立輕重於懷抱。」終身常呼人位。

建武初，除西中郎長史，行事、內史如故。俄徵黄門郎，未拜，遷吏部郎。尚書令王晏選門生補內外要局，慧曉爲用數人而止。晏恨之。送女妓一人，欲與申好，慧曉不納。吏曹都令史歷政來諮執選事〔九〕，慧曉任己獨行，未嘗與語。帝遣主書單景儁謂曰：「都令史諳悉舊貫，可共參懷。」慧曉謂景儁曰：「六十之年，不復能諮都令史爲吏部郎也。上若謂身不堪，便當拂衣而退。」帝甚憚之。後欲用爲侍中，以形短小乃止。

出爲晉安王鎮北司馬、征北長史、東海太守，行府州事。入爲五兵尚書，行揚州事。崔慧景事平，領右軍將軍。出監南徐州。朝議又欲以爲侍中，王亮曰：「濟、河須人，今且就朝廷借之，以鎮南兗州。」王瑩、王志皆曰：「侍中彌須英華，方鎮猶應有選者。」亮曰：「角其二者，則貂璫緩，拒寇切。當今朝廷甚弱，宜從切者。」乃以爲輔國將軍、南兗州刺史，加督。至鎮，俄爾以疾歸。卒，贈太常。

三子僚、任、倕並有美名，時人謂之三陸。初授慧曉兗州，三子依次第各作一讓表，辭並雅麗，時人歎伏。僚學涉子史，長於微言。美姿容，鬚眉如畫。位西昌侯長史、蜀郡太守。

倕字佐公，少勤學，善屬文。於宅內起兩茅屋，杜絕往來，晝夜讀書，如此者數歲。所讀一徧，必誦於口。嘗借人漢書，失五行志四卷，乃暗寫還之，略無遺脱。幼爲外祖張岱所異。岱嘗謂諸子曰：「此兒，汝家陽元也。」十七，舉本州秀才。刺史竟陵王子良開西邸，延英俊，倕預焉。

梁天監初，爲右軍安成王主簿，與樂安任昉友，爲感知己賦以贈昉，昉因此名以報之。及昉爲中丞，簪裾輻湊，預其讌者，殷芸、到溉、劉苞、劉孺、劉顯、劉孝綽及倕而已，號曰「龍門之游」。雖貴公子孫不得預也。遷臨川王東曹掾。

梁武帝雅愛倕才，乃敕撰新漏刻銘，其文甚美。遷太子中舍人，又詔爲石闕銘，敕褒美之，賜絹三十匹。累遷太常卿，卒。子纘〔一〇〕，早慧，七歲通經〔一一〕，爲童子郎，卒。次緬，有似於倕，一看殆不能别。

繕字士繻〔一二〕，倕兄子也。父任，御史中丞。繕幼有志尚〔一三〕，以雅正知名。梁承聖中，爲中書侍郎，掌東宮管記。魏平江陵，繕微服遁還建鄴。

紹泰元年，除司徒右長史、御史中丞，以父任所終，固辭。陳武帝作輔，爲司徒司馬。及受命，位侍中。出爲新安太守。文帝嗣位，徵爲中庶子，領步兵校尉，掌東宮管記。繕儀表端麗，進退閑雅，趨步躡履，文帝使太子諸王咸取則焉。

後復拜御史中丞，猶以父所終，固辭，不許，乃權換廨宇，徙以居之。太建中，歷度支尚書，侍中，太子詹事，尚書右僕射。尋遷左僕射，參掌選事。別敕與徐陵等七人參議政事。卒，贈特進，謚曰安子。以縉東宮舊臣，特賜祖奠。

縉子辯慧，年數歲，詔引入殿內，進止有父風，宣帝因賜名辯慧字敬仁。縉兄子見賢亦方雅，位少府卿，卒。

閑字遐業，慧曉兄子也。有風概，與人交不苟合，少爲同郡張緒所知。仕至揚州別駕〔一四〕。齊明帝崩，閑謂所親人曰：「宮車晏駕，百司將聽冢宰。主上地重才弱〔一五〕，必不能振，難將至矣。」乃感心疾，不復預州事。

永元末，刺史始安王遥光據東府作亂，或勸去之。閑曰：「吾爲人吏，何可逃死。」臺軍攻陷城，閑以綱佐被收，至杜姥宅，尚書令徐孝嗣啓閑不預逆謀。未及報，徐世標命殺之。閑四子，厥、絳、完、襄也。絳字魏卿，時隨閑，抱頸求代死，不獲，遂以身蔽刀刃，行刑者俱害之。

厥字韓卿，少有風概，好屬文。齊永明九年，詔百官舉士，同郡司徒左西曹掾顧暠之表薦厥，州舉秀才。

時盛爲文章，吴興沈約、陳郡謝朓、琅邪王融以氣類相推轂，汝南周顒善識聲韻。約等文皆用宫商，將平上去入四聲，以此制韻，有平頭、上尾、蠭腰、鶴膝。五字之中，音韻悉異，兩句之内，角徵不同，不可增減。世呼爲「永明體」。沈約宋書謝靈運傳後又論其事，厥與約書曰：

范詹事自序：「性别宫商，識清濁，特能適輕重，濟艱難。古今文人多不全了斯處，縱有會此者，不必從根本中來。」尚書亦云：「自靈均以來，此祕未覩。或暗與理合，匪由思至。張、蔡、曹、王曾無先覺，潘、陸、顔、謝去之彌遠。」大旨欲「宫商相變，低昂舛節，若前有浮聲，則後須切響，一簡之内，音韻盡殊，兩句之中，輕重悉異」。辭既美矣，理又善焉，但觀歷代衆賢似不都闇此處，而云「此祕未覩」，近於誣乎。案范云「不從根本中來」，尚書云「匪由思至」，斯則揣情謬於玄黄，摘句著其音律也[一六]。范又云「時有會此者」，尚書云「或闇與理合」。則美詠清謳，有辭章調韻者，雖有差謬，亦有會合。推此以往，可得而言。夫思有合離，前哲同所不免，文有開塞，即事不得無之。子建所以好人譏彈，士衡所以遺恨終篇。既曰遺恨，非盡美之作。理可詆訶，君子執其詆訶，便謂合理爲闇，豈如指其合理，而寄詆訶爲遺恨邪。

自魏文屬論，深以清濁爲言，劉楨奏書，大明體勢之致。齟齬妥怗之談，操末續巔之說，興玄黃於律呂，比五色之相宣。苟此祕未覩，茲論爲何所指邪？愚謂前英已早識宮徵，但未屈曲指的，若今論所申。至於掩瑕藏疾，合少謬多，則臨淄所云「人之著述，不能無病」者也。非知之而不改，謂不改則不知，斯曹、陸又稱「竭情多悔，不可力强」者也。今許以有病有悔爲言，則必自知無悔無病之地。引其不了不合爲闇，何獨誣其一合一了之地乎〔一七〕？意者亦質文時異，今古好殊，將急在情物，而緩於章句。情物，文之所急，美惡猶且相半；章句，意之所緩，故合少而謬多。義兼於斯，必非不知明矣。長門、上林，殆非一家之賦；洛神、池鴈，便成二體之作。孟堅精正，詠史無虧於東主；平子恢富，羽獵不累於憑虛。王粲初征，他文未能稱是；楊脩敏捷，暑賦彌日不獻。率意寡尤，則事促乎一日；翳翳愈伏，而理賒於七步。一人之思，遲速天懸，一家之文，工拙壤隔，何獨宮商律呂必責其如一邪？論者乃可言未窮其致，不得言曾無先覺也。

約答曰：

宮商之聲有五，文字之别累萬。以累萬之繁，配五聲之約，高下低昂，非思力所學，又非止若斯而已。十字之文，顛倒相配，字不過十，巧歷已不能盡，何況復過於此者乎？靈均以來，未經用之於懷抱，固無從得其髣髴矣。若斯之妙，而聖人不尚，何耶？此蓋曲折聲韻之巧，無當於訓義，非聖哲玄言之所急也〔一八〕，是以子雲譬之「雕蟲篆刻」，云「壯夫不爲」。自古辭人豈不知宮羽之殊、商徵之別。雖知五音之異，而其中參差變動，所昧實多，故鄙意所謂「此祕未覩」者也。以此而推，則知前世文士，便未悟此處。若以文章之音韻，同絃管之聲曲，美惡妍蚩，不得頓相乖反，譬猶子野操曲，安得忽有闡緩失調之聲。以洛神比陳思他賦，有似異手之作，故知天機啓，則律呂自調，六情滯，則音律頓舛也。士衡雖云焕若縟錦，寧有濯色江波，其中復有一片是衞文之服。此則陸生之言，即復不盡者矣。韻與不韻，復有精麤，輪扁不能言之，老夫亦不盡辯此〔一九〕。

約論四聲，妙有詮辯，而諸賦亦往往與聲韻乖。

時有王斌者，不知何許人。著四聲論行於時。斌初爲道人，博涉經籍，雅有才辯，善屬文，能昌導而不脩容儀〔二〇〕。嘗弊衣於瓦官寺聽雲法師講成實論，無復坐處，唯僧正慧超尚空席，斌直坐其側。慧超不能平，乃駡曰：「那得此道人，祿蔌似隊父唐突人。」因命驅之。斌笑曰：「既有敍勳僧正，何爲無隊父道人。」不爲動。而撫機問難，辭理清舉，四坐皆屬目。後還俗，以詩樂自樂，人莫能名之。

永元元年，始安王遥光反，厥父閑被誅，厥坐繫尚方。尋有赦，厥感慟而卒〔二一〕，年二十八。文集行於世。

時有會稽虞炎以文學與沈約俱爲文惠太子所遇，意眄殊常，官至驍騎將軍。

襄字師卿，厥第四弟也。本名袞字趙卿，有奏事者誤字爲襄，梁武帝乃改爲襄字師卿。

天監三年，都官尚書范岫表薦襄，起家著作佐郎。後昭明太子統聞襄業行，啓武帝引與遊處。自廬陵王記室除太子洗馬，遷中舍人，並掌管記。出爲揚州中從事，以父終此官，固辭。武帝不許，聽與府司馬換解居之。

昭明太子敬耆老，襄母年將八十，與蕭琛、傅昭、陸杲每月常遣存問，加賜珍羞衣服。襄母常卒患心痛，醫方須三升粟漿。時冬月，日又逼暮，求索無所，忽有老人詣門貨漿，量如方劑。始欲酬直，無何失之，時以襄孝感所致。

後爲太子家令，復掌管記，母憂去職。襄年已五十，毁頓過禮，太子憂之，日遣使誡喻。

中大通七年[二二]，爲鄱陽内史。先是郡人鮮于琮服食脩道法[二三]，常入山采藥，拾得五色幡眊，又於地中得石璽，竊怪之。琮先與妻别室，望琮所處常有異氣，益以爲神。大同元年，遂結門徒殺廣晉令王筠，號上願元年，署置官屬。其黨轉相誑惑，有衆萬餘人，將出攻郡。襄先已率人吏脩城隍爲備，及賊至破之，生獲琮。時鄰郡豫章、安成等守宰案其黨與，因求貨賄，皆不得其實。或有善人盡室罹禍，唯襄郡枉直無濫。人作歌曰：「鮮于抄後善惡分，人無横死賴陸君。」

又有彭、李二家，先因忿爭，遂相誣告。襄引入内室，不加責誚，但和言解喻之。二人感恩，深自悔咎。乃爲設酒食，令其盡歡，酒罷同載而還，因相親厚。人又歌曰：「陸君政，無怨家。鬬既罷，讎共車。」在政六年，郡中大寧。郡人李晛等四百二十人詣闕拜表，陳襄德化，求於郡立碑，降敕許之。又表乞留襄，固乞還〔二四〕。

太清元年，爲度支尚書。侯景圍臺城，以襄直侍中省。城陷，襄逃還吴。景將宋子仙進攻錢唐，會海鹽人陸黯舉義襲郡，殺僞太守蘇單于，推襄行郡事。時淮南太守文成侯蕭寧逃賊入吴，襄遣迎寧爲盟主，遣黯及兄子映公帥衆躡子仙，與戰，黯敗走，吴下軍聞之亦散。襄匿于墓下，一夜憂憤卒。

襄弱冠遭家禍，釋服猶若居憂，終身蔬食布衣，不聽音樂，口不言殺害五十年。侯景平，元帝贈侍中，追封餘干縣侯。

雲公字子龍，襄兄完子也。完位寧遠長史、琅邪彭城二郡丞。

雲公五歲誦論語、毛詩，九歲讀漢書，略能記憶。從祖倕與沛國劉顯質問十事，雲公對無所失，顯歎異之。及長，好學，有才思，爲平西湘東王繹行參軍。雲公先製太伯廟碑，吴興太守張纘罷郡經途，讀其文歎曰：「今之蔡伯喈也。」纘至都掌選，言之武帝，召爲尚書儀曹郎，入直壽光省，以本官知著作郎事。累遷中書黄門郎，兼掌著作。

雲公善弈棊，嘗夜侍坐，武冠觸燭火。帝笑謂曰：「燭燒卿貂。」帝將用爲侍中，故以此戲之。時天泉池新製鯿魚舟，形狹而短〔二五〕，帝暇日常泛此舟，朝中唯引太常劉之遴、國子祭酒到溉、右衛朱异，雲公時年位尚輕，亦預焉。

太清元年卒，張纘時爲湘州，與雲公叔襄兄晏子書曰：「都信至，承賢兄子賢弟黄門殞逝，非唯貴門喪寶，實有識同悲。」其爲士流稱重如此。

雲公從父兄才子，亦有才名，位太子中庶子、廷尉，與雲公並有文集行於世。

雲公子瓊字伯玉，幼聰慧，有思理。六歲爲五言詩，頗有詞采。大同末，雲公受梁武帝詔校定棊品，到溉、朱异以下並集。瓊時年八歲，於客前覆局，由是都下號曰神童。异言之武帝，召見，瓊風神警亮，進退詳審，帝甚異之。

十一，丁父憂，毀瘠有至性，從祖襄歎曰：「此兒必荷門基，所謂一不爲少。」及侯景作逆，攜母避地于縣之西鄉，勤苦讀書，晝夜無怠，遂博學善屬文。陳天嘉中，以文學累遷尚書殿中郎。瓊素有令名，深爲陳文帝所賞。及討周迪、陳寶應等，都官符及諸大手筆，並中敕付瓊。遷新安王文學，掌東宮管記。及宣帝爲司徒，妙簡僚佐，吏部尚書徐陵薦瓊於宣帝，言瓊「識具優敏，文史足用，進居郎署，歲月過淹，左西掾缺，允膺茲選，雖階次小踰，其屈滯已積」。乃除司徒左西掾。尋兼通直散騎常侍，聘齊。

太建中爲給事黃門侍郎，轉中庶子，領大著作，撰國史。後主即位，直中書省，掌詔誥。至德元年，除度支尚書，參選事，掌詔誥，并判廷尉、建康二獄事。初，瓊父雲公奉梁武敕撰嘉瑞記，瓊述其旨而續焉，自永定訖于至德，勒成一家之言。遷吏部尚書，著作如故。瓊詳練譜牒，雅有識鑑。先是吏部尚書宗元饒卒，尚書左僕射袁憲舉瓊〔二六〕，宣帝未之用，至是居之，號爲稱職。

瓊性謙儉，不自封植，雖位望日隆，而執志逾下。園池室宇，無所改作，車馬衣服，不尚鮮華，四時祿俸，皆散之宗族，家無餘財。暮年深懷止足，思避權要，恒謝疾不視事。俄丁母憂。初瓊之侍東宮，母隨在官舍〔二七〕，及喪還鄉，詔加賻贈〔二八〕，後主自制誌銘，朝野榮之。瓊哀慕過毀，以至德四年卒。有集二十卷行於世。

子從典，字由儀，幼聰敏。年八歲，讀沈約集，見回文研銘，援筆擬之，便有佳致。十二作柳賦〔二九〕，其詞甚美。從父瑜特所賞愛。及瑜將終，命家中墳籍皆付之，從典乃集瑜文爲十卷，仍製集序，其文甚工。

從典篤好學業，博涉羣書，位太子洗馬、司徒左西掾。陳亡入隋，位著作佐郎。尚書右僕射楊素奏從典續司馬遷史記迄于隋，其書未就，坐弟受漢王諒職免。後卒於南陽縣主簿。

琰字温玉，瓊之從父弟也。父令公，梁中軍宣城王記室參軍。

琰幼孤，好學，有志操，州舉秀才。累遷宣惠始興王外兵參軍，直嘉德殿學士。陳文帝聽覽餘暇，頗留心史籍，以琰博學，善占誦，引置左右。嘗使製刀銘，琰援筆即成，無所點竄，帝嗟賞久之，賜衣一襲。俄兼通直散騎常侍，副琅邪王厚聘齊，至鄴而厚卒，琰爲使主。時年二十餘，風氣韶亮，占對閑敏，齊士大夫甚傾心焉。太建初，爲武陵王明威府功曹史，兼東宮管記。丁母憂去官，卒。至德二年，追贈司農卿。

琰寡慾，鮮矜競，遊心經籍，晏如也。所製文筆，多不存本，後主求其遺文，撰成二卷。

弟瑜字幹玉，少篤學，美詞藻，州舉秀才。再遷軍師晉安王外兵參軍，東宮學士。兄琰時爲管記，並以才學娛侍左右，時人比之二應。太建中，累遷太子洗馬，中舍人。瑜聰敏强記，常受莊、老於汝南周弘正，學成實論於僧滔法師，並通大旨。時皇太子好學，欲博覽羣書，以子集繁多，命瑜抄撰，未就而卒。太子爲之流涕，親製祭文，仍與詹事江總論述其美，詞甚傷切。至德二年，追贈光禄卿。有集十卷。瑜有從父兄玠，從父弟琛。

玠字潤玉，梁大匠卿晏子之子也。弘雅有識度，好學能屬文。後主在東宮，徵爲管記，仍兼中舍人。尋以疾失明。將還鄉里，太子解衣贈之，爲之流涕。太建八年卒，至德二年，追贈少府卿。有集十卷。

琛字潔玉，宣毅臨川王長史丘公之子也。少警俊，事後母以孝聞。後主嗣位，爲給事黄門侍郎、中書舍人，參掌機密。琛性頗疎，坐漏泄禁中語，詔賜死。

陸杲字明霞，吴郡吴人也。祖徽字休猷，宋補建康令，清平無私，爲文帝所善。元嘉十五年，除平越中郎將、廣州刺史，加督，清名亞王鎮之，爲士庶所愛詠。二十三年，爲益州刺史，亦加督，衄隱有方，威惠兼著，寇盜静息，人物殷阜，蜀土安之。卒於官，身亡之日，家無餘財，文帝甚痛惜之，謚曰簡子。父叡，揚州中從事。

杲少好學，工書畫，舅張融有高名，杲風韻舉止頗類，時稱曰「無對日下，唯舅與甥」。爲尚書殿中曹郎，拜日，八坐丞郎並到上省交禮，而杲至晚，不及時刻，坐免官。後爲司徒從事中郎。梁臺建，爲相國西曹掾。

天監五年，位御史中丞。性婞直，無所顧望。時山陰令虞肩在任贓汙數百萬，杲奏收劾之。中書舍人黄睦之以肩事託杲，杲不答。梁武聞之以問杲，杲答曰：「有之。」帝曰：「識睦之不？」答曰：「臣不識其人。」時睦之在御側，上指示曰：「此人是也。」杲謂曰：「君小人，何敢以罪人屬南司。」睦之失色。領軍將軍張稷是杲從舅，杲嘗以公事彈稷，稷因侍宴訴帝曰：「陸杲是臣親通，小事彈臣不貸。」帝曰：「杲職司其事，卿何得爲嫌。」杲在臺，號不畏强禦。

爲義興太守，在郡寬惠，爲下所稱。歷左户尚書，太常卿。出爲臨川内史，將發，辭武帝，於坐通啓，求募部曲。帝問何不付所由呈聞。杲答所由不爲受。帝頗怪之，以其臨路不咎問。後入爲金紫光禄大夫、特進。卒，謚質子。

杲素信佛法，持戒甚精，著沙門傳三十卷。

弟煦，學涉有思理，位太子家令，撰晉書未就。又著陸史十五卷，陸氏驪泉志一卷，並行於時。

子罩字洞元，少篤學，多所該覽，善屬文。簡文居蕃，爲記室參軍，撰帝集序。稍遷太子中庶子，掌管記，禮遇甚厚。大同七年，以母老求去，公卿以下祖道於征虜亭，皇太子賜黄金五十斤，時人方之疎廣。母終，後位終光禄卿。

初，簡文在雍州，撰法寶聯璧，罩與羣賢並抄掇區分者數歲。中大通六年而書成，命湘東王爲序。其作者有侍中、國子祭酒南蘭陵蕭子顯等三十人，以比王象、劉邵之皇覽焉。

論曰：陸澄學稱博古，而用不合今。夫干將見重於時，貴其所以立斷，於事未能周務，書厨得所譏矣。叔明持身有檢，殆爲人望，雅道相傳，可謂載德者也。杲諒直見稱，罩文以取達，亦足美乎。舊陸徽著傳，事迹蓋寡，今以附孫杲上云。

校勘記

〔一〕陸澄字彥深　「彥深」，南齊書卷三九陸澄傳作「彥淵」，此避唐諱而改。

〔二〕祖劭臨海太守　「劭」，南齊書卷三九陸澄傳作「邵」。宋書卷四少帝紀有「山陰令陸劭」，疑即其人，卷五二褚叔度傳又作「陸邵」。

〔三〕令君少便鞅掌王務　「令」，原作「今」，據南齊書卷三九陸澄傳改。

〔四〕然後談所遺漏數百千條　「千」，通志卷一三八作「十」，疑是。

〔五〕可容七八升　「七」，原作「十」，據南監本、北監本、殿本及南齊書卷三九陸澄傳、建康實録卷一六、通志卷一三八改。

〔六〕子暉誣爲買券　「暉」，南齊書卷三九陸澄傳、御覽卷五〇〇引齊書、册府卷五二二作「晫」。「買」，南齊書作「賣」。

〔七〕會稽内史同郡張緒稱之曰江東裴樂也　按南齊書卷四六陸慧曉傳云：「會稽内史同郡張暢見慧曉童幼，便嘉異之。張緒稱之曰：『江東裴、樂也。』」此以張緒爲「會稽内史」，疑誤。

〔八〕上大悦　「上」，原作「王」，據南監本及通志卷一三八改。

〔九〕吏曹都令史歷政來諮執選事　「都」，原作「郎」，據南齊書卷四六陸慧曉傳、通典卷二三、御覽卷二二六引齊書、册府卷六三七、通志卷一三八改。

〔一〇〕子纘　「纘」，原作「瓚」，據北監本、殿本及梁書卷二七陸倕傳、册府卷七七四改。

〔一一〕七歲通經　「七」，梁書卷二七陸倕傳作「十」。

〔一二〕繕字士繻　「繻」，原作「儒」，據陳書卷二三陸繕傳、通志卷一四五改。

〔一三〕繕幼有志尚　「繕」字原脱，據陳書卷二三陸繕傳、通志卷一四五補。

〔一四〕仕至揚州别駕　「别駕」，梁書卷二七陸襄傳作「治中」。

〔一五〕主上地重才弱　「上」，南齊書卷五五孝義陸絳傳作「王」。按上云「仕至揚州别駕」，佐揚州刺史始安王遥光，時州朝佐史稱所佐之王爲「主王」，「王」字疑是。

〔一六〕擿句著其音律也　「著」，南齊書卷五二文學陸厥傳作「差」，與上「謬」字爲偶，疑是。

〔一七〕何獨誣其一合一了之地乎　「地」，南齊書卷五二文學陸厥傳作「明」，與上「闇」字爲偶，疑是。

〔一八〕非聖哲玄言之所急也　「玄」，南齊書卷五二文學陸厥傳、南史詳節卷一六作「立」。

〔一九〕老夫亦不盡辯此　「盡辯」二字原互倒，據南齊書卷五二文學陸厥傳乙正。

〔二〇〕能昌導而不脩容儀　「不」字原脱，據通志卷一三八補。按下文言「嘗弊衣於瓦官寺聽雲法師講成實論」云云，知當有「不」字。

〔二一〕尋有赦厥感慟而卒　按南齊書卷五二文學陸厥傳、册府卷七五三「厥」下有「恨父不及」

四字。

〔二二〕中大通七年　「中」字原脫，據梁書卷二七陸襄傳補。按大通盡三年，其年十月改元中大通。然中大通盡六年，次年正月改元大同，不得有七年，疑「七」字訛。

〔二三〕先是郡人鮮于琮服食脩道法　「鮮于琮」，梁書卷二七陸襄傳、册府卷六八一、通鑑卷一五七梁紀一三大同元年作「鮮于琛」。

〔二四〕又表乞留襄固乞還　梁書卷二七陸襄傳疊「襄」字。

〔二五〕時天泉池新製鯿魚舟形狹而短　「狹」，梁書卷五〇文學下陸雲公傳作「闊」。

〔二六〕先是吏部尚書宗元饒卒尚書左僕射袁憲舉瓊　「左僕射」，陳書卷三〇陸瓊傳作「右僕射」。按陳書卷五宣帝紀、卷二四袁憲傳，太建十三年憲遷右僕射，參掌選事。宗元饒即卒於太建十三年，疑此當作「右僕射」。

〔二七〕母隨在官舍　「官」，原作「宮」，據南監本、北監本、殿本及陳書卷三〇陸瓊傳、册府卷四六一、通志卷一四五改。

〔二八〕詔加賻贈　「賻」字原脫，據陳書卷三〇陸瓊傳、通志卷一四五補。

〔二九〕十二作柳賦　「十二」，陳書卷三〇陸瓊傳附陸從典傳、册府卷七七四作「十三」。

南史卷四十九

列傳第三十九

庾杲之 叔父蓽 **王諶** 從叔摛 何憲 孔逷 **孔珪** **劉懷珍** 子靈哲 從父弟峻 劉沼 懷珍從子懷慰 懷慰子霽 杳 歊 懷珍從孫訏 懷珍族弟善明

庾杲之字景行，新野人也。祖深之，位義興太守〔一〕，以善政聞。父粲爲宋南郡王義宣丞相城局參軍，王舉兵，見殺。

杲之幼有孝行，宋司空劉勔見而奇之，謂曰：「見卿足使江漢崇望，杞梓發聲。」解褐奉朝請，稍遷尚書駕部郎。清貧自業，食唯有韮葅、瀹韮、生韮雜菜。任昉嘗戲之曰：「誰謂庾郎貧，食鮭嘗有二十七種。」

累遷尚書左丞。王儉謂人曰：「昔袁公作衞軍，欲用我爲長史，雖不獲就，要是意向如此。今亦應須如我輩人也。」乃用杲之爲衞將軍長史。安陸侯蕭緬與儉書曰：「盛府元僚，寔難其選。庾景行汎淥水，依芙蓉，何其麗也。」時人以入儉府爲蓮花池，故緬書美之。

歷位黄門吏部郎，御史中丞，參大選。美容質，善言笑。嘗兼侍中夾侍，柳世隆在御坐，謂齊武帝曰：「庾杲之爲蟬冕所映，彌有華采，陛下故當與其即真。」上甚悦。王儉仍曰：「國家以杲之清美，所以許其假職。若以其即真，當在胡諧之後。」

武帝嘗與朝臣商略，酒後謂羣臣曰：「我後當得何謚？」羣臣莫有答者。王儉因目杲之，從容曰：「陛下壽等南山，方與日月齊明，千載之後，豈是臣子輕所仰量。」時人雅歎其辯答。

杲之嘗兼主客郎對魏使，使問杲之曰：「百姓那得家家題門帖賣宅？」答曰：「朝廷既欲掃蕩京洛，剋復神州，所以家家賣宅耳。」魏使縮鼻而不答。

時諸王年少，不得妄稱接人，敕杲之及濟陽江淹五日一詣諸王，使申遊好。再遷尚書吏部郎，參大選事，太子右衞率，加通直常侍。九年卒，上甚惜之，謚曰貞子。

蓽字休野，杲之叔父也。仕齊爲驃騎功曹史。博涉羣書，有口辯。永明中與魏和親，以華兼散騎常侍，報使還，拜散騎侍郎、知東宮管記事。

後爲荆州别駕，前後紀綱皆致富饒，華再爲之，清身率下，杜絶請託，布被蔬食，妻子不免飢寒。齊明帝聞而嘉焉，手敕褒美，州里榮之。初，梁州人益州刺史鄧元起功勳甚著〔二〕，名地卑瑣，願名挂士流。時始興忠武王憺爲州將，元起位已高，而解巾不先州官，則不爲鄉里所悉，元起乞上籍出身州從事，憺命華用之，華不從。憺大怒，召華責之曰：「元起已經我府，卿何爲苟惜從事？」華曰：「府是尊府，州是華州，宜須品藻。」憺不能折，遂止。

累遷會稽郡丞，行郡府事。時承彫弊之後，百姓凶荒，米斗至數千，人多流散。華撫循甚有理，唯守公禄，清節愈厲，至有經日不舉火。太守永陽王聞而饋之，華謝不受。天監元年卒，停屍無以斂，柩不能歸。梁武帝聞之，詔賜絹百疋，穀五百斛。

初，華爲西楚望族，兄子杲之又有寵於齊武帝，華早歷顯官。鄉人樂藹有幹用，素與華不平，互相陵競。藹事齊豫章王嶷，嶷薨，藹仕不得志，自步兵校尉求助戍歸荆州。時華爲州别駕，益忽藹。及梁武帝踐祚，藹以西朝勳，爲御史中丞，華始得會稽行事，既恥之矣，會職事微有譴，帝以藹其鄉人也，使宣旨誨之。華大憤，故發病卒。

子喬復仕爲荆州别駕。時元帝爲荆州刺史，而州人范興話以寒賤仕叨九流，選爲州主簿，又皇太子令及之，故元帝勒喬聽興話到職。及屬元日，府州朝賀，喬不肯就列，曰：「庾喬忝爲端右，不能與小人范興話爲鴈行。」元帝聞，乃進喬而停興話。興話羞慙還家，憤卒。世以喬爲不墜家風。

喬子敻少聰慧，家富於財，好賓客，食必列鼎。又狀貌豐美，頤頰開張，人皆謂敻必爲方伯，無餧乏之慮。及魏剋江陵，卒致餓死。時又有水軍都督褚蘿面甚尖危，有從理入口，竟保衣食而終。

王諶字仲和，東海郯人，晉少傅雅玄孫也。祖慶，員外常侍。父元閔，護軍司馬。宋大明中，沈曇慶爲徐州，辟諶爲迎主簿，又爲州迎從事，湘東王彧國常侍，鎮北行參軍。及彧即帝位，是爲明帝，除司徒參軍，帶薛令，兼中書舍人。諶有學義，見親遇，常在左右。帝所行慘僻，諶屢諫不從，請退，坐此繫尚方。

後拜中書侍郎。明帝好圍棊，置圍棊州邑，以建安王休仁爲圍棊州都大中正，諶與太子右率沈勃、尚書水部郎庾珪之、彭城丞王抗四人爲小中正，朝請褚思莊、傅楚之爲清定訪問。後爲尚書左丞，領東觀祭酒，即明帝所置總明觀也。遷黃門郎。

齊永明初，累遷豫章王太尉司馬。武帝與諶相遇於宋明之世，甚委任之。歷黃門郎，領驍騎將軍，太子中庶子。

諶貞正和謹，朝廷稱爲善人，多與之厚。八年，轉冠軍將軍、長沙王車騎長史，徙廬江王中軍長史〔三〕，又徙西陽王子明征虜長史，行南兗府州事。諶少貧，常自紡績，及通貴後，每爲人説之，世稱其達。九年卒。

諶從叔摛，以博學見知。尚書令王儉嘗集才學之士，總校虚實，類物隸之，謂之隸事，自此始也。儉嘗使賓客隸事多者賞之，事皆窮，唯廬江何憲爲勝，乃賞以五花簟、白團扇。坐簟執扇，容氣甚自得。摛後至，儉以所隸示之，曰：「卿能奪之乎？」摛操筆便成，文章既奥，辭亦華美，舉坐擊賞。摛乃命左右抽憲簟，手自掣取扇，登車而去。儉笑曰：「所謂大力者負之而趨。」竟陵王子良校試諸學士，唯摛問無不對。

爲秣陵令，清直，請謁不行。羽林隊主潘敞有寵二宫，勢傾人主。婦弟犯法，敞爲之請摛，摛投書於地，更鞭四十。敞怒譖之，明日而見代。

永明八年，天忽黃色照地，衆莫能解。司徒法曹王融上金天頌。摛曰：「是非金天，所謂榮光。」武帝大悦，用爲永陽郡。後卒於尚書左丞。

何憲字子思，廬江灊人。博涉該通，羣籍畢覽，天閣寶祕，人間散逸，無遺漏焉。任昉、劉渢共執祕閣四部書，試問其所知，自甲至丁，書說一事，并敍述作之體，連日累夜，莫見所遺。宗人何遁，退讓士也，見而美之，願與爲友。

憲位本州別駕，國子博士。永明十年使于魏。

時又有孔逷字世遠，會稽山陰人也。好典故學，與王儉至交。昇明中爲齊臺尚書儀曹郎，屢箴闕禮，多見信納。上謂王儉曰：「逷真所謂儀曹，不忝厥職也。」儉爲宰相，逷常謀議幄帳，每及選用，頗失鄉曲情。儉從容啓上曰：「臣有孔逷，猶陛下之有臣。」永明中爲太子家令卒。時人呼孔逷、何憲爲王儉三公。及卒，儉惜之，爲撰祭文。

孔珪字德璋，會稽山陰人也。祖道隆，位侍中。父靈產，泰始中，晉安太守，有隱遁之志。於禹井山立館，事道精篤。吉日於靜屋四向朝拜，涕泣滂沲。東出過錢唐北郭，輒於舟中遙拜杜子恭墓。自此至都，東向坐，不敢背側。元徽中，爲中散大夫，頗解星文，好術數。齊高帝輔政，沈攸之起兵，靈産白高帝曰：「攸之兵衆雖强，以天時冥數而觀，無能爲也。」高帝驗其言，擢遷光禄大夫，以簏盛靈産上靈臺，令其占候。餉靈産白羽扇、素隱几，曰：「君有古人之風，故贈君古人之服。」當世榮之。

珪少學涉有美譽，太守王僧虔見而重之，引爲主簿。舉秀才，再遷殿中郎。高帝爲驃騎，取爲記室參軍，與江淹對掌辭筆。爲尚書左丞，父憂去官。與兄仲智還居父山舍。仲智妾李氏驕妬無禮，珪白太守王敬則殺之。

永明中，歷位黄門郎，太子中庶子，廷尉。江左承用晉時張、杜律二十卷，武帝留心法令，數訊囚徒，詔獄官詳正舊注。先是尚書删定郎王植撰定律，奏之，削其煩害，録其允衷，取張斐注七百三十一條，杜預注七百九十一條，或二家兩釋於義乃備者，又取一百七條，其注相同者取一百三條，集爲一書，凡一千五百三十二條〔四〕，爲二十卷。請付外詳校，擿其違謬。詔從之。於是公卿八座參議，考正舊注，有輕重處，竟陵王子良下意多使從輕。其中朝議不能斷者，則制旨平決。至九年，珪表上律文二十卷，録序一卷，又立律學助教，依五經例，詔報從之。事竟不行。轉御史中丞。

建武初，爲平西長史、南郡太守。珪以魏連歲南伐，百姓死傷，乃上表陳通和之策，帝不從。徵侍中，不行，留本任。

珪風韻清疎，好文詠，飲酒七八斗。與外兄張融情趣相得，又與琅邪王思遠、廬江何點、點弟胤並款交，不樂世務。居宅盛營山水，憑几獨酌，傍無雜事。門庭之内，草萊不翦。中有蛙鳴，或問之曰：「欲爲陳蕃乎？」珪笑答曰：「我以此當兩部鼓吹，何必効蕃。」王晏嘗鳴鼓吹候之，聞羣蛙鳴，曰：「此殊聒人耳。」珪曰：「我聽鼓吹，殆不及此。」晏甚有慙色。

永元元年，爲都官尚書，遷太子詹事，加散騎常侍。三年，珪疾，東昏屏除，以牀舁之走，因此疾甚，遂卒。贈金紫光禄大夫。

劉懷珍字道玉，平原人，漢膠東康王寄之後也。其先劉植爲平原太守，因家焉。祖昶從慕容德南度河，因家于北海都昌。宋武帝平齊，以爲青州中從事，位至員外常侍。伯父奉伯，宋世位至陳、南頓二郡太守。

懷珍幼隨奉伯至壽陽，豫州刺史趙伯符出獵，百姓聚觀，懷珍獨避不視，奉伯異之，曰：「此兒方興吾家。」本州辟主簿。

元嘉二十八年，亡命司馬順則聚黨東陽，州遣懷珍將數千人討平之。宋文帝問破賊事，懷珍讓功不肯當，親人怪問焉，懷珍曰：「昔國子尼恥陳河間之級，吾豈能論邦域之捷哉。」時人稱之。

江夏王義恭出鎮盱台，道遇懷珍，以應對見重，取爲驃騎長史兼墨曹行參軍〔五〕。孝建初，爲義恭大司馬參軍、直閤將軍，隨府轉太宰參軍。

大明二年，以軍功拜樂陵、河間二郡太守，賜爵廣晉縣侯。司空竟陵王誕反，郡人王弼門族甚盛，勸懷珍起兵助誕，懷珍殺之。帝嘉其誠，除豫章王子尚車騎參軍，母憂去職。服闋，見江夏王義恭，義恭曰：「別子多年，那得不老？」對曰：「公恩未報，何敢便老。」義恭善其對。

累遷黄門郎，領虎賁中郎將。桂陽王休範反，加懷珍前將軍，守石頭。出爲豫州刺史，加督。建平王景素反，懷珍遣子靈哲領兵赴建鄴。沈攸之在荆楚，遣使人許天保説結懷珍，斬之，送首於齊高帝，封中宿縣侯，進平南將軍，增督二州。

初，宋孝武世，齊高帝爲舍人，懷珍爲直閤，相遇早舊。懷珍假還青州，高帝有白驄馬，齧人，不可騎，送與懷珍别。懷珍報上百匹絹。或謂懷珍曰：「蕭公此馬不中騎，是以與君耳。君報百匹，不亦多乎？」懷珍曰：「蕭君局量堂堂，寧應負人此絹。吾方欲以身名託之，豈計錢物多少。」

高帝輔政，以懷珍內資未多，徵爲都官尚書，領前將軍〔六〕。以第四子晃代爲豫州刺史。或疑懷珍不受代，高帝曰：「我布衣時，懷珍便推懷投款，況在今日，寧當有異。」晃發經日，疑論不止，上乃遣軍主房靈人領百騎進送晃〔七〕。謂靈人曰：「論者謂懷珍必有異同，我期之有素，必不應爾。卿是其鄉里，故遣卿行，非唯衞新，亦以迎故。」懷珍還，乃授相國右司馬。

及齊臺建，朝士人人爭爲臣吏，以懷珍爲宋臺右衞。懷珍謂帝曰：「人皆迎新，臣獨送故，豈以臣篤於本乎。」齊建元元年，轉左衞將軍，加給事中，改封霄城侯。

懷珍年老，以禁旅辛勤，求爲閑職，轉光禄大夫，卒。遺言薄葬。贈雍州刺史，謚敬侯。

子靈哲字文明，位齊郡太守、前軍將軍。靈哲所生母嘗病，靈哲躬自祈禱，夢見黃衣老公與藥曰：「可取此食之，疾立可愈。」靈哲驚覺，於枕間得之，如言而疾愈。藥似竹根，於齋前種，葉似蒑茈。

嫡母崔氏及兄子景煥，泰始中爲魏所獲。靈哲爲布衣，不聽樂。及懷珍卒，當襲爵，靈哲固辭，以兄子在魏，存亡未測，無容越當茅土。朝廷義之。

靈哲傾産贖嫡母及景焕，累年不能得。武帝哀之，令北使者請之，魏人送以還南，襲懷珍封爵。靈哲位兗州刺史，隆昌元年卒。

峻字孝標，本名法武，懷珍從父弟也。父琁之〔八〕，仕宋爲始興内史。

峻生朞月而琁之卒，其母許氏攜峻及其兄法鳳還鄉里。宋泰始初，魏剋青州，峻時年八歲，爲人所略爲奴至中山。中山富人劉寶愍峻〔九〕，以束帛贖之，教以書學。魏人聞其江南有戚屬，更徙之代都。居貧不自立，與母並出家爲尼僧，既而還俗。峻好學，寄人廡下，自課讀書，常燎麻炬，從夕達旦。時或昏睡，爇其鬚髮，及覺復讀，其精力如此。時魏孝文選盡物望，江南人士才學之徒，咸見申擢，峻兄弟不蒙選拔〔一〇〕。

齊永明中，俱奔江南，更改名峻字孝標。自以少時未開悟，晚更厲精，明慧過人。苦所見不博，聞有異書，必往祈借。清河崔慰祖謂之「書淫」。於是博極羣書，文藻秀出。故其自序云：「黌中濟濟皆升堂，亦有愚者解衣裳。」言其少年魯鈍也。時竟陵王子良招學士，峻因人求爲子良國職。吏部尚書徐孝嗣抑而不許，用爲南海王侍郎，不就。至齊明帝時，蕭遥欣爲豫州，引爲府刑獄，禮遇甚厚。遥欣尋卒，久不調。

梁天監初，召入西省，與學士賀蹤典校祕閣。峻兄孝慶時爲青州刺史，峻請假省之，坐私載禁物，爲有司所奏免官。安成王秀雅重峻，及安成王遷荆州，引爲户曹參軍，給其書籍，使撰類苑。未及成，復以疾去，因遊東陽紫巖山，築室居焉。爲山栖志，其文甚美。

初，梁武帝招文學之士，有高才者多被引進，擢以不次。峻率性而動，不能隨衆沈浮。武帝每集文士策經史事，時范雲、沈約之徒皆引短推長，帝乃悦，加其賞賚。會策錦被事〔一〕，咸言已罄，帝試呼問峻，峻時貧悴冗散，忽請紙筆，疏十餘事，坐客皆驚，帝不覺失色。自是惡之，不復引見。及峻類苑成，凡一百二十卷，帝即命諸學士撰華林徧略以高之，竟不見用。乃著辯命論以寄其懷。論成，中山劉沼致書以難之，凡再反，峻並爲申析以答之〔二〕。會沼卒，不見峻後報者，峻乃爲書以序其事。其文論並多不載。

峻又嘗爲自序，其略云：

> 余自比馮敬通，而有同之者三，異之者四。何則？敬通雄才冠世，志剛金石；余雖不及之，而節亮慷慨。此一同也。敬通逢中興明君，而終不試用；余逢命世英主，亦擯斥當年。此二同也。敬通有忌妻，至於身操井臼；余有悍室，亦令家道轗軻。此三同也。敬通當更始世，手握兵符，躍馬肉食；余自少迄長，戚戚無懽。此一異也。敬通有子仲文，官成名立；余禍同伯道，永無血胤。此二異也。敬通旅力剛强，老而益壯；余有犬馬之疾，溘死無時。此三異也。敬通雖芝殘蕙焚，終填溝壑，

而爲名賢所慕，其風流郁烈芬芳，久而彌盛；余聲塵寂莫，世不吾知，魂魄一去，將同秋草。此四異也。所以力自爲序，遺之好事云。

峻本將門，兄法鳳自北歸，改名孝慶字仲昌。早有幹略，齊末爲兗州刺史，舉兵應梁武，封餘干男，歷官顯重。峻獨篤志好學，居東陽，吴、會人士多從其學。普通三年卒，年六十〔三〕。門人謚曰玄靖先生。

劉沼字明信，中山魏昌人。六世祖輿，晉驃騎將軍。沼幼善屬文，及長博學，位終秣陵令。

懷慰字彦泰，懷珍從子也。祖奉伯，宋元嘉中爲冠軍長史。父乘人，冀州刺史〔四〕，死於義嘉事。懷慰持喪，不食醯醬，冬日不用絮衣，養孤弟妹，事寡叔母，皆有恩義。仕宋爲尚書駕部郎。懷慰宗從善明等爲齊高帝心腹，懷慰亦預焉。

齊國建，上欲置齊郡於都下。議者以江右土沃，流人所歸，乃置於瓜步，以懷慰爲輔國將軍、齊郡太守。上謂懷慰曰：「齊邦是王業所基，吾方欲以爲顯任，經理之事，一以委卿。」有手敕曰：「有文事必有武備，今賜卿玉環刀一口。」

懷慰至郡，脩城郭，安集居人，墾廢田二百頃，決沈湖灌溉。不受禮謁，人有餉其新米一斛者，懷慰出所食麥飯示之曰：「食有餘，幸不煩此。」因著廉吏論以達其意。高帝聞之，手敕褒賞。進督秦、沛二郡，妻子在都，賜米三百石。兗州刺史柳世隆與懷慰書曰〔一五〕：「膠東流化，潁川致美，以今方古，曾何足云。」

懷慰本名聞慰，武帝即位，以與舅氏名同，敕改之。後兼安陸王北中郎司馬，卒。明帝即位，謂僕射徐孝嗣曰：「劉懷慰若在，朝廷不憂無清吏也。」子霽、杳、歊。

霽字士湮〔一六〕，九歲能誦左氏傳。十四居父憂，有至性，每哭輒嘔血。家貧，與弟杳、歊勵志勤學。及長，博涉多通。梁天監中，歷位西昌相，尚書主客侍郎，海鹽令。霽前後宰二邑，並以和理稱。後除建康令，不拜。

母明氏寢疾，霽年已五十，衣不解帶者七旬，誦觀世音經數萬遍。夜中感夢，見一僧謂曰：「夫人筭盡，君精誠篤志，當相爲申延。」後六十日餘乃亡。霽廬于墓，哀慟過禮，常有雙白鶴循翔廬側，處士阮孝緒致書抑譬焉。霽思慕不已，未終喪而卒。著釋俗語八卷，文集十卷。

杳字士深，年數歲，徵士明僧紹見之，撫而言曰：「此兒寔千里之駒。」十三丁父憂，每哭，哀感行路。梁天監中，爲宣惠豫章王行參軍。

杳博綜羣書，沈約、任昉以下每有遺忘，皆訪問焉。嘗於約坐語及宗廟犧樽，約云：「鄭玄答張逸謂爲畫鳳皇尾婆娑然。今無復此器，則不依古。」杳曰：「此言未必可安〔一七〕。古者樽彝皆刻木爲鳥獸，鑿頂及背以出内酒。魏時魯郡地中得齊大夫子尾送女器，有犧樽作犧牛形。晉永嘉中，賊曹嶷於青州發齊景公冢又得二樽，形亦爲牛象。二處皆古之遺器，知非虛也。」約大以爲然。約又云：「何承天纂文奇博，其書載張仲師及長頸王事，此何所出？」杳曰：「仲師長尺二寸，唯出論衡〔一八〕。長頸是毗騫王，朱建安扶南以南記云：『古來至今不死』。」約即取二書尋檢，一如杳言。約郊居宅時新構閣齋，杳爲贊二首，并以所撰文章呈約，約即命工書人題其贊於壁。仍報杳書，共相歎美。又在任昉坐，有人餉昉桮酒而作榐字，昉問杳此字是不，杳曰：「葛洪字苑作木旁否。」昉又曰：「酒有千日醉，當是虛言。」杳曰：「桂陽程鄉有千里酒，飲之至家而醉。亦其例。」昉大驚曰：「吾自當遺忘，實不憶此。」杳云：「出楊元鳳所撰置郡事。元鳳是魏代人，此書仍載其賦『三重五品，商溪擦里』。」昉即檢楊記，言皆不差。王僧孺被使撰譜，訪杳血脉所因。杳云：「桓譚新論：『太史三代世表旁行邪上，並效周譜。』以此而推，當起周代。」僧孺歎曰：「可謂得所未聞。」周捨又問杳：「尚書著紫荷橐，相傳云挈囊，竟何所出？」杳曰：「張安世傳云：『持橐簪筆，事孝武皇帝數十年。』〔一九〕韋昭、張晏注並曰：『橐，囊也。簪筆以待顧問。』」范岫撰字書音訓又訪杳焉。尋佐周捨撰國史。

出爲臨津令，有善績，秩滿，縣三百餘人詣闕請留，敕許焉。後詹事徐勉舉杳及顧協等五人入華林撰徧略，書成，以晉安王府參軍兼廷尉正，以足疾解。因著林庭賦，王僧孺見而歎曰：「郊居以後，無復此作。」累遷尚書儀曹郎，僕射徐勉以臺閣文議專委杳焉。出爲餘姚令，在縣清絜。湘東王繹發教褒美之。

大通元年，爲步兵校尉，兼東宮通事舍人。昭明太子謂曰：「酒非卿所好，而爲酒廚之職〔二〇〕，政爲卿不愧古人耳。」太子有瓠食器，因以賜焉，曰：「卿有古人之風，故遺卿古人之器。」俄有敕代裴子野知著作郎事。昭明太子薨，新宮建，舊人例無停者，敕特留杳焉。僕射何敬容奏轉杳王府諮議，武帝曰：「劉杳須先經中書。」仍除中書侍郎。尋爲平西湘東諮議參軍，兼舍人、著作如故。遷尚書左丞，卒。

杳清儉無所嗜好，自居母憂，便長斷腥羶，持齋蔬食。臨終遺命：「斂以法服，載以露車，還葬舊墓，隨得一地，容棺而已。不得設靈筵及祭醊。」其子遵行之。

撰要雅五卷，楚辭草木疏一卷，高士傳二卷，東宮新舊記三十卷，古今四部書目五卷，文集十五卷，並行於世。

歊字士光，生夕有香氣，氛氳滿室。幼有識慧，四歲喪父，與羣兒同處，獨不戲弄。六歲誦論語、毛詩，意所不解，便能問難。十二讀莊子逍遥篇曰〔三〕：「此可解耳。」客問之，隨問而答，皆有情理，家人每異之，謂爲神童。及長，博學有文才，不娶不仕，與族弟訏並隱居求志，遨遊林澤，以山水書籍相娛而已。

奉母兄以孝悌稱，寢食不離左右。母意有所須，口未及言，歊已先知，手自營辦，狼狽供奉。母每疾病，夢歊進藥，及翌日轉有間効，其誠感如此。性重興樂，尤愛山水，登危履嶮，必盡幽遐，人莫能及，皆歎其有濟勝之具。常欲避人世，以母老不忍違。每隨兄霽、杳從宦。

少時好施，務周人之急，人或遺之，亦不拒也。久而歎曰：「受人者必報；不則有愧於人。吾固無以報人，豈可常有愧乎。」

天監十七年，忽著革終論。以爲：

形者無知之質，神者有知之性。有知不獨存，依無知以自立，故形之於神，逆旅之館耳。及其死也，神去此館，速朽得理。是以子羽沈川，漢伯方壙，文楚黃壤，士安麻索：此四子者得理也。若從四子而遊，則平生之志得矣。然積習生常，難卒改革，一朝肆志，儻不見從。今欲翦截煩厚，務存儉易，進不保尸，退異常俗〔二〕，不傷存者之念，有合至人之道。且張奐止用幅巾，王肅唯盥手足，范冉斂畢便葬，爰珍無設筵几〔三〕，文度故舟爲棺，子廉牛車載柩，叔起誡絶墳隴，康成使無卜吉。此數公者，尚或如之，況爲吾人，而尚華泰。今欲髣髴景行，以爲軌則。氣絶不須復魂，盥漱而斂。以一千錢市成棺，單故裠衫，衣巾枕履。此外送往之具，棺中常物，一不得有所施。世多信李、彭之言，可謂惑矣。余以孔、釋爲師，差無此惑。斂訖，載以露車，歸於舊山，隨得一地，地足爲坎，坎足容棺。不須塼甓，不勞封樹，勿設祭饗，勿置几筵。其蒸嘗繼嗣，言象所絶，事止余身，無傷世教。

初，訏之疾，歊盡心救療，及卒哀傷，爲之誄，又著悲友賦以序哀情。忽有老人無因而至，謂曰：「君心力堅猛，必破死生；但運會所至，不得久留一方耳。」彈指而去。歊心知其異，試遣尋之，莫知其所。於是信心彌篤。既而寢疾，恐貽母憂，乃自言笑，勉進湯藥。謂兄霽、杳曰：「兩兄禄仕，足伸供養。歊之歸泉，復何所憾。願深割無益之悲。」十八年，年三十二卒。

始沙門釋寶誌遇歊於興皇寺，驚起曰：「隱居學道，清淨登仙。」如此三説。歊未死之春，有人爲其庭中栽柿，歊謂兄子奔曰：「吾不見此實，爾其勿言。」至秋而亡，人以爲知命。親故誄其行迹，謚曰貞節處士。

先是有太中大夫琅邪王敬胤以天監八年卒，遺命：「不得設復魄旌旐，一蘆蓆藉下，一枚覆上。吾氣絶便沐浴，籃輿載尸，還忠侯大夫燧中。若不行此，則戮吾尸於九泉。」敬胤外甥許慧詔因阮研以聞。詔曰：「敬胤令其息崇素，氣絶便沐浴，藉以二蘆蓆，鑿地周身，歸葬忠侯。此達生之格言，賢夫玉匣石槨遠矣。然子於父命，亦有所從有所不從。今崇素若信遺意，土周淺薄，屬辟不施，一朝見侵狐鼠，戮屍已甚。父可以訓子，子亦不可行之。外内易棺，此自奉親之情，藉土而葬，亦通人之意。宜兩捨兩取，以達父子之志。棺周於身，土周於槨，去其牲奠，斂以時服。一可以申情，二可以稱家。禮教無違，生死無辱，此故當爲安也。」

訏字彦度，懷珍從孫也。祖承宗，宋太宰參軍。父靈真，齊鎮西諮議、武昌太守。訏幼稱純孝，數歲父母繼卒，訏居喪哭泣孺慕，幾至滅性，赴弔者莫不傷焉。後爲伯父所養，事伯母及昆姊孝友篤至，爲宗族所稱。自傷早孤，人有誤觸其諱者，未嘗不感結流涕。長兄絜爲娉妻，剋日成婚，訏聞而逃匿，事息乃還。

本州刺史張稷辟爲主簿，主者檄召訏，乃挂檄於樹而逃。陳留阮孝緒博學隱居，不交當世，恒居一鹿牀，環植竹木，寢處其中，時人造之，未嘗見也。訏經一造，孝緒即顧以神交。訏族兄歊又履高操，三人日夕招攜，故都下謂之三隱。

訏善玄言，尤精意釋典，曾與歊聽講鍾山諸寺，因共卜築宋熙寺東澗，有終焉之志。尚書郎何炯嘗遇之於路，曰：「此人風神穎俊，蓋荀奉倩、衞叔寶之流也。」命駕造門，拒而不見。族祖孝標與書稱之曰：「訏超超越俗，如半天朱霞。歊矯矯出塵，如雲中白鶴。皆儉歲之粱稷〔二四〕，寒年之纖纊。」

訏嘗著穀皮巾，披納衣，每遊山澤，輒留連忘返。神理閑正，姿貌甚華，在林谷之間，意氣彌遠，或有遇之者，皆謂神人。家甚貧苦，併日而食，隆冬之月，或無氈絮，訏處之晏然，人不覺其飢寒也。自少至長，無喜愠之色。每於可競之地，輒以不競勝之。或有加陵之者，莫不退而愧服，由是衆論咸歸重焉。

天監十七年，卒於歊舍〔二五〕。臨終執歊手曰：「氣絶便斂，斂畢即埋，靈筵一不須立。勿設饗祀，無求繼嗣。」歊從而行之。宗人至友，相與刊石立銘，謚曰玄貞處士。

善明，懷珍族弟也。父懷人〔二六〕，仕宋爲齊、北海二郡太守。元嘉末，青州飢荒，人相食。善明家有積粟，躬食饘粥，開倉以救，鄉里多獲全濟，百姓呼其家田爲續命田。

善明少而靜處讀書，刺史杜驥聞名候之，辭不相見。年四十，刺史劉道隆辟爲中從事。懷人謂善明曰：「我已知汝立身，復欲見汝立官也。」善明應辟，仍舉秀才。宋孝武見其策强直，甚異之。

泰始初，徐州刺史薛安都反，青州刺史沈文秀應之。時州居東陽城，善明家在郭內，不能自拔。伯父彌之詭説文秀求自效，文秀使領軍主張靈慶等五千人援安都。彌之出門，密謂部曲曰：「始免禍坑矣。」行至下邳，乃背文秀，善明從伯懷恭爲北海太守，據郡相應。善明密契，收集門宗部曲，得三千人。夜斬關奔北海。族兄乘人又聚衆勃海〔二七〕，以應朝廷。而彌之尋爲薛安都所殺，明帝贈青州刺史。以乘人爲冀州刺史，善明爲北海太守，除尚書金部郎。乘人病卒，仍以善明爲冀州刺史。文秀既降，除善明海陵太守，郡境邊海，無樹木，善明課人種榆檟雜果，遂獲其利。還爲直閤將軍。

五年，魏剋青州，善明母在焉，移置代郡。善明布衣蔬食，哀戚如持喪，明帝每見，爲之歎息。轉巴西、梓潼二郡太守。善明以母在魏，不願西行，泣涕固請，見許。朝廷多哀善明心事，元徽初遣北使，朝議令善明舉人。善明舉州鄉北平田惠紹使魏，贖母還。

時宋後廢帝新立，羣臣執政，善明獨事齊高帝，委身歸誠。出爲西海太守，行青、冀二州刺史。善明從弟僧副與善明俱知名於鄉里，泰始初，魏攻淮北，僧副將部曲二千人東依海島。齊高帝在淮陰，壯其所爲，召與相見，引爲安成王撫軍參軍。後廢帝肆暴，高帝憂恐，常令僧副微行，伺察聲論。使密告善明及東海太守垣崇祖，使動魏兵。善明勸靜以待之，高帝納焉。

廢帝見殺，善明爲高帝驃騎諮議、南東海太守，行南徐州事。沈攸之反，高帝深以爲憂。善明獻計曰：「沈攸之控引八州，縱情蓄斂，苞藏賊志，於焉十年。性既險躁，才非持重，起逆累旬，遲回不進，豈應有所待也？一則闇於兵機，二則人情離怨，三則有掣肘之患，四則天奪其魄。本疑其輕速，掩襲未備；今六師齊奮，諸侯同舉，此已籠之鳥耳。」事平，高帝召善明還都，謂曰：「卿策沈攸之，雖張良、陳平適如此耳。」仍遷太尉右司馬。

齊臺建，爲右衞將軍，辭疾不拜。司空褚彦回謂善明曰：「高尚之事，乃卿從來素意，今朝廷方相委待，詎得便學松、喬邪。」善明答曰：「我本無宦情，既逢知己，所以戮力驅馳。天地廓清，朝廷濟濟，鄙吝既申[二八]，不敢昧於富貴矣。」

高帝踐祚，以善明勳誠，欲與之祿，召謂曰：「淮南近畿，國之形勝，非親賢不居，卿與我臥理之。」乃代明帝爲淮南、宣城二郡太守。遣使拜授，封新淦伯[二九]。善明至郡，上表陳事凡一十一條：其一以爲「天地開創，宜存問遠方，廣宣慈澤」。其二以爲「京都遠近所歸，宜遣醫藥，問其疾苦，年九十以上及六疾不能自存者，隨宜量賜」。其三以爲「宋氏赦令，蒙原者寡。愚謂今下赦書，宜令事實相副」。其四以爲「劉昶猶存，容能送死境上，諸城宜應嚴備」。其五以爲「宜除宋氏大明以來苛政細制，以崇簡易」。其六以爲「凡諸土木之費，且可權停」。其七以爲「帝子王女，宜崇儉約」。其八以爲「宜詔百官及府州郡縣，各貢讜言，以弘唐、虞之美」。其九以爲「忠貞孝悌，宜擢以殊階；清儉苦節，應授以政務」。其十以爲「革命惟始，宜擇才北使」。其十一以爲「交州險敻，要荒之表，宋末政苛，遂至怨叛。今宜懷以恩德，未應遠勞將士，搖動邊甿」。又撰賢聖雜語奏之，託以諷諫。上優詔答之。

又諫起宣陽門，表陳：「宜明守宰賞罰，立學校，制齊禮，開賓館以接鄰國。」上答曰：「夫賞罰以懲守宰，飾館以待遐荒，皆古之善政，吾所宜勉。更撰新禮，或非易制。國學之美，已敕公卿。宣陽門今敕停。寡德多闕，思復有聞。」

善明身長七尺九寸，質素不好聲色，所居茅齋，斧木而已。牀榻几案，不加剗削。少立節行，常云：「在家當孝，爲吏當清，子孫楷栻足矣[三〇]。」及累爲州郡，頗黷財賄，崔祖思怪而問之，答曰：「管子云，鮑叔知我[三一]。」因流涕曰：「方寸亂矣，豈暇爲廉。」所得金錢皆以贖母。及母至，清節方峻。所歷之職，廉簡不煩，俸祿散之親友。

與崔祖思友善，祖思出爲青、冀二州，善明遺書敍舊，因相勗以忠概。及聞祖思死，慟哭，仍得病。建元二年卒，遺命薄殯。贈左將軍、豫州刺史，謚烈伯。子滌嗣。

善明家無遺儲，唯有書八千卷。高帝聞其清貧，賜滌家葛塘屯穀五百斛，曰：「葛屯亦吾之垣下，令後世知其見異。」

善明從弟僧副字士雲，位前將軍，封豐陽男，卒於巴西、梓潼二郡太守。上圖功臣像讚，僧副亦在焉。

兄法護字士伯，有學業，位濟陰太守。

論曰：詩稱「抑抑威儀，惟人之則」，又云：「其儀不忒，正是四國。」觀夫杲之風流所得，休野行己之度，蓋其有焉。仲和性履所遵，德璋業尚所守，殆人望也。懷珍宗族文質斌斌，自宋至梁，時移三代，或以隱節取高，或以文雅見重。古人云立言立德，斯門其有之乎。

校勘記

〔一〕祖深之位義興太守　按張森楷南史校勘記：「南齊書作『祖深之，雍州刺史』。梁書庾蓽傳作

『深之，應州刺史』。宋書孝武紀有大明五年庾深之爲豫州刺史文；海陵王休茂傳稱深之轉海陵王司馬見害，贈雍州刺史。不云爲義興太守，即守義興，亦非終於其官也。當以南齊書爲是。」

〔二〕梁州人益州刺史鄧元起功勳甚著　按梁書卷一〇鄧元起傳謂鄧元起爲南郡當陽人，南郡屬荆州。

〔三〕徙廬江王中軍長史　「廬江王」，南齊書卷三四王諶傳作「廬陵王」。按南齊無「廬江王」，南齊書卷四〇武十七王廬陵王子卿傳載子卿永明六年爲中軍將軍，諶即爲其長史，當作「廬陵王」。

〔四〕凡一千五百三十二條　按上所舉總數一千七百三十二，與此處不合。

〔五〕取爲驃騎長史兼墨曹行參軍　南齊書卷二七劉懷珍傳無「史」字。按錢大昕考異卷三六：「長兼者，未正授之稱。」疑「史」字衍文。

〔六〕徵爲都官尚書領前將軍　「前將軍」，南齊書卷二七劉懷珍傳作「前軍將軍」，册府卷二〇四作「前軍」。

〔七〕上乃遣軍主房靈人領百騎進送晃　「房靈人」，南齊書卷二七劉懷珍傳作「房靈民」，此避唐諱而改。

〔八〕父琁之　「琁之」，魏書卷四三劉休賓傳作「旋之」，梁書卷五〇文學下劉峻傳作「珽」，通志卷一四一作「璇之」。

〔九〕中山富人劉寶愍峻　「劉寶」，梁書卷五〇文學下劉峻傳作「劉實」。

〔一〇〕峻兄弟不蒙選拔　「選拔」，南監本及通志卷一四一作「選授」。

〔一一〕會策錦被事　「會」，原作「曾」，據册府卷二一八改。

〔一二〕峻並爲申析以答之　「峻」，原作「悛」，據南監本、北監本、汲本、殿本及梁書卷五〇文學下劉峻傳、通志卷一四一改。

〔一三〕普通三年卒年六十　「三年」，梁書卷五〇文學下劉峻傳作「二年」。按上文云「宋泰始初，魏剋青州，峻時年八歲」，據魏書卷六顯祖紀、宋書卷八八沈文秀傳，青州陷落於泰始五年（魏皇興三年），峻時年八歲，則當生於宋孝武帝大明六年；年六十卒時當在梁普通二年。「三」字疑誤。

〔一四〕父乘人冀州刺史　「乘人」，南齊書卷五三良政劉懷慰傳作「乘民」，此避唐諱而改。

〔一五〕兗州刺史柳世隆與懷慰書曰　按南齊書卷二高帝紀下、卷二四柳世隆傳，柳世隆時爲南兗州刺史。

〔一六〕霽字士湮　「士湮」，梁書卷四七孝行劉霽傳作「士烜」。

〔一七〕此言未必可安　「安」，梁書卷五〇文學下劉杳傳、通志卷四七作「按」。

〔一八〕仲師長尺二寸唯出論衡　檢今本論衡作「潁川張仲師長一丈二寸」，殆誤。按御覽卷三七八引纂文作「潁川張仲師長二尺二寸」，注出論衡。「一尺二寸」與「二尺二寸」未知孰是。

〔一九〕張安世傳云持橐簪筆事孝武皇帝數十年　按此記西漢張安世事，語實出漢書卷六九趙充國傳。

〔二〇〕而爲酒厨之職　「厨」，原作「府」，據北監本、殿本及梁書卷五〇文學下劉杳傳、册府卷二六〇改。

〔二一〕十二讀莊子逍遥篇曰　「十二」，梁書卷五一處士劉歊傳作「十一」。

〔二二〕進不保尸退異常俗　「保」，北監本、殿本及梁書卷五一處士劉歊傳作「裸」。「異」，原作「畢」，據梁書改。

〔二三〕爰珍無設筵几　「爰珍」，梁書卷五一處士劉歊傳作「奚珍」。按「奚珍」於史無聞，御覽卷四六五引陳留耆舊傳曰：「爰珍除六令，吏人訟息，教誨其子弟歌之曰：『我有田疇，爰父殖置。我有子弟，爰父教誨。』」

〔二四〕皆儉歲之粱稷　「粱」，原作「梁」，據汲本及册府卷八八三、通志卷一七八改。

〔二五〕天監十七年卒於歊舍　「十」字原脱，據梁書卷五一處士劉訏傳補。按上云「本州刺史張稷辟爲主簿」。據梁書本傳，劉訏平原人，平原屬冀州；又據卷二武帝紀中，張稷爲青冀二州刺史在天監十年，可證劉訏之死必在十年以後。

〔二六〕父懷人　「懷人」，南齊書卷二八劉善明傳作「懷民」，此避唐諱而改。

〔二七〕族兄乘人又聚衆勃海　「衆」字原脱，據南齊書卷二八劉善明傳、通志卷一三七補。

〔二八〕鄙吝既申　「鄙吝」，南齊書卷二八劉善明傳作「鄙懷」。

〔二九〕封新淦伯　「新淦」，原作「新塗」，據通志卷一三七改。

〔三〇〕子孫楷栻足矣　「楷栻」，通志卷一三七作「楷式」。

〔三一〕管子云鮑叔知我　「鮑叔」，原作「夷吾」，據册府卷七五三明本、通志卷一三七改。按史記卷六二管晏列傳，管仲夷吾少時嘗與鮑叔牙游，後有「生我者父母，知我者鮑子也」云云。

南史卷五十

列傳第四十

劉瓛 弟璡　族子顯　瑴　**明僧紹** 子山賓　**庾易** 子黔婁　於陵　肩吾
劉虬 子之遴　之亨　虬從弟坦

劉瓛字子珪，沛郡相人，晉丹陽尹惔六世孫也。祖弘之，給事中。父惠，臨賀太守。瓛篤志好學，博通訓義。年五歲，聞舅孔熙先讀管寧傳，欣然欲讀，舅更爲説之，精意聽受，曰：「此可及也。」宋大明四年，舉秀才，兄璲亦有名，先應州舉，至是別駕東海王元曾與瓛父惠書曰：「此歲賢子充秀〔一〕，州閭可謂得人。」

除奉朝請不就，兄弟三人共處蓬室一間，爲風所倒，無以葺之。怡然自樂，習業不廢。聚徒教授，常有數十。丹陽尹袁粲於後堂夜集，聞而請之，指聽事前古柳樹謂瓛曰：「人謂此是劉尹時樹，每想高風；今復見卿清德，可謂不衰矣。」薦爲祕書郎，不見用。後拜安成王撫軍行參軍，公事免。瓛素無宦情，自此不復仕。袁粲誅，瓛微服往哭，并致賻助。

齊高帝踐祚，召瓛入華林園談語，問以政道。答曰：「政在孝經。宋氏所以亡，陛下所以得之是也。」帝咨嗟曰：「儒者之言，可寶萬世。」又謂瓛曰：「吾應天革命，物議以爲何如？」瓛曰：「陛下戒前軌之失，加之以寬厚，雖危可安；若循其覆轍，雖安必危。」及出，帝謂司徒褚彦回曰：「方直乃耳。學士故自過人。」敕瓛使數入，而瓛自非詔見，未嘗到宫門。

上欲用瓛爲中書郎，使吏部尚書何戢喻旨。戢謂瓛曰：「上意欲以鳳池相處，恨君資輕，可且就前除。少日當轉國子博士，便即所授。」瓛笑曰：「平生無榮進意，今聞得中書郎而拜記室，豈本心哉。」

後以母老闕養，拜彭城郡丞，司徒褚彦回宣旨喻之，答曰：「自省無廊廟才，所願唯保彭城丞耳。」上又以瓛兼總明觀祭酒，除豫章王驃騎記室參軍，丞如故。瓛終不就。武陵王曄爲會稽太守，上欲令瓛爲曄講，除會稽郡丞。學徒從之者轉衆。

永明初，竟陵王子良請爲征北司徒記室，瓛與張融、王思遠書曰：

奉教使恭召，會當停公事；但念生平素抱，有乖恩顧。吾性拙人間，不習仕進，昔嘗爲行佐，便以不能及公事免黜，此眷者所共知也。量己審分，不敢期榮，夙嬰貧困，加以疎懶，衣裳容髮，有足駭者。中以親老供養，褰裳徒步，脱爾逮今，二代一紀。先朝使其更自脩正，勉勵於階級之次，見其繿縷，或復賜以衣裳。袁、褚諸公，咸加勸勵，終於不能自反也。一不復爲，安可重爲哉。昔人有以冠一免，不重加於首，每謂此得進止之儀。又上下年尊，益不願居官次廢晨昏也。先朝爲此，曲申從許，故得連年不拜。既習此歲久，又齒長疾侵，豈宜攝齎河間之聽，厠迹東平之僚？本無絶俗之操，亦非能偃蹇爲高，此又聽覽所當深察者也。近初奉教，便自希得託迹客游之末，而固辭榮級，其故何邪？以古之王侯大人，或以此延四方之士，有追申、白而入楚，羡鄒、枚而游梁，吾非敢叨夫曩賢，庶欲從九九之遺迹，既於聞道集泮不殊，而幸無職司拘礙，可得奉温凊，展私計，志在此耳。

除步兵校尉，不拜。

瓛姿狀纖小，儒業冠於當時，都下士子貴游，莫不下席受業，當世推其大儒，以比古之曹、鄭。性謙率，不以高名自居，之詣於人〔二〕，唯一門生持胡牀隨後。主人未通，便坐門待答。住在檀橋，瓦屋數間，上皆穿漏，學徒敬慕，不敢指斥，呼爲青溪焉。

竟陵王子良親往脩謁。七年，表武帝爲瓛立館，以楊烈橋故主第給之，生徒皆賀。瓛曰：「室美豈爲人哉〔三〕，此華宇豈吾宅邪？幸可詔作講堂，猶恐見害也。」未及徙居，遇疾。子良遣從瓛學者彭城劉繪、順陽范縝將厨於瓛宅營齋。及卒，門人受學者並弔服臨送。

瓛有至性，祖母病疽經年，手持膏藥，漬指爲爛。母孔氏甚嚴明，謂親戚曰：「阿稱便是今世曾子。」稱，瓛小名也。年四十餘，未有婚對。建元中，高帝與司徒褚彦回爲瓛娶王氏女。王氏穿壁挂履，土落孔氏牀上，孔氏不悦。瓛即出其妻。及居母憂，住墓下不出廬〔四〕，足爲之屈，杖不能起。此山常有鵃鵅鳥，瓛在山三年不敢來，服釋還家，此鳥乃至。梁武帝少時嘗經伏膺，及天監元年下詔爲瓛立碑，謚曰貞簡先生。所著文集行於世。

初，瓛講月令畢，謂學生嚴植之曰：「江左以來，陰陽律數之學廢矣，吾今講此，曾不得其彷彿。」學者美其退讓。時濟陽蔡仲熊禮學博聞，謂人曰：「五音本在中土，故氣韻調平。今既東南土氣偏詖〔五〕，故不能感動木石。」瓛亦以爲然。仲熊執經議論，往往與時宰不合，亦終不改操求同，故坎壈不進，歷年方至尚書左丞，當時恨其不遇。

又東陽婁幼瑜字季玉〔六〕，著禮捃拾三十卷。

瓛弟璡字子璥，方軌正直，儒雅不及瓛而文采過之。宋泰豫中，爲明帝挽郎。齊建元初，爲武陵王曄冠軍征虜參軍。曄與僚佐飲，自割鵝炙。璡曰：「應刃落俎，是膳夫之事。殿下親執鸞刀，下官未敢安席。」因起請退。與友人會稽孔逷同舟入東，於塘上遇一女子，逷目送曰：「美而豔。」璡曰：「斯豈君子所宜言乎，非吾友也。」於是解裳自隔。或曰：與友孔徹同舟入東，徹留目觀岸上女子。璡舉席自隔，不復同坐。兄瓛夜隔壁呼璡，璡不答，方下牀著衣立，然後應。瓛怪其久，璡曰：「向東帶未竟。」其立操如此。文惠太子召璡入侍東宮，每上事輒削草。尋署射聲校尉，卒於官。

時濟陽江重欣亦清介，雖處闇室，如對嚴賓，而不及璡也。重欣位至射聲校尉。

顯字嗣芳，瓛族子也。父鬷字仲翔，博識強正，名行自居。幼爲外祖臧質所鞠養。質既富盛，恒有音樂。質亡後，母没十許年，鬷每聞絲竹之聲，未嘗不歔欷流涕。梁天監初，終於晉安内史。

顯幼而聰敏，六歲能誦呂相絶秦、賈誼過秦。琅邪王思遠、吴國張融見而稱賞，號曰神童。族伯瓛儒學有重名，卒無嗣，齊武帝詔顯爲後，時年八歲。本名頲，齊武以字難識，改名顯。天監初，舉秀才，解褐中軍臨川王行參軍，俄署法曹。顯博涉多通。任昉嘗得一篇缺簡，文字零落，示諸人莫能識者，顯見，云是古文尚書所刪逸篇。昉檢周書，果如其說。昉因大相賞異。丁母憂，服闋，尚書令沈約時領太子少傅，引爲少傅五官。約爲丹陽尹，命駕造焉。於坐策顯經史十事，顯對其九。約曰：「老夫昏忘，不可受策；雖然，聊試數事，不可至十。」顯問其五，約對其二。陸倕聞之擊席喜曰：「劉郎子可謂差人，雖吾家平原詣張壯武，王粲謁伯喈，必無此對。」其爲名流推賞如此。

五兵尚書傅昭掌著作，撰國史，顯自兼廷尉正，被引爲佐。及革選尚書五都，顯以法曹兼吏部郎〔七〕。後爲尚書儀曹郎。嘗爲上朝詩，沈約見而美之，命工書人題之於郊居宅壁。後兼中書通事舍人，再遷驃騎鄱陽王記室，兼中書舍人。後爲中書郎，舍人如故。

顯與河東裴子野、南陽劉之遴、吳郡顧協連職禁中，遞相師友，人莫不慕之。顯博聞强記，過於裴、顧。時波斯獻生師子，帝問曰：「師子有何色？」顯曰：「黄師子超不及白師子超。」魏人送古器，有隱起字無識者，顯案文讀之無滯，考校年月，一字不差。武帝甚嘉焉。

遷尚書左丞，除國子博士。時有沙門訟田，帝大署曰「貞」。有司未辯，徧問莫知。顯曰：「貞字文爲與上人。」帝因忌其能，出之。後爲雲麾邵陵王長史、尋陽太守。魏使李諧至聞之，恨不相識。歎曰：「梁德衰矣。善人國之紀也，而出之，無乃不可乎。」王遷鎮郢州，除平西府諮議參軍，久在府不得志。大同九年終于夏口，時年六十三。

凡佐兩府，並事驕王，人爲之憂，而反見禮重。友人劉之遴啓皇太子爲之銘誌，葬於秣陵縣劉真長舊塋。

子荂、恁、臻〔八〕。臻早有名，載北史。

顯從弟轂字仲寶。形貌短小，儒雅博洽，善辭翰，隨湘東王在蕃十餘年，寵寄甚深。當時文檄皆其所爲。位吏部尚書、國子祭酒。魏剋江陵，入長安。

明僧紹字休烈，平原鬲人，一字承烈。其先吴太伯之裔，百里奚子孟明，以名爲姓，其後也。祖玩，州中從事。父略，給事中。僧紹明經有儒術，宋元嘉中，再舉秀才，永光中，鎮北府辟功曹，並不就。隱長廣郡嶗山，聚徒立學。魏剋淮北，乃度江〔九〕。

昇明中，齊高帝爲太傅，教辟僧紹及顧歡、臧榮緒，以旌幣之禮，徵爲記室參軍，不至。

僧紹弟慶符爲青州，僧紹乏糧食，隨慶符之鬱洲，住弇榆山栖雲精舍，欣玩水石，竟不一入州城。

泰始季年，岷、益有山崩，淮水竭齊郡，僧紹竊謂其弟曰：「夫天地之氣，不失其序，若夫陽伏而不泄，陰迫而不蒸，於是乎有山崩川竭之變。昔伊、洛竭而夏亡，河竭而殷亡，三川竭、岐山崩而周亡，五山崩而漢亡。夫有國必依山川而爲固，山川作變，不亡何待？今宋德如四代之季，爾誌吾言而勿泄也。」竟如其言。

齊建元元年冬，徵爲正員郎，稱疾不就。其後帝與崔祖思書〔一〇〕，令僧紹與慶符俱歸。僧紹又曰〔一一〕：「不食周粟而食周薇，古猶發議，在今寧得息談邪？聊以爲笑。」

慶符罷任，僧紹隨歸，住江乘攝山。僧紹聞沙門釋僧遠夙德〔一二〕，往候定林寺。高帝欲出寺見之，僧遠問僧紹曰：「天子若來，居士若爲相對？」僧紹曰：「山藪之人，政當鑿坏以遁；若辭不獲命，便當依戴公故事。」既而遁還攝山，建栖霞寺而居之，高帝甚以爲恨。昔戴顒高卧牖下，以山人之服加其身，僧紹故云。

高帝後謂慶符曰：「卿兄高尚其事，亦堯之外臣。朕夢想幽人，固已勤矣。所謂『逕路絕，風雲通』。」仍賜竹根如意、筍籜冠，隱者以爲榮焉。勃海封延伯者，高行士也，聞之歎曰：「明居士身彌後而名彌先，亦宋、齊之儒仲也。」永明中，徵國子博士不就，卒。

僧紹長兄僧胤能言玄，仕宋爲江夏王義恭參軍，王別爲立榻，比之徐孺子。位冀州刺史。子慧照，元徽中，爲齊高帝平南主簿，從拒桂陽，累至驃騎中兵參軍，與荀伯玉對領直。建元元年，爲巴州刺史，綏懷蠻蜒，上許爲益州刺史，未遷卒。

僧胤次弟僧暠亦好學，宋大明中再使魏，于時新誅司空劉誕。孝武謂曰：「若問廣陵之事，何以答之？」對曰：「周之管、蔡，漢之淮南。」帝大悅。及至魏，魏問曰：「卿銜此命，當緣上國無相踰者邪？」答曰：「聰明特達，舉袂成帷，比屋之甿，又無下僕。晏子所謂『看國善惡』，故再辱此庭。」位至青州刺史。

僧紹子元琳、仲璋、山賓並傳家業〔一三〕，山賓最知名。

山賓字孝若，七歲能言名理。十三，博通經傳，居喪盡禮。起家奉朝請。兄仲璋痼疾，家道屢空，山賓乃行干祿，後爲廣陽令，頃之去官。會詔使公卿舉士，左衞將軍江祏上書薦山賓才堪理劇。齊明帝不重學，謂祏曰：「聞山賓談書不輟，何堪官邪。」遂不用。

梁臺建，累遷右軍記室參軍，掌吉禮。時初置五經博士，山賓首應其選。歷中書侍郎，國子博士，太子率更令，中庶子。天監十五年，出爲持節、都督緣淮諸軍事、北兗州刺史。普通二年，徵爲太子右衞率，加給事中。遷御史中丞，以公事左遷黃門侍郎。四年，爲散騎常侍。東宫新置學士，又以山賓居之。俄以本官兼國子祭酒。

初，山賓在州，所部平陸縣不稔，啓出倉米以振百姓。後刺史檢州曹，失簿，以山賓爲耗損。有司追責，籍其宅入官。山賓不自理，更市地造宅。昭明太子聞築室不就，有令曰：「明祭酒雖出撫大蕃，擁旌推轂〔一四〕，珥金拖紫，而恒事屢空。聞搆宇未成，今送薄助。」并貽詩曰：「平仲古稱奇，夷齊昔擅美〔一五〕。令則挺伊賢，東秦固多士。築室非道傍，置宅歸仁里。庚桑方有係，原生今易擬。必來三徑人，將招五經士。」

山賓性篤實，家中嘗乏困，貨所乘牛。既售受錢，乃謂買主曰：「此牛經患漏蹄，療差已久，恐後脱發，無容不相語。」買主遽追取錢。處士阮孝緒聞之，歎曰：「此言足使還淳反朴，激薄停澆矣。」

五年，又假節，攝北兗州事，後卒官，贈侍中，謚曰質子。山賓累居學官，甚有訓導之益，然性頗疎通，接於諸生多狎比，人皆愛之。所著吉禮儀注二百二十四卷，禮儀二十卷，孝經喪服義十五卷。

子震字興道，亦傳父業，位太子舍人，尚書祠部郎，餘姚令。

山賓弟少遐字處默，亦知名，位都官尚書。簡文謂人曰：「我不喜明得尚書，更喜朝廷得人。」後拜青州刺史。太清之亂奔魏，仕北齊，卒於太子中庶子。子罕，司空記室。

明氏南度雖晚，並有名位，自宋至梁爲刺史者六人。

庾易字幼簡，新野人也，徙居江陵。祖玫，巴郡太守。父道驥，安西參軍。易志性恬靜，不交外物，齊臨川王映臨州，表薦之，餉麥百斛。易謂使人曰：「走樵採麋鹿之伍，終其解毛之衣〔六〕，馳騁日月之車，得保自耕之禄，於大王之恩亦已深矣。」辭不受，以文義自樂。安西長史袁彖欽其風，贈以鹿角書格、蚌盤、蚌研、白象牙筆。并贈詩曰：「白日清明，青雲遼亮，昔聞巢、許，今覩臺、尚。」易以連理几、竹翹書格報之。建武三年〔一七〕，詔徵爲司空主簿〔一八〕，不就，卒。子黔婁嗣〔一九〕。

黔婁字子貞，一字貞正。少好學，多所講誦。性至孝，不曾失色於人。南陽高士劉虬、宗測並歎異之。仕齊爲編令，政有異績。先是縣境多猛獸暴，黔婁至，猛獸皆度往臨沮界，時以爲仁化所感。

徙孱陵令，到縣未旬，易在家遘疾，黔婁忽心驚，舉身流汗，即日棄官歸家。家人悉驚其忽至。時易疾始二日，醫云欲知差劇，但嘗糞甜苦。易泄利，黔婁輒取嘗之，味轉甜滑，心愈憂苦。至夕，每稽顙北辰，求以身代。俄聞空中有聲曰：「徵君壽命盡，不復可延。汝誠禱既至，政得至月末。」晦而易亡〔一〇〕。黔婁居喪過禮，廬于家側。

梁臺建，黔婁自西臺尚書儀曹郎爲益州刺史鄧元起表爲府長史、巴西梓潼二郡太守。及成都平，城中珍寶山積，元起悉分與僚佐，唯黔婁一無所取。元起惡其異衆，厲聲曰：「長史何獨爲高？」黔婁示不違之，請書數篋。尋除蜀郡太守，在職清素，百姓便之。元起死于蜀郡，部曲皆散，黔婁身營殯斂，攜持喪柩歸鄉里。

東宮建，以中軍記室參軍侍皇太子讀，甚見知重。詔與太子中庶子殷鈞、中書舍人到洽〔一一〕、國子博士明山賓遞日爲太子講五經義。遷散騎侍郎，卒。弟於陵。

於陵字介〔一二〕，七歲能言玄理。及長，清警博學，有才思。齊隨王子隆爲荆州，召爲主簿，使與謝朓、宗夬抄撰羣書。子隆代還，又以爲送故主簿。子隆爲明帝所害，僚吏畏避莫至，唯於陵與夬獨留經理喪事。永元末，除東陽遂安令，爲人吏所稱。

梁天監初，爲建康獄平，遷尚書功論郎〔一三〕，待詔文德殿。後兼中書通事舍人，拜太子洗馬。舊東宮官屬通爲清選〔一四〕，洗馬掌文翰，尤其清者。近代用人，皆取甲族有才望者，時於陵與周捨並擢充此職。武帝曰：「官以人清，豈限甲族。」時論以爲美。累遷中書黄門侍郎，舍人如故。後終於鴻臚卿。弟肩吾。

肩吾字慎之〔二五〕，八歲能賦詩，爲兄於陵所友愛。初爲晉安王國常侍，王每徙鎮，肩吾常隨府。在雍州被命與劉孝威、江伯摇、孔敬通、申子悦、徐防、徐摛、王囿、孔鑠、鮑至等十人抄撰衆籍，豐其果饌，號高齋學士。王爲皇太子，兼東宮通事舍人。後爲安西湘東王中録事、諮議參軍，太子率更令，中庶子。

簡文開文德省置學士，肩吾子信、徐摛子陵、吴郡張長公、北地傅弘、東海鮑至等充其選。齊永明中，王融、謝朓、沈約文章始用四聲，以爲新變，至是轉拘聲韻，彌爲麗靡，復踰往時。簡文與湘東王書論之曰：

比見京師文體，儒鈍殊常，競學浮疎，爭事闡緩，既殊比興，正背風騷。若夫六典三禮，所施則有地；吉凶嘉賓，用之則有所。未聞吟詠情性，反擬内則之篇；操筆寫志，更模酒誥之作。遲遲春日，翻學歸藏；湛湛江水，遂同大傳。

吾既拙於爲文，不敢輕有掎摭，但以當世之作，歷萬古之才人〔二六〕，遠則楊、馬、曹、王，近則潘、陸、顔、謝，觀其遺辭用心，了不相似。若以今文爲是，則昔賢爲非，若以昔賢可稱，則今體宜棄。俱爲盍各，則未之敢許。又時有效謝康樂、裴鴻臚文者，亦頗有惑焉。何者？謝客吐言天拔，出於自然，時有不拘，是其糟粕。裴氏乃是良史之才，了無篇什之美。是爲學謝則不屆其精華，但得其冗長；師裴則義絶其所長〔二七〕，唯得其所短。謝故巧不可階，裴亦質不宜慕。故胸馳臆斷之侣，好名忘實之類，決羽謝生，豈三千之可及，伏膺裴氏，懼兩唐之不傳。故玉暉金銑〔二八〕，反爲拙目所嗤，巴人下俚，更合郢中之聽。陽春高而不和，妙聲絶而不尋。竟不精討錙銖，覈量文質，有異巧心，終愧妍耳〔二九〕。是以握瑜懷玉之士，瞻鄭邦而知退；章甫翠履之人，望閩鄉而歎息。詩既若此，筆又如之。徒以煙墨不言，受其驅染，紙札無情，任其搖襞。甚矣哉，文章橫流，一至於此。

至如近世謝朓、沈約之詩，任昉、陸倕之筆，斯文章之冠冕，述作之楷模。張士簡之賦，周升逸之辯，亦成佳手，難可復遇。文章未墜，必有英絶，領袖之者，非弟而誰。每欲論之，無可與晤〔三〇〕，思吾子建〔三一〕，一共商榷。辨茲清濁，使如涇、渭，論茲月旦，類彼汝南。朱白既定〔三二〕，雌黄有別，使夫懷鼠知慚，濫竽自恥。相思不見，我勞如何！

及簡文即位，以肩吾爲度支尚書。時上流蕃鎮，並據州拒侯景，景矯詔遣肩吾使江州喻當陽公大心。大心乃降賊，肩吾因逃入東。後賊宋子仙破會稽，購得肩吾，欲殺之，先謂曰：「吾聞汝能作詩，今可即作，若能，將貸汝命。」肩吾操筆便成，辭采甚美，子仙乃釋以爲建昌令。仍間道奔江陵，歷江州刺史，領義陽太守，封武康縣侯。卒，贈散騎常侍、中書令。子信。

劉虬字靈預，一字德明，南陽涅陽人，晉豫州刺史喬七世孫也。徙居江陵。

虬少而抗節好學，須得禄便隱。宋泰始中，仕至晉平王驃騎記室、當陽令。罷官歸家靜處，常服鹿皮袷，斷穀，餌朮及胡麻。齊建元初，豫章王嶷爲荆州，教辟虬爲别駕，與同郡宗測、新野庾易並遺書禮請之。虬等各脩牋答而不應命。

永明三年，刺史廬陵王子卿表虬及同郡宗測、宗尚之、庾易、劉昭五人，請加蒲車束帛之命。詔徵爲通直郎，不就。竟陵王致書通意，虬答曰：「虬四節卧疾病，三時營灌植，暢餘陰於山澤，託暮情於魚鳥，寧非唐、虞重恩，周、邵宏施。」

虬精信釋氏，衣麤布，禮佛長齋，注法華經，自講佛義。以江陵西沙洲去人遠，乃徙居之。建武二年，詔徵國子博士，不就。其冬虬病，正晝有白雲徘徊簷户之内，又有香氣及磬聲。其日卒，年五十八。虬子之遴。

之遴字思貞，八歲能屬文。虬曰：「此兒必以文興吾宗。」常謂諸子曰：「若比之顏氏，之遴得吾之文。」由是州里稱之。時有沙門僧惠有異識，每詣虬必呼之遴小字曰：「僧伽福德兒。」握手而進之。

年十五，舉茂才，明經對策，沈約、任昉見而異之。吏部尚書王瞻嘗候任昉，遇之遴在坐，昉謂瞻曰：「此南陽劉之遴，學優未仕，水鏡所宜甄擢。」即調爲太學博士[二三]。昉曰：「爲之美談，不如面試。」時張稷新除尚書僕射，託昉爲讓表，昉令之遴代作，操筆立成。昉曰：「荆南秀氣，果有異才，後仕必當過僕。」御史中丞樂藹即之遴之舅，憲臺奏彈，皆令之遴草焉。後爲荆州中從事，梁簡文臨荆州，仍遷宣惠記室。之遴篤學明審，博覽羣籍，時劉顯、韋稜並稱强記，之遴每與討論，咸不過也。

累遷中書侍郎，後除南郡太守。武帝謂曰：「卿母年德並高，故令卿衣錦還鄉，盡榮養之理。」轉西中郎湘東王繹長史，太守如故。初，之遴在荆府，常寄居南郡[二四]，忽夢前太守袁彖謂曰：「卿後當爲折臂太守，即居此中。」之遴後牛奔墮車折臂[二五]，右手偏直，不復得屈伸，書則以手就筆，歎曰：「豈顋而王乎？」周捨嘗戲之曰：「雖復並坐可横，政恐陋巷無枕[二六]。」後連相兩王，再爲此郡，歷祕書監。

出爲郢州行事，之遴意不願出，固辭曰：「去歲命絶離巽，不敢東下；今年所忌又在西方。」武帝手敕曰：「朕聞妻子具，孝衰於親，爵禄具，忠衰於君。卿既内足，理忘奉公之節。」遂爲有司奏免。後爲都官尚書、太常卿。

之遴好古愛奇，在荆州聚古器數十百種，有一器似甌，可容一斛，上有金錯字，時人無能知者。又獻古器四種於東宫。其第一種，鏤銅鴟夷榼二枚，兩耳有銀鏤，銘云：「建平二年造。」其第二種，金銀錯鏤古鐏二枚，有篆銘云：「秦容成侯適楚之歲造。」其第三種，外國澡灌一口，有銘云：「元封二年，龜茲國獻。」其第四種，古製澡盤一枚，銘云：「初平二年造。」

時鄱陽嗣王範得班固所撰漢書真本獻東宫，皇太子令之遴與張纘、到溉、陸襄等參校異同，之遴録其異狀數十事，其大略云：「案古本漢書稱『永平十六年五月二十一日己酉，郎班固上』，而今本無上書年月日子〔三七〕。又案古本敍傳號爲中篇，今本稱爲敍傳，載班彪事行〔三八〕，而古本云「彪自有傳」。又今本紀及表志列傳不相合爲次，而古本相合爲次，總成三十八卷。又今本外戚在西域後，古本外戚次帝紀下。又今本高五子、文三王、景十三王、孝武六子、宣元六王雜在諸傳表中〔三九〕，古本諸王悉次外戚下，在陳項傳上。又今本韓彭英盧吴述云：「信惟餓隸，布實黥徒，越亦狗盜，芮尹江湖。雲起龍驤，化爲侯王。」古本述云：「淮陰毅毅，仗劍周章〔四〇〕，邦之傑子，寔惟彭、英。化爲侯王〔四一〕，雲起龍驤。」又古本第三十七卷解音釋義，以助雅詁；而今本無此卷也。」

之遴好屬文，多學古體，與河東裴子野、沛國劉顯恒共討論古籍，因爲交好。時周易、尚書、禮記、毛詩並有武帝義疏，唯左氏傳尚闕，之遴乃著春秋大意十科，左氏十科，三傳同異十科。合三十事上之。帝大悅，詔答曰：「省所撰春秋義，比事論書，辭微旨遠，編年之教，言闡義繁。丘明傳洙、泗之風，公羊宗西河之學，鐸椒之解不追，瑕丘之說無取。繼踵胡母，仲舒云盛，因循穀梁，千秋最篤。張蒼之傳左氏，賈誼之襲荀卿，源本分鑣，指歸殊致，詳略紛然，其來舊矣。昔在弱年，久經研味，一從遺置，迄將五紀。兼晚秋晷促，機事罕暇，夜分求衣，未遑披括。須待夏景，試欲推尋，若温故可求，別酬所問也。」

始武帝於齊代爲荆府諮議，時之遴父虬隱在百里洲，早相知聞。帝偶匱乏，遣就虬換穀百斛。之遴時在父側，曰：「蕭諮議躓士，云何能得舂，願與其米。」虬從之。及帝即位常懷之。侯景初以蕭正德爲帝，之遴時落景所，將使授璽紱。之遴預知，仍剃髮披法服乃免。先是，平昌伏挺出家，之遴爲詩嘲之曰：「傳聞伏不鬬，化爲支道林。」及之遴遇亂，遂披染服，時人笑之。

尋避難還鄉，湘東王繹嘗嫉其才學，聞其西上至夏口，乃密送藥殺之。不欲使人知，乃自製誌銘，厚其賻贈。前後文集五十卷。

子三達字三善，數歲能清言及屬文。州將湘東王繹聞之，盛集賓客，召而試之。說義屬詩，皆有理致。年十二，聽江陵令賀革講禮還，仍覆述，不遺一句。年十八卒。之遴深懷悼恨，乃題墓曰「梁妙士」以旌之。之遴弟之亨。

之亨字嘉會，年四歲，出後叔父嵩。及長好學，美風姿，善占對。武帝之臨荆州，唯與虬談。虬見之遴之亨，帝曰〔四二〕：「之遴必以文章顯，之亨當以功名著。」後州舉秀才，除太學博士，仍代兄之遴爲中書通事舍人。累遷步兵校尉，湘東王繹諮議參軍，敕賜金策并賜詩焉。大通六年，出師南鄭，詔湘東王節度諸軍。之亨以司農卿爲行臺承制，途出本州北界，總督衆軍，杖節而西，樓船戈甲甚盛。老小緣岸觀曰：「是前舉秀才者。」鄉部偉之。是行也，大致剋復，軍士有功皆録，唯之亨爲蘭欽所訟，執政因而陷之，故封賞不行，但復本位而已。久之，帝讀陳湯傳，恨其立功絶域而爲文吏所抵。宦者張僧胤曰：「外聞論者〔四三〕，竊謂劉之亨似之。」帝感悟，乃封爲臨江子。固辭不拜。

之亨美績嘉聲，在朱异之右，既不協，懼爲所害，故美出之〔四四〕，以代之遴爲安西湘東王繹長史、南郡太守。上問朱异曰：「之亨代兄喜不？兄弟因循，豈直大馮、小馮而已。」

又謂尚書令何敬容曰：「荆州長史、南郡太守，皆是僕射出入。今者之亭便是九轉。」在郡有異績，吏人稱之。卒，荆土懷之，不復稱名，號爲大南郡、小南郡。

子廣德，亦好學，負才任氣。承聖中，位湘東太守。魏平荆州，依于王琳。琳平〔四五〕，陳太建中，歷河東太守，卒官。

之亭弟之遲，位荆州中從事史。子仲威，少有志氣，頗涉文史。梁承聖中，爲中書侍郎。蕭莊稱尊號，以爲御史中丞，隨莊終鄴中。

坦字德度，虬從弟也。仕齊歷孱陵令，南中郎録事參軍，所居以幹濟稱。梁武帝起兵，時輔國將軍楊公則爲湘州刺史，帥師赴夏口。西朝議行州事者，坦求行，乃除輔國長史、長沙太守，行湘州刺史。坦嘗在湘州，多舊恩，道迎者甚衆。齊東昏遣安成太守劉希祖破西臺所選太守范僧簡於平都，希祖移檄湘部，於是始興内史王僧粲應之，湘部諸郡，悉皆蜂起。州人咸欲汎舟逃走，坦悉聚船焚之。前湘州鎮軍鍾玄紹潛應僧粲，坦聞其謀，僞爲不知，因理訟至夜，城門遂不閉以疑之。玄紹未及發，明旦詣坦問其故。久留與語，密遣親兵收其家。玄紹在坐未起，而收兵已報具得其文書本末。玄紹即首伏，於坐斬之，焚其文書，餘黨悉無所問。

梁天監初，論功封荔浦子。三年，遷西中郎長史、蜀郡太守，行益州事。未至蜀，道卒。

論曰：劉瓛弟兄，僧紹父子，並業盛專門，飾以儒行，持身之節，異夫苟得患失者焉。庾易、劉虬取高一代，其所以行己，事兼隱德，諸子學業之美，各著家聲。顯及之遴見嫉時主，或以非罪而斥，或以非疾而亡，異夫自古哲王屈己下賢之道，有以知武皇之不弘，元后之多忌。梁祚之不永也，不亦宜哉。

校勘記

〔一〕此歲賢子充秀　「此」，南齊書卷三九劉瓛傳南監本、局本作「比」。

〔二〕不以高名自居之詣於人　「之詣於人」，南齊書卷三九劉瓛傳、册府卷五九八、通志卷一三八作「遊詣故人」。

〔三〕室美豈爲人哉　「豈爲人哉」，南齊書卷三九劉瓛傳作「爲人災」。按馬宗霍校證云，「覩下文『猶恐見害』之語，則此當從齊書爲是」。

〔四〕及居母憂住墓下不出廬　「母憂」，南齊書卷三九劉瓛傳、册府卷七五三作「父喪」。

〔五〕今既東南土氣偏詖　「東南」，南齊書卷三九劉瓛傳、册府卷八五七作「來南」。

〔六〕又東陽婁幼瑜字季玉　「婁」，南齊書卷五四高逸徐伯珍傳作「樓」。

〔七〕顯以法曹兼吏部郎　「郎」，南監本作「都」。按隋書卷二六百官志上：梁武帝天監九年詔，以「司空法曹參軍劉顯兼吏部都」。上亦云「及革選尚書五都」，疑當作「都」。

〔八〕子莠恁臻　「恁」，梁書卷四〇劉顯傳作「荏」。

〔九〕魏剋淮北乃度江　「淮北」，原作「淮南」，據通志卷一七八改。按南齊書卷五四高逸明僧紹傳作「淮北没虜」。

〔一〇〕其後帝與崔祖思書　「祖思」二字原互倒。按崔祖思傳見南齊書卷二八，今乙正。

〔一一〕僧紹又曰　按南齊書卷五四高逸明僧紹傳，知「又曰」者乃「太祖」，即齊高帝蕭道成，而非明僧紹。

〔一二〕僧紹聞沙門釋僧遠夙德　「夙德」，南齊書卷五四高逸明僧紹傳作「風德」。

〔一三〕僧紹子元琳仲璋山賓並傳家業　南齊書卷五四高逸明僧紹傳云元琳字仲璋。唐攝山棲霞寺明徵君之碑云僧紹「第二子臨沂公仲璋」（金石萃編卷五九）。

〔一四〕擁旌推轂　「旌」，梁書卷二七明山賓傳作「旄」。

〔一五〕夷齊昔擅美　「夷齊」，梁書卷二七明山賓傳作「夷吾」。按孫志祖讀書脞録卷三：「梁書作『夷吾』是也。……山賓非棲隱者，何爲遠擬夷、齊邪。」

〔一六〕終其解毛之衣　「毛之」二字原互倒，據南齊書卷五四高逸庾易傳乙正。

〔一七〕建武三年　「三年」，南齊書卷五四高逸庾易傳作「二年」。

〔一八〕詔徵爲司空主簿　「司空」，南齊書卷五四高逸庾易傳作「司徒」。

〔一九〕子黔婁嗣　按王懋竑記疑：「『嗣』字衍。」其父庾易未曾封爵，疑不當有「嗣」字。

〔二〇〕晦而易亡　梁書卷四七孝行庾黔婁傳、册府卷七五七、通志卷一六七「晦」上有「及」字。

〔二一〕中書舍人到洽　「中書舍人」，梁書卷四七孝行庾黔婁傳、册府卷七一〇作「中舍人」。按梁書卷二七到洽傳，其曾任「太子中舍人」，未曾爲中書舍人，此「書」字衍。

〔二二〕於陵字介　「介」，北監本、殿本及梁書卷四九文學上庾於陵傳、通志卷一四一作「子介」。按汲本「介」下小注：「一云子介。」疑此脱「子」字。

〔二三〕遷尚書功論郎　「功論郎」，梁書卷四九文學上庾於陵傳作「工部郎」。

〔二四〕舊東宮官屬通爲清選　「舊」，梁書卷四九文學上庾於陵傳、通志卷一四一作「舊事」。按馬宗霍校證：「『舊事』猶『故事』也，此『事』字不當省。」

〔二五〕肩吾字慎之　「慎之」，梁書卷四九文學上庾於陵傳附庾肩吾傳作「子慎」。

〔二六〕歷萬古之才人　「萬」，梁書卷四九文學上庾於陵傳附庾肩吾傳、册府卷一九二宋本作「方」，疑是。

〔二七〕師裴則義絶其所長　「義」，北監本、殿本及梁書卷四九文學上庾於陵傳附庾肩吾傳、册府卷一九二明本作「蔑」。

〔二八〕故玉暉金銑 「暉」，南監本、北監本、汲本、殿本及梁書卷四九文學上庾於陵傳附庾肩吾傳作「徽」。按張元濟南史校勘記：「『玉徽』指琴，『金銑』指鏡。」

〔二九〕有異巧心終愧妍耳 「耳」，汲本及梁書卷四九文學上庾於陵傳附庾肩吾傳、册府卷一九二作「手」。

〔三〇〕無可與晤 「晤」，北監本、殿本及梁書卷四九文學上庾於陵傳附庾肩吾傳、册府卷一九二明本作「語」。按汲本「晤」下小注：「一作語。」

〔三一〕思吾子建 「思吾」，南監本、北監本、汲本、殿本作「思言」。

〔三二〕朱白既定 「朱白」，梁書卷四九文學上庾於陵傳附庾肩吾傳作「朱丹」。

〔三三〕即調爲太學博士 「調」，梁書卷四〇劉之遴傳作「辟」。

〔三四〕常寄居南郡 梁書卷四〇劉之遴傳、御覽卷二五九引梁書、册府卷八九三、通志卷一四一「南郡」下有「廨」字。

〔三五〕之遴後牛奔墮車折臂 「奔」字原闕，據南監本、北監本、汲本、殿本及通志卷一四一、南史詳節卷一六補。

〔三六〕政恐陋巷無枕 「巷」字原闕，據南監本、北監本、汲本、殿本及册府卷九四七、通志卷一四一補。

〔三七〕而今本無上書年月日子　「子」，梁書卷四〇劉之遴傳作「字」。

〔三八〕載班彪事行　北監本、汲本、殿本及梁書卷四〇劉之遴傳「載」上有「又今本敍傳」五字，疑此脱去。

〔三九〕又今本高五子文三王景十三王孝武六子宣元六王雜在諸傳表中　「表」，梁書卷四〇劉之遴傳作「秩」；通志卷一四一作「袠」，同「帙」，疑是。

〔四〇〕仗劍周章　「仗」，原作「伏」，梁書卷四〇劉之遴傳作「杖」，今改正。

〔四一〕化爲侯王　「化」，原作「仕」，據北監本、殿本及梁書卷四〇劉之遴傳改。

〔四二〕帝曰　南史詳節卷一六「帝」前有「語」字。

〔四三〕外聞論者　「聞」，通志卷一四一作「間」。

〔四四〕故美出之　「美」，册府卷八五一明本作「求」，南史詳節卷一六作「表」。

〔四五〕依于王琳琳平　二「琳」字，原皆作「綝」，據陳書卷一八劉廣德傳、通志卷一四一改。

南史卷五十一

列傳第四十一

梁宗室上

吴平侯景 子勱 勸 勔 勃 弟昌 昂 昱 長沙宣武王懿 子業

孫孝儼 業弟藻 猷 猷子韶 駿 猷弟朗 明 永陽昭王敷

衡陽宣王暢 桂陽簡王融 子象 象子慥 臨川靜惠王宏

宏子正仁 正義 正德 正德子見理 正德弟正則 正則弟正立 正立子賁

正立弟正表 正信

吴平侯景字子照〔一〕，梁武帝從父弟也。祖道賜以禮讓稱，居鄉有爭訟，專賴平之，又周其疾急，鄉里號曰「墟王」。皆竊言曰「其後必大」。仕宋終于書侍御史，齊末追贈左光禄大夫。三子：長曰尚之，次曰文帝，次曰崇之。尚之敦厚有器業，爲司徒建安王中兵參軍，一府稱爲長者。遷步兵校尉，卒官。梁天監初，追謚曰文宣侯。子靈鈞，仕齊爲廣德令。武帝起兵，行會稽郡事。頃之，卒。追封東昌縣侯。子謩嗣。崇之仕齊官至東陽太守，以幹能顯，政尚嚴厲。永明中，錢唐唐瑀之反〔二〕，别衆破東陽，崇之遇害。天監初，追謚忠簡侯。

景，崇之子也。八歲，隨父在郡，居喪以毁聞。及長好學，才辯有識斷。仕齊爲永寧令，政爲百城最。永嘉太守范述曾居郡，號稱廉平，雅服景爲政，乃牓郡門曰：「諸縣有疑滯者，可就永寧令決。」以疾去官。永嘉人胡仲宣等千人詣闕表請景爲郡，不許。永元二年，以長沙宣武王懿勳，除步兵校尉。是冬懿遇害，景亦逃難。

武帝起兵，以景行南兖州事。時天下未定，沔北傖楚，各據塢壁〔三〕。景示以威信，渠帥相率面縛請罪，旬日境内皆平。武帝踐祚，封吴平縣侯，南兖州刺史，加都督。詔景母毛氏爲國太夫人，禮如王國太妃，假金章紫綬。景居州清恪，有威裁，明解吏職，文案無擁，下不敢欺，吏人畏敬如神。會年荒，計口振恤，又爲饘粥於路以賦之，死者給棺具，人甚賴焉。

天監七年，爲左驍騎將軍，兼領軍將軍。領軍管天下兵要，宋孝建以來，制局用事，與領軍分權，典事以上皆得呈奏，領軍垂拱而已。及景在職峻切，官曹肅然，制局監皆近倖，頗不堪命，以是不得久留中。

尋出爲寧蠻校尉、雍州刺史，加都督。八年，魏荊州刺史元志攻潺溝，驅迫羣蠻，羣蠻悉度漢水來降。議者以爲蠻累爲邊患，可因此除之。景曰：「窮來歸我，誅之不祥；且魏人來侵，每爲矛楯，若悉誅蠻，則魏軍無礙，非長策也。」乃開樊城受降，因命司馬朱思遠、寧蠻長史曹義宗、中兵參軍孟惠儁擊志於潺溝，大破之。景初到州，省除參迎羽儀器服，不得煩擾吏人。脩葺城壘，申警邊備，理辭訟，勸農桑。郡縣皆改節自勵，州内清靜，抄盜絶迹。

十三年，復爲領軍將軍，直殿省，知十州損益事，月加禄五萬。景爲人雅有風力，長於辭令。其在朝廷，爲衆所瞻仰。於武帝雖屬爲從弟，而禮寄甚隆，軍國大事皆與議決。

十五年，加侍中。及太尉、揚州刺史臨川王宏坐法免，詔景以爲安右將軍監揚州，置佐史，即宅爲府。景越親居揚州，固讓至于涕泣，帝弗許。在州尤稱明斷，符教嚴整。有田舍老姥訴得符，還至縣，縣吏未即發，姥語曰：「蕭監州符如火，汝手何敢留之！」其爲人所畏敬如此。

遷都督、郢州刺史。將發，帝幸建興苑餞别，爲之流涕。在州復有能名。齊安、竟陵郡接魏界，多盜賊，景移書告示，魏即焚塢戍保境，不復侵略。卒于州，贈開府儀同三司，謚曰忠。子勵〔四〕。

勵字文約，弱不好弄，喜愠不形於色。位太子洗馬，母憂去職，殆不勝喪。每一思至，必徒步之墓。或遇風雨，仆卧中路，坐地號慟，起而復前，家人不能禁。景特所鍾愛，曰：「吾百年後，其無此子乎。」使左右節哭。服闋，除太子中舍人。景薨于郢鎮，或以路遠，祕其凶問，以疾漸爲辭。勵乃奔波，屆于江夏，不進水漿者七日。廬于墓所，親友隔絶。會叔父曇下詔獄，勵乃率昆弟羣從同詣大理，雖門生故吏，莫能識之。後襲封吴平侯，對揚王人，悲慟嗚咽，傍人亦爲隕涕。

除淮南太守，以善政稱。遷宣城内史，郡多猛獸，常爲人患，及勵在任，獸暴爲息。又遷豫章内史，道不拾遺，男女異路。徙廣州刺史，去郡之日，吏人悲泣，數百里中，舟乘填塞，各齎酒肴以送勵。勵人爲納受，隨以錢帛與之。至新淦縣岓山村，有一老姥以槃擎鱛魚，自送舟側奉上之，童兒數十人入水扳舟，或歌或泣。

廣州邊海，舊饒，外國舶至，多爲刺史所侵，每年舶至不過三數。及勵至，纖豪不犯，歲十餘至。俚人不賓，多爲海暴，勵征討所獲生口寶物，軍賞之外〔五〕，悉送還臺。前後刺史皆營私蓄，方物之貢，少登天府。自勵在州，歲中數獻，軍國所須，相繼不絶。武帝歎曰：「朝廷便是更有廣州。」有詔以本號還朝，而江西俚帥陳文徹出寇高要〔六〕，又詔勵重申蕃任。未幾，文徹降附。勵以南江危險，宜立重鎮，乃表臺於高涼郡立州。敕仍以爲高州，以西江督護孫固爲刺史〔七〕。徵爲太子左衞率。

勵性率儉，而器度寬裕，左右嘗將羹止胸前翻之〔八〕，顔色不異，徐呼更衣。聚書至三萬卷，披翫不倦，尤好東觀漢記，略皆誦憶。劉顯執卷策勵，酬應如流，乃至卷次行數亦不差失。少交結，唯與河東裴子野、范陽張纘善。卒於道，贈侍中，謚曰光侯。勵弟勸。

勸字文肅，少以清靜自立，封西鄉侯，位南康内史，太舟卿。大寶元年，與南康王會理謀誅侯景，事發遇害。

勸弟勔。

勔字文祇，封東鄉侯，位太子洗馬，及勸同見害。

勔弟勃位定州刺史，封曲江鄉侯。大寶初，廣州刺史元景仲將謀應侯景，西江督護陳

霸先攻景仲，迎勃爲刺史。時湘東王繹在荆州，雖承制授職，力不能制，遂從之。勃乃鎮

嶺南，爲廣州刺史。後江表定，以王琳代爲廣州，以勃爲晉州刺史。魏剋江陵，勃復據廣

州。敬帝承制，加司徒。紹泰中，爲太尉，尋進爲太保。及陳武禪代之際，舉兵不從，尋

敗，遇害。

昌字子建，景弟也。位衡州刺史。性好酒，在州每醉，徑出人家〔九〕，或獨詣草野，刑戮頗無期度，醉時所殺，醒或求焉，亦無悔也。累遷兼宗正卿，屢爲有司所劾，久留都〔一〇〕，忽忽不樂，遂縱酒虛悸。在石頭東齋，引刀自刺而卒。弟昂。

昂字子明，位輕車將軍，監南兗州。初，兄景再爲兗州，德惠在人，及昂來代，時人方之馮氏。徵爲琅邪、彭城二郡太守。時有女子年二十許，散髮黃衣，在武窟山石室中〔一一〕，無所脩行，唯不甚食。或出人間，時飲少酒，鵝卵一兩枚，人呼爲聖姑。就求子往往有効，造者充滿山谷。昂呼問無所對，以爲祅惑，鞭之二十。創即差，失所在。中大通元年，爲領軍將軍。久之，封湘陰侯，出爲江州刺史。卒，謚曰恭侯。

昂弟昱字子真，少而狂狷，不拘禮度，異服危冠，交遊冗雜。尤善屠牛，業以爲常。於宅内酤酒。好騎射。歷位中書侍郎。每求試邊州，武帝以其輕脱無威望，抑而不許。遷給事黄門侍郎，上表請自解，帝手詔責之，坐免官。因此杜門絶朝覲。

普通五年，坐於宅内鑄錢，爲有司所奏，下廷尉，得免死，徙臨海郡。行至上虞，有敕追還，令受菩薩戒。既至，恂恂盡禮，改意蹈道，持戒又精潔。帝甚嘉之。

爲晉陵太守〔一〕，下車勵名迹，除煩苛，明法憲，嚴於姦吏，旬日之間，郡中大安。俄而暴卒，百姓行號巷哭，市里爲之諠沸，設祭奠於郡庭者四百餘人。田舍有婦女夏氏年百餘歲，扶曾孫出郡，悲泣不自勝。其惠化所感如此。百姓相率爲立廟建碑，以紀其德，又詣都表求贈謚。詔贈湘州刺史，謚曰恭子。

文帝十男：張皇后生長沙宣武王懿、永陽昭王敷、武帝、衡陽宣王暢。李太妃生桂陽簡王融。融爲東昏所害，敷、暢齊建武中卒，武帝踐祚，並追封郡王。陳太妃生臨川靜惠王宏、南平元襄王偉。吴太妃生安成康王秀、始興忠武王憺。費太妃生鄱陽忠烈王恢。

長沙宣武王懿字元達，文帝長子也。少有令譽，解褐齊安南邵陵王行參軍，襲爵臨湘縣侯。歷位晉陵太守，以善政稱。永明末，爲梁、南秦二州刺史，加督。是歲，魏軍入漢中，遂圍南鄭。懿隨機拒擊，乃解圍遁去。又遣氐帥楊元秀攻取魏歷城等六戍。魏人震懼，邊境遂寧。

永元二年，裴叔業據豫州反，懿以豫州刺史領歷陽、南譙二郡太守討之，叔業懼，遂降魏。武帝時在雍州，遣典籤趙景悦説懿興晉陽之甲，誅君側之罪。懿不答。既而平西將軍崔慧景入寇，奉江夏王寶玄圍臺城，齊室大亂，馳信召懿。懿時方食，投箸而起，率鋭卒三千人入援。武帝馳遣虞安福下都説懿曰：「誅賊之後，則有不賞之功，當明君賢主，尚或難立；況於亂朝，何以自免。若賊滅之後，仍勒兵入宮，行伊、霍故事，此萬世一時。若不欲爾，便放表還歷陽，託以外拒爲事，則威振内外，誰敢不從。一朝放兵，受其厚爵，高而無人，必生後悔。」長史徐曜甫亦苦勸，並不從。慧景遣其子覺來拒，懿擊大破之，乘勝而進，慧景衆潰，追斬之。授中書令、都督征討水陸諸軍事〔三〕。

時東昏肆虐，茹法珍、王咺之等執政，宿臣舊將，並見誅夷。懿既勳高，獨居朝右，深爲法珍等所憚，乃説東昏，將加酷害。徐曜甫知之，密具舟江渚，勸令西奔。懿不從，曰：

「古皆有死，豈有叛走中書令邪？」尋見留省賜藥，與弟融俱殞。謂使者曰：「家弟在雍，深爲朝廷憂之。」中興元年，贈司徒。宣德太后臨朝，改贈太傅。天監元年，追崇丞相，封長沙郡王，謚曰宣武。給九旒鸞輅、黄屋左纛，葬禮依晉安平王故事。

懿名望功業素重，武帝本所崇敬。帝以天監元年四月丙寅即位，是日即見褒崇。戊辰，乃始贈第二兄敷、第四弟暢、第五弟融。至五月，有司方奏追皇考皇妣尊號，遷神主于太廟。帝不親奉，命臨川王宏侍從。七月，帝臨軒，遣兼太尉、散騎常侍王份奉策上太祖文皇帝、獻皇后及德皇后尊號。既先卑後尊，又臨軒命策，識者頗致譏議焉。

懿子業字靜曠〔一四〕，幼而明敏，仕齊爲太子舍人。宣武之難，與二弟藻、象俱逃匿於王嚴秀家。東昏知之，收嚴秀付建康獄，考掠備極，乃以鉗拔手爪，至死不言，竟以免禍。天監二年，襲封長沙王，歷位祕書監，侍中，都督、南兖州刺史。運私邸米，僦人作甓以砌城，武帝善之。徙湘州，尤著善政。零陵舊有二猛獸爲暴，無故相枕而死。郡人唐睿見猛獸傍一人曰：「刺史德感神明，所以兩猛獸自斃。」言訖不見，衆並異之。

業性敦篤，所在留意〔一五〕。普通四年，爲侍中、金紫光禄大夫。薨，謚曰元王。文集行於世。子孝儼嗣。

孝儼字希莊，射策甲科，除祕書郎、太子舍人。從幸華林園，於坐獻相風烏、華光殿、景陽山等頌，其文甚美，帝深賞異之。薨，謚曰章。子眘嗣。業弟藻。

藻字靖藝，仕齊位著作佐郎。天監元年，封西昌縣侯，爲益州刺史。時鄧元起在蜀，自以有剋劉季連功，恃宿將，輕少藻，藻怒乃殺之。既天下草創，邊徼未安，州人焦僧護聚衆數萬，據郫、繁作亂。藻年未弱冠，集僚佐議，欲自擊之。或陳不可，藻大怒，斬之階側。乃乘平肩輿，巡行賊壘。賊聚弓亂射，矢下如雨，從者舉楯禦箭，又命除之，由此人心大安，賊乃夜遁。藻命騎追擊，平之。

九年，徵爲太子中庶子。初，鄧元起之在蜀也，崇於聚斂，財貨山積。金玉珍帛爲一室，名爲内藏；綺縠錦罽爲一室，號曰外府。藻以外府賜將帥，内藏歸王府，不有私焉。及是還朝，輕裝就路。再遷侍中。

藻性謙退，不求聞達，善屬文，尤好古體。自非公宴，未嘗妄有所爲，縱有小文，成輒棄本。歷雍、兗二州刺史。頻莅州鎮，人吏咸稱之。推善下人，常如弗及。普通六年，爲軍師將軍，與西豐侯正德北侵渦陽，輒班師，爲有司奏，免官削爵土。八年，復封爵。中大通三年，爲中軍將軍，太子詹事，出爲丹陽尹。帝每稱其小字，歎曰：「子弟並如迦葉，吾復何憂。」入爲尚書左僕射，加侍中，固辭，不許。大同五年，遷中衛將軍、開府儀同三司、中書令，侍中如故。

藻性恬靜，獨處一室，牀有膝痕，宗室衣冠莫不楷則。常以爵禄太過，每思屏退，門庭閑寂，賓客罕通。簡文尤敬愛之。自遭家禍，恒布衣蒲席，不食鮮禽，非公庭不聽音樂，武帝每以此稱之。

出爲南徐州刺史。侯景亂，藻遣世子彧率兵入援。及城開，加散騎常侍。侯景遣其儀同蕭邕代之據京口，藻因感氣疾。或勸奔江北，藻曰：「吾國之台鉉，任寄特隆，既不能誅翦逆賊，正當同死朝廷耳。」因不食而薨。

藻弟猷，封臨汝侯，爲吴興郡守。性倜儻，與楚王廟神交，飲至一斛。每酹祀，盡歡極醉，神影亦有酒色，所禱必從。後爲益州刺史，侍中，中護軍。時江陽人齊苟兒反，衆十萬攻州城，猷兵糧俱盡，人有異心。乃遥禱請救。是日有田老逢一騎浴鐵從東方來，問去城幾里，曰「百四十」。時日已晡，騎舉矟曰：「後人來，可令之疾馬，欲及日破賊。」俄有數百騎如風，一騎過請飲，田老問爲誰，曰：「吴興楚王來救臨汝侯。」當此時，廟中請祈無驗。十餘日，乃見侍衞土偶皆泥濕如汗者。是月，猷大破苟兒〔一六〕。猷在州頗僭濫，客筵内遂有香橙，不置連榻。武帝末知之，以此爲愆。還都，以憂愧成疾，卒，謚曰靈，以與神交也。

猷子韶字德茂，初封上甲縣都鄉侯。太清初爲舍人，城陷奉詔西奔。及至江陵，人士多往尋覓，令韶説城内事，韶不能人人爲説，乃疏爲一卷，客問者便示之。湘東王聞而取看，謂曰：「昔王韶之爲隆安紀十卷，説晉末之亂離。今之蕭韶亦可爲太清紀十卷矣。」韶乃更爲太清紀。其諸議論，多謝吴爲之。韶既承旨撰著，多非實録，湘東王德之，改超繼宣武王〔一七〕，封長沙王，遂至郢州刺史。

韶昔爲幼童，庾信愛之，有斷袖之歡，衣食所資，皆信所給。遇客，韶亦爲信傳酒。後爲郢州，信西上江陵，途經江夏，韶接信甚薄，坐青油幕下，引信入宴，坐信别榻，有自矜色。信稍不堪，因酒酣，乃徑上韶牀，踐蹋肴饌，直視韶面，謂曰：「官今日形容大異近日。」時賓客滿坐，韶甚慙恥。

韶弟駿字德款〔一八〕，善草隸，工文章，晚更習武，旅力絶人，與永安侯確相類。位尚書殿中郎、超武將軍〔一九〕，封南安侯。城陷，爲賊任約所禮。謀召鄱陽嗣王範襲約，反爲所害。

猷弟朗字靖徹，天監五年，例以王子封侯。歷太子洗馬，桂州刺史，加都督。性倨而虐，羣下患之。記室庾丹以忠諫見害，帝聞之，使於嶺表以功自効。丹父景休位御史中丞。丹少有儁才，與伏挺、何子朗俱爲周捨所狎。初景休罷巴東郡，頗有資産，丹負錢數百萬，責者填門。景休怒，不爲之償。既而朝賢之丹不之景休，景休悦，乃悉爲還之。爲建康正，坐事流廣州。

朗弟明字靖通，少被武帝親愛，封貞陽侯。太清元年，爲豫州刺史，百姓詣闕拜表，言其德政，樹碑于州門内。及碑匠採石出自肥陵，明乃廣營厨帳，多召人物，躬自率領牽至州。識者笑之，曰：「王自立碑，非州人也。」

武帝既納侯景，大舉北侵，使南康王會理總兵，明乃拜表求行。固請，乃許之。會理已至宿預，詔改以明代爲都督水陸諸軍趣彭城，大圖進取。敕曰：「侯景志清鄴、洛，以雪讎恥。其先率大軍，隨機撫定。汝等衆軍可止於寒山築堰，引清水以灌彭城。大水一汎，孤城自殄，慎勿妄動。」明師次吕梁十八里，作寒山堰以灌彭城，水及于堞，不没者三板。魏遣將慕容紹宗赴救，明謀略不出，號令莫行。諸將每諮事，輒怒曰：「吾自臨機制變，勿多言。」衆乃各掠居人，明亦不能制，唯禁其一軍無所侵掠。

紹宗至，決堰水，明命將救之，莫肯出。魏軍轉逼，人情大駭。胡貴孫謂趙伯超曰：「不戰何待。」伯超懼，不能對。貴孫乃入陳苦戰，伯超擁衆弗敢救，曰：「與戰必敗，不如全軍早歸。」乃使具良馬，載其愛妾自隨。貴孫遂没。伯超子威方將赴戰，伯超懼其出，使人召之，遂相與南還。

明醉不能興，衆軍大敗，明見俘執。北人懷其不侵掠，謂之義王。及至魏，魏帝引見明及諸將帥，釋其禁，送晉陽。勃海王高澄禮明甚重，謂曰：「先王與梁主和好十有餘年，聞彼禮佛文，常云奉爲魏主并及先王，此甚是梁主厚意。不謂一朝失信，致此紛擾。」因欲與梁通和，使人以明書告武帝，方致書以慰高澄。

東魏除明散騎常侍。及聞社稷淪蕩，哀泣不捨晝夜。魏平江陵，齊文宣使送明至梁，并前所獲梁將湛海珍等皆聽從明歸。令上黨王涣率衆送之。是時太尉王僧辯、司空陳霸先在建康，推晉安王方智爲太宰、都督中外諸軍事，承制置百官。涣軍漸進，明與僧辯書求迎，僧辯不從。及涣破東關，斬裴之横，僧辯懼，乃納明。於是梁輿東度，齊師北反。

明至，望朱雀門便長慟，迄至所止，道俗參問，皆以哭對之。及稱尊號，改承聖四年爲天成元年，大赦境內。以方智爲太子，授王僧辯大司馬，遣其子章馳到齊拜謝。齊遇明及僧辯使人，在館供給宴會豐厚，一同武帝時使。及陳霸先襲殺僧辯，復奉晉安王，是爲敬帝，而以明爲太傅、建安王。報齊云：「僧辯陰謀篡逆，故誅之。」仍請稱臣于齊，永爲蕃國。齊遣行臺司馬恭及梁人盟於歷陽。明年，齊人徵明，霸先猶稱蕃，將遣使送明，疽發背死。時王琳與霸先相抗，齊文宣遣兵納永嘉王莊主梁祀，追謚明曰閔皇帝。

永陽昭王敷字仲達，文帝第二子也。少有學業，仕齊爲隨郡內史。招懷遠近，士庶安之，以爲前後之政莫及。明帝謂徐孝嗣曰：「學士舊聞例不解理官，聞蕭隨郡唯置酒清言，而路不拾遺，行何風化以至於此？」答曰：「古者脩文德以來遠人，況止郡境而已。」帝稱善。徵爲廬陵王諮議參軍，卒。武帝即位，贈司空，封永陽郡王，謚曰昭。天監二年，子伯游嗣。

伯游字士仁，位會稽太守，薨，謚曰恭。

衡陽宣王暢，文帝第四子也。有美名，仕齊位太常，封江陵縣侯，卒。天監元年，追贈開府儀同三司，封衡陽郡王，謚曰宣。

三年，子元簡位郢州刺史，卒於官，謚曰孝。葬將引，柩有聲，議者欲開視。王妃柳氏曰：「晉文已有前例，不聞開棺。無益亡者之生，徒增生者之痛。」遂止。少子獻嗣。

桂陽簡王融，文帝第五子也。仕齊位太子洗馬，與宣武王懿俱遇害。天監元年，贈撫軍大將軍，封桂陽郡王，謚曰簡。無子，詔以長沙宣武王第九子象嗣。

象字世翼，容止閑雅，簡於交游，事所生母以孝聞。位丹陽尹。象生長深宮，始親庶政，舉無失德，朝廷稱之。再遷湘州刺史，加都督。湘州舊多猛獸爲暴，及象任州日，四猛獸死于郭外，自此靜息，故老咸稱政德所感。歷位太常卿，加侍中，兼遷祕書監〔二〇〕。薨，謚曰敦。子慥嗣。

慥字元貞，位信州刺史，有威惠。太清二年，赴援臺城，遇赦還蕃。尋爲張纘所構，書報湘東王曰：「河東、桂陽二蕃，掎角欲襲江陵。」湘東乃水步兼行至荆鎮。慥尚軍江津，不以爲意，湘東至，乃召慥，深加慰喻，慥心乃安。後留止省内，慥心知禍及，遂肆醜言。湘東大怒，付獄殺之。

臨川靜惠王宏字宣達，文帝第六子也。長八尺，美鬚眉，容止可觀。仕齊爲北中郎桂陽王功曹史。宣武之難，兄弟皆被收。道人釋惠思藏宏。及武帝師下，宏至新林奉迎。建康平，爲中護軍，領石頭戍事。天監元年，封臨川郡王，位揚州刺史，加都督。

四年，武帝詔宏都督諸軍侵魏。宏以帝之介弟，所領皆器械精新，軍容甚盛，北人以爲百數十年所未之有。軍次洛口，前軍剋梁城。宏部分乖方，多違朝制，諸將欲乘勝深入，宏聞魏援近，畏懦不敢進，召諸將欲議旋師。吕僧珍曰：「知難而退，不亦善乎。」宏曰：「我亦以爲然。」柳惔曰：「自我大衆所臨，何城不服，何謂難乎？」裴邃曰：「是行也，固敵是求，何難之避？」馬仙琕曰：「王安得亡國之言。天子掃境内以屬王，有前死一尺，無却生一寸。」昌義之怒鬚盡磔，曰：「吕僧珍可斬也。豈有百萬之師，輕言可退，何面目得見聖主乎！」朱僧勇、胡辛生拔劍而起曰：「欲退自退，下官當前向取死！」議者已罷，僧珍謝諸將曰：「殿下昨來風動，意不在軍，深恐大致沮喪，欲使全師而反。」又私裴邃曰：「王非止全無經略，庸怯過甚。吾與言軍事，都不相入。觀此形勢，豈能成功。」宏不敢便違羣議，停軍不前。魏人知其不武，遺以巾幗。北軍歌曰：「不畏蕭娘與呂姥，但畏合肥有韋武。」武謂韋叡也。僧珍歎曰：「使始興、吴平爲元帥，我相毗輔，中原不足平。今遂敵人見欺如此。」乃欲遣裴邃分軍取壽陽，大衆停洛口。宏固執不聽，乃令軍中曰：「人馬有前行者斬。」自是軍政不和，人懷憤怒。

魏奚康生馳遣楊大眼謂元英曰：「梁人自剋梁城已後，久不進軍，其勢可見，當是懼我。王若進據洛水，彼自奔敗。」元英曰：「蕭臨川雖騃，其下有好將韋、裴之屬，亦未可當。望氣者言九月賊退，今且觀形勢，未可便與交鋒。」

張惠紹次下邳，號令嚴明，所至獨剋，下邳人多有欲來降。惠紹曰：「我若得城，諸卿皆是國人，若不能破賊，徒令公等失鄉，非朝廷弔人本意也。今且安堵復業，勿妄自辛苦。」降人咸悦。

九月，洛口軍潰，宏棄衆走。其夜暴風雨，軍驚，宏與數騎逃亡。諸將求宏不得，衆散而歸。棄甲投戈，填滿水陸，捐棄病者，强壯僅得脱身。宏乘小船濟江，夜至白石壘，款城門求入。臨汝侯登城謂曰：「百萬之師，一朝奔潰，國之存亡，未可知也。恐姦人乘間爲變，城門不可夜開。」宏無辭以對，乃縋食饋之。惠紹聞洛口敗，亦退軍。

六年，遷司徒，領太子太傅。八年，爲司空、揚州刺史。十一年正月，爲太尉。其年冬，以公事左遷驃騎大將軍、開府同三司之儀，未拜，遷揚州刺史。十二年，加司空。十五年，所生母陳太妃薨，去職。尋起爲中書監，驃騎大將軍、揚州刺史如故。

宏妾弟吴法壽性麤狡，恃宏無所畏忌，輒殺人。死家訴，有敕嚴討。法壽在宏府内，無如之何。武帝制宏出之，即日償辜。南司奏免宏司徒、驃騎、揚州刺史。武帝注曰：「愛宏者兄弟私親，免宏者王者正法，所奏可。」

宏自洛口之敗，常懷愧憤，都下每有竊發，輒以宏爲名，屢爲有司所奏，帝每貰之。十七年，帝將幸光宅寺，有士伏於驃騎航待帝夜出。帝將行，心動，乃於朱雀航過。事發，稱爲宏所使。帝泣謂宏曰：「我人才勝汝百倍，當此猶恐顛墜，汝何爲者。我非不能爲周公、漢文，念汝愚故。」宏頓首曰：「無是，無是。」於是以罪免。而縱恣不悛，奢侈過度，脩第擬於帝宮，後庭數百千人，皆極天下之選。所幸江無畏服玩侔於齊東昏潘妃，寶屧直千萬。好食鯖魚頭，常日進三百，其佗珍膳盈溢，後房食之不盡，棄諸道路。江本吴氏女也，世有國色，親從子女徧游王侯後宮，男免兄弟九人，因權勢横於都下。

宏未幾復爲司徒。普通元年，遷太尉、揚州刺史，侍中如故。七年四月薨，自疾至薨，輿駕七出臨視。及薨，詔贈侍中、大將軍、揚州牧，假黄鉞，并給羽葆、鼓吹一部，增班劍爲六十人，謚曰靖惠。

宏以介弟之貴，無佗量能，恣意聚斂。庫室垂有百間，在内堂之後，關籥甚嚴。有疑是鎧仗者，密以聞。武帝於友于甚厚，殊不悦。宏愛妾江氏寢膳不能暫離，上佗日送盛饌與江曰：「當來就汝懽宴。」唯攜布衣之舊射聲校尉丘佗卿往，與宏及江大飲，半醉後謂曰：「我今欲履行汝後房。」便呼後閤輿徑往屋所。宏恐上見其賄貨，顏色怖懼。上意彌信是仗〔二〕，屋屋檢視。宏性愛錢，百萬一聚，黄牓標之，千萬一庫，懸一紫標，如此三十餘間。帝與佗卿屈指計見錢三億餘萬，餘屋貯布絹絲綿、漆蜜紵蠟、朱沙黄屑雜貨，但見滿庫，不知多少。帝始知非仗，大悦，謂曰：「阿六，汝生活大可。」方更劇飲，至夜舉燭而還。兄弟情方更敦睦。

宏都下有數十邸出懸錢立券，每以田宅邸店懸上文券，期訖便驅券主，奪其宅。都下東土百姓，失業非一。帝後知，制懸券不得復驅奪，自此後貧庶不復失居業。晉時有錢神論，豫章王綜以宏貪吝，遂爲錢愚論，其文甚切。帝知以激宏，宣旨與綜：「天下文章何限，那忽作此？」雖令急毁，而流布已遠，宏深病之，聚斂稍改。

宏又與帝女永興主私通，因是遂謀弑逆，許事捷以爲皇后。帝嘗爲三日齋，諸主並豫，永興乃使二僮衣以婢服。僮踰閾失屨，閤帥疑之，密言於丁貴嬪，欲上言懼或不信，乃使宮帥圖之。帥令内輿人八人，纏以純綿，立於幕下。齋坐散，主果請間，帝許之。主升階，而僮先趣帝後。八人抱而擒之，帝驚墜於扆。搜僮得刀，辭爲宏所使。帝祕之，殺二僮於内，以漆車載主出。主恚死，帝竟不臨之。帝諸女臨安、安吉、長城三主並有文才，而安吉最得令稱。

宏性好内樂酒，沈湎聲色，侍女千人，皆極綺麗。慎衞寡方，故屢致降免。

宏子十人許，可知者七人，長子正仁字公業，位祕書丞，早卒，謚哀世子。正仁弟正義嗣。

正義字公威，初以王子封平樂侯，位太常卿，南徐州刺史。屬武帝幸朱方，正義修解宇以待輿駕。初，京城之西有別嶺入江，高數十丈，三面臨水，號曰北固。蔡謨起樓其上，以置軍實。是後崩壞，頂猶有小亭，登降甚狹。及上升之，下輦步進。正義乃廣其路，傍施欄楯。翌日上幸，遂通小輿。上悦，登望久之，敕曰：「此嶺不足須固守，然京口實乃壯觀。」乃改曰北顧。賜正義束帛。後爲東揚州刺史，薨。正義弟正德。

正德字公和，少而凶慝，招聚亡命，破冢屠牛，兼好弋獵。齊建武中，武帝胤嗣未立，養以爲子。及平建康，生昭明太子，正德還本。天監初，封西豐縣侯，累遷吳郡太守。正德自謂應居儲嫡，心常怏怏，每形於言。普通三年，以黄門侍郎爲輕車將軍，置佐史。頃之奔魏。初去之始，爲詩一絶，内火籠中，即詠竹火籠，曰：「楨榦屈曲盡，蘭麝氛氲銷。欲知懷炭日，正是履冰朝。」至魏稱是被廢太子。時齊蕭寶夤先在魏，乃上表魏帝曰：「豈有伯爲天子，父作揚州，棄彼密親，遠投佗國。不若殺之。」魏既不禮之，正德乃殺一小兒稱爲己子，遠營葬地，魏人不疑，又自魏逃歸。見於文德殿，武帝泣而誨之，特復本封。

正德志行無悛，常公行剥掠。時東府有正德及樂山侯正則，潮溝有董當門子暹，世謂之董世子者也；南岸有夏侯夔世子洪。此四凶者，爲百姓巨蠹，多聚亡命，黄昏多殺人於道，謂之「打稽」。時勳豪子弟多縱恣，以淫盗屠殺爲業，父祖不能制，尉邏莫能禦。車服牛馬，號西豐駱馬，樂山烏牛。董暹金帖織成戰襖，直七百萬。後正則爲劫，殺沙門，徙嶺南死。洪爲其父夔奏繫東冶，死於徒。暹坐與永陽王妃王氏亂，誅。三人既除，百姓少安。正德淫虐不革，尋除給事黄門侍郎。

六年爲輕車將軍，隨豫章王北侵。正德輒棄軍委走，爲有司所奏下獄。帝復詔曰：「汝以猶子，情兼常愛，故越先汝兄，剖符連郡。往年在蜀，昵近小人，猶謂少年情志未定。更於吴郡殺戮無辜，劫盜財物，雅然無畏。及還京師，專爲逋逃，乃至江乘要道，湖頭斷路，遂使京邑士女，早閉晏開。又奪人妻妾，略人子女，徐敖非直失其配匹，乃横屍道路；王伯敖列卿之女，誘爲妾媵。我每加掩抑，冀汝自新，了無悛革，怨讟逾甚。遂匹馬奔亡，志懷反噬。遣信慰問，冀汝能還，果能來歸，遂我夙志。謂汝不好文史，志在武功，令汝杖節，董戎前驅。豈謂汝狼心不改，包藏禍胎，志欲覆敗國計，以快汝心。今當宥汝以遠，無令房累自隨。敕所在給汝稟餼。王新婦、見理等當停太尉間，汝餘房累悉許同行。」於是免官削爵土，徙臨海郡。未至徙所，道追赦之。八年，復封爵。

正德北還，求交朱异。帝既封昭明諸子，异言正德失職。中大通四年，特封臨賀郡王〔三〕。後爲丹陽尹，坐所部多劫盜，復爲有司所奏，去職。出爲南兗州，在任苛刻，人不堪命。廣陵沃壤，遂爲之荒，至人相食噉。既累試無能，從是黜廢，轉增憤恨，乃陰養死士，常思國釁。聚蓄米粟，宅内五十間室，並以爲倉。自征虜亭至于方山，悉略爲墅。蓄奴僮數百，皆黥其面。

太清二年秋，侯景反，知其有姦心。景黨徐思玉在北經與正德相知，至是景遣思玉至建鄴，具以事告。又與正德書曰：「今天子年尊，姦臣亂國，以景觀之，計日必敗。大王屬當儲貳，中被廢辱，天下義士，竊所忿慨。大王豈得顧此私情，棄茲億兆。景雖不武，實思自奮。」正德得書大喜，曰：「侯景之意，暗與人同，天贊我也。」遂許之。及景至，正德潛運空舫，詐稱迎荻，以濟景焉。朝廷未知其謀，以正德爲平北將軍，屯朱雀航。景至，正德乃北向望闕，三拜跪辭，歔欷流涕，引賊入宣陽門。與景交揖馬上，退據左衞府。先是，其軍並著絳袍，袍裏皆碧，至是悉反之。賊以正德爲天子，號曰正平元年。初童謡有之，故以應也；又世人相佷，必稱正平耳。

正德乃以長子見理爲太子，以女妻景。景爲丞相，與約曰：「平城之日，不得全二宮。」又令畿內王侯三日不出者，誅之。及臺城開，正德率衆揮刀欲入，賊先使其徒守門，故正德不果。乃復太清之號，降正德爲侍中、大司馬。正德入問訊，拜且泣。武帝曰：「啜其泣矣，何嗟及矣。」正德知爲賊所賣，深自咎悔，密書與鄱陽嗣王契，以兵入。賊遮得書，乃矯詔殺之。

先是，正德妹長樂主適陳郡謝禧，正德姦之，燒主第，縛一婢，加玉釧於手，以金寶附身，聲云主被燒死，檢取婢屍并金玉葬之。仍與主通，呼爲柳夫人，生二子焉。日月稍久，風聲漸露。後黄門郎張準有一雉媒，正德見而奪之。尋會重雲殿爲淨供，皇儲以下莫不畢集。準於衆中吒駡曰：「張準雉媒非長樂主，何可略奪！」皇太子恐帝聞之，令武陵王和止之乃休，及出，送雉媒還之。其後梁室傾覆既由正德，百姓至聞臨賀郡名亦不欲道。童謡云：「寧逢五虎入市，不欲見臨賀父子。」其惡之如是。

見理字孟節，性甚凶麤，長劍短衣，出入廛里，不爲宗室所齒。及肆逆，甚得志焉。招聚羣盜，每夜輒掠劫，於大航爲流矢所中死。正德弟正則。

正則字公衡，天監初，以王子封樂山侯。累遷太子洗馬、舍人。恒於第内私械百姓令養馬，又盜鑄錢。大通二年，坐匿劫盜，削爵徙鬱林。帝敕廣州日給酒肉，南中官司猶處以侯禮。

正則滋怨諸父，與西江督護靳山顧通室，招誘亡命，將襲番禺。未及期而事發，遂鳴鼓會將攻州城。刺史元景仲命長史元孝深討之。正則敗，逃于厠，村人縛送之，詔斬於南海。有司請絶屬籍，收妻子。詔聽絶屬籍，妻子特原。正則弟正立。

正立字公山，初封羅平侯。母江有寵。初，正仁之亡，宏溺情曲制，以正立爲世子。

正立微有學，宏薨後，知非朝議，表求讓兄，帝甚嘉焉。諸侯例封五百户，正立改封實土建安縣侯，食邑一千户。後位丹陽尹，薨，謚曰敏。子賁嗣。

賁字世文，性躁薄。正德爲侯景所立，賁出投之，專監造攻具，以攻臺城，常爲賊耳目。南康嗣王會理謀襲景，賁與中宿世子子邕告之，賊矯封賁竟陵王，子邕隨郡王，並改姓侯氏。賁爲宗正卿，子邕都官尚書，專權陵蔑朝政〔二三〕，居嘗晝卧，見柳敬禮、蕭勸入室毆之，賁驚起乞恩。俄而賊惡其翻覆，殺之。

正立弟正表，封封山侯，後奔樂山〔二四〕。正表弟正信〔二五〕。

正信字公理，封武化侯。與正立同生，亦被宏鍾愛。然幼不慧，常執白團扇，湘東王取題八字銘玩之。正信不知嗤之，終常摇握。位給事中，卒。

校勘記

〔一〕吴平侯景字子照　「景」本名「昺」，此避唐諱而改。「子照」，梁書卷二四蕭景傳作「子昭」，册府卷二七四作「子炤」。文館詞林卷四五七有梁孝元帝郢州都督蕭子昭碑銘。

〔二〕錢唐唐瑀之反　「唐瑀之」，梁書卷二四蕭景傳作「唐寓之」。按南齊書卷三武帝紀：「富陽人唐寓之反，聚衆桐廬，破富陽、錢塘等縣，害東陽太守蕭崇之。」

〔三〕沔北傖楚各據塢壁　「沔北」，梁書卷二四蕭景傳作「江北」。按張森楷梁書校勘記：「景爲南兗州，與江近，與沔遠，不當及沔，南史非也。」

〔四〕子勵　「勵」，陳書卷二七江總傳、本書卷三三裴松之傳附裴子野傳作「勱」。

〔五〕軍賞之外　「賞」，北監本、殿本作「資」。

〔六〕而江西俚帥陳文徹出寇高要　「江西」二字疑誤倒。按高要屬廣州南海郡。廣州有西江、南江，各設督護，即南齊書卷一四州郡志上所謂「西南二江，川源深遠，別置督護，專征討之」。萬曆廣東通志卷二一所引作「西江」，尚不誤。

〔七〕以西江督護孫固爲刺史　按陳書卷一高祖紀上、卷八杜僧明傳有「高州刺史孫冏」，疑即其人。

〔八〕左右嘗將羹止胸前翻之　「止」，大德本壹及御覽卷八六一引梁書、册府卷二七二、通志卷八三作「正」，南監本、北監本、殿本作「至」。

〔九〕在州每醉徑出人家　「出」，梁書卷二四蕭景傳附蕭昌傳作「出入」，疑是。

〔一〇〕屢爲有司所劾久留都　「屢」，梁書卷二四蕭景傳附蕭昌傳作「屬」。「久」，梁書作「入」。

〔一〕在武窟山石室中　「武窟山」，通志卷八三上作「虎窟山」，此避唐諱而改。

〔二〕爲晉陵太守　「爲」，梁書卷二四蕭景傳附蕭昱傳、册府卷二七四作「以爲」。

〔三〕授中書令都督征討水陸諸軍事　「中書令」，南齊書卷七東昏侯紀、梁書卷二三長沙嗣王業傳、册府卷二九〇作「尚書令」。按梁書卷二二太祖五王安成康王秀傳：「永元中，長沙宣武王懿入平崔慧景，爲尚書令，居端右。」當作「尚書令」，下文「豈有叛走中書令邪」同。

〔四〕懿子業字靜曠　按王鳴盛商榷卷六三：「長沙王懿六子，業、藻、猷、朗、明、象，疑皆冠以『淵』字，南史、梁書皆避唐諱，去上一字。惟淵藻、淵明於他傳中可考而知，而又或改『淵』爲『深』。」其説是。梁書武帝紀作「深業」，亦避唐諱而改。

〔五〕業性敦篤所在留意　「留意」，梁書卷二三長沙嗣王業傳、册府卷二九三作「留惠」。按馬宗霍校證：「疑『惠』字是。」

〔六〕是月猷大破苟兒　「月」，太平寰宇記卷九四、廣記卷二九六引南史、御覽卷八八二引梁書、通志卷八三作「日」。

〔七〕湘東王德之改超繼宣武王　按通鑑卷一六三梁紀一九大寶元年：「夏四月庚辰朔，湘東王繹以上甲侯韶爲長沙王。」王懋竑記疑卷一三：「『超』當作『韶』。」殿本考證：「『超』疑係『韶』字之譌，但各本俱同，姑仍之。」

〔八〕韶弟駿字德款　「德款」，通志卷八三作「德穎」。

〔一九〕位尚書殿中郎超武將軍　「超武」，原作「起武」，據册府卷七八六、通志卷八三改。按梁書卷五六侯景傳「超武將軍南安鄉侯駿」即其人。梁有超武將軍之號。

〔二〇〕兼遷祕書監　梁書卷二三桂陽嗣王象傳無「兼」字，疑爲衍文。

〔二一〕上意彌信是仗　「信」，原作「言」，據通志卷八三改。

〔二二〕中大通四年特封臨賀郡王　「中」字原脱，據梁書卷五五臨賀王正德傳補。按梁書卷三武帝紀下：中大通四年正月，立正德爲臨賀郡王。

〔二三〕專權陵蔑朝政　「朝政」，通志卷八三作「朝士」。

〔二四〕後奔樂山　按王懋竑記疑：「四字疑。」錢大昕考異卷三七：「『樂山』二字誤，當云後奔東魏。」

〔二五〕正表弟正信　上一「正」字原脱，據通志卷八三補。按錢大昕考異卷三七：「『表』上脱『正』字。」

南史卷五十二

列傳第四十二

梁宗室下

安成康王秀 子機 機弟推 南平元襄王偉 子恪 恪弟恭 恭子靜 恭弟祗 鄱陽忠烈王恢 子範 範子嗣 範弟諮 諮弟脩 脩弟泰 始興忠武王憺 子亮 亮弟暎 暎弟曄

安成康王秀字彦達，文帝第七子也。年十三，吴太妃亡〔一〕，秀母弟始興王憺時年九歲，與秀並以孝聞。居喪累日不進飲，文帝親取粥授之。哀其早孤，命側室陳氏并母二子。陳亦無子，有母德，視二子如己生。秀美風儀，性方静，雖左右近侍，非正衣冠弗之見，由是親友及家人咸敬焉。仕齊爲太子舍人。

長沙王懿平崔慧景後，爲尚書令，居端右。衡陽王暢爲衞尉，掌管籥。東昏日夕逸游，衆頗勸懿廢之，懿弗聽。東昏左右惡懿勳高，又慮廢立，並間懿。懿亦危之，自是諸親咸爲之備。及難作，臨川王宏以下諸弟姪俱隱人間，罕有發泄，唯桂陽王融及禍。武帝兵至新林，秀及諸親並自拔赴軍。建康平，爲南徐州刺史。天監元年，封安成郡王。京口自崔惠景亂後，累被兵革，人户流散，秀招懷撫納，惠愛大行。仍屬飢年，以私財贍百姓，所濟甚多。

六年，爲江州刺史。將發，主者求堅船以爲齋舫。秀曰：「吾豈愛財而不愛士。」乃教以牢者給參佐，下者載齋物。既而遭風，齋舫遂破。及至州，聞前刺史取徵士陶潛曾孫爲里司，歎曰：「陶潛之德，豈可不及後胤。」即日辟爲西曹。時夏水汎長，津梁斷絶，外司請依舊僦度，收其價。秀教曰：「刺史不德，水潦爲患，可利之乎。」給船而已。

七年，遭慈母陳太妃憂，詔起視事。尋遷荆州刺史，加都督。立學校，招隱逸。辟處士河東韓懷明、南平韓望、南郡庾承先、河東郭麻等。是歲，魏縣瓠城人反，殺豫州刺史司馬懷悦〔二〕，引司州刺史馬仙琕，仙琕籤荆州求應赴。衆咸謂宜待臺報，秀曰：「彼待我爲援，援之宜速，待敕非應急也。」即遣兵赴之。及沮水暴長，頗敗人田，秀以穀二萬斛贍之。

使長史蕭琛簡州貧老單丁吏，一日散遣百餘人〔三〕，百姓甚悦。荆州嘗苦旱，咸欲徙市開渠，秀乃責躬，親祈楚望。俄而甘雨即降，遂獲有年。又武寧太守爲弟所殺，乃僞云土反〔四〕，秀照其姦慝，望風首款，咸謂之神。於荆州起天居寺，以武帝游梁館也。及去任，行次大雷，風波暴起，船艫淪溺，秀所問唯恐傷人。

十三年，爲郢州刺史，加都督。郢州地居衝要，賦斂殷煩，人力不堪，至以婦人供作。秀務存約己，省去游費，百姓安堵，境内晏然。夏口常爲戰地，多暴露骸骨，秀於黄鶴樓下祭而埋之。一夜夢數百人拜謝而去。每冬月，常作襦袴以賜凍者。時司州叛蠻田魯生、魯賢、超秀據蒙籠來降，武帝以魯生爲北司州刺史，魯賢北豫州刺史，超秀定州刺史，爲北境捍蔽。而魯生、超秀互相讒毁，有去就心。秀撫喻懷納，各得其用，當時賴之。

遷雍州刺史，在路薨。武帝聞之，甚痛悼焉。遣南康王績緣道迎候。初，秀之西也，郢州人相送出境，聞其疾，百姓商賈咸爲請命。及薨，四州人裂裳爲白帽，哀哭以迎送之。雍州蠻迎秀，聞薨，祭哭而去。喪至都，贈司空，謚曰康。

秀美容儀，每在朝，百寮屬目。性仁恕，喜愠不形於色。左右嘗以石擲殺所養鵠，齋帥請按其罪。秀曰：「吾豈以鳥傷人。」在都旦臨公事，厨人進食，誤覆之，去而登車，竟朝不飯，亦弗之誚也。時諸王並下士，建安、安成二王尤好人物，世以二安重士，方之「四豪」。

秀精意學術，搜集經記，招學士平原劉孝標使撰類苑，書未及畢，而已行於世。秀於武帝布衣昆弟，及爲君臣，小心畏敬，過於疎賤者，帝益以此賢之。少偏孤，於始興王憺尤篤。憺久爲荆州刺史，常以所得奉中分秀，秀稱心受之，不辭多也。昆弟之睦，時議歸之。佐史夏侯亶等表立墓碑誌，詔許焉。當世高才遊王門者，東海王僧孺、吴郡陸倕、彭城劉孝綽、河東裴子野，各製其文，欲擇用之，而咸稱實録，遂四碑並建。世子機嗣。

機字智通，位湘州刺史，薨於州。機美姿容，善吐納，家既多書，博學强記。然而好弄尚力，遠士子，邇小人。爲州專意聚斂，無政績，頻被案劾。將葬，有司請謚，詔曰：「王好内怠政，宜謚曰煬。」所著詩賦數千言。元帝集而序之。子操嗣。

機弟推字智進，少清敏，好屬文，深爲簡文所親賞。普通六年，以王子封南浦侯，歷淮南、晉陵、吴郡太守。所臨必赤地大旱，吴人號「旱母」焉。侯景之亂，守東府，城陷，推握節死之。

南平元襄王偉字文達，文帝第八子也。幼清警好學，仕齊爲晉安王驃騎外兵參軍。武帝爲雍州，慮天下將亂，求迎偉及始興王憺。俄聞已入沔，帝欣然謂佐史曰：「阿八、十一行至，吾無憂矣。」及起兵，留行雍州州府事。及帝剋郢、魯，下尋陽，圍建鄴，而巴東太守蕭惠訓子璝及巴西太守魯休烈起兵逼荆州，蕭穎胄憂憤暴卒，西朝兇懼，徵兵於偉。偉乃割州府將吏配始興王憺往赴之。憺至，璝等皆降。齊和帝詔以偉爲都督、雍州刺史。

天監元年，封建安王。初，武帝軍東下，用度不足，偉取襄陽寺銅佛，毁以爲錢。富僧藏鏹，多加毒害，後遂惡疾。十三年，累遷爲左光禄大夫，加親信四十人，歲給米萬斛，藥直二百四十萬，厨供月二十萬，并二衞兩營雜役二百人，倍先置防閤、白直左右職局一百人。以疾甚，故不復出蕃而加奉秩。

十五年，所生母陳太妃薨，毁頓過禮，水漿不入口累日。帝每臨幸抑譬之。偉雖奉詔，而殆不勝喪，惡疾轉增，因求改封。十七年，改封南平郡，位侍中、左光禄大夫、開府儀同三司。中大通四年，爲中書令、大司馬〔五〕。薨，贈侍中、太宰，謚曰元襄。

偉性端雅，持軌度。少好學，篤誠通恕。趨賢重士，常如弗及，由是四方游士、當時知名者莫不畢至。疾亟喪明，便不復出。齊世青溪宫改爲芳林苑，天監初，賜偉爲第。又加穿築，果木珍奇，窮極彫靡，有侔造化。立游客省，寒暑得宜，冬有籠爐，夏設飲扇，每與賓客游其中，命從事中郎蕭子範爲之記。梁蕃邸之盛無過焉。而性多恩惠，尤愍窮乏。常遺腹心左右歷訪閭里，人士有貧困吉凶不舉者，即遣贍卹之。平原王曼穎卒〔六〕，家貧無以殯，友人江革往哭之。其妻兒對革號訴，革曰：「建安王當知，必爲營理。」言未訖，而偉使至，給其喪事，得周濟焉。每祁寒積雪，則遣人載樵米，隨乏絕者賦給之。晚年崇信佛理，尤精玄學，著二旨義〔七〕，製性情、幾神等論義〔八〕。僧寵及周捨、殷鈞、陸倕並名精解而不能屈。朝廷得失，時有匡正。子姪邪僻，義方訓誘。斯人斯疾，而不得助主興化，梁政漸替，自公薨焉。世子恪嗣。

世子恪字敬則，弘雅有風則，姿容端麗。位雍州刺史。年少未閑庶務，委之羣下，百姓每通一辭，數處輸錢，方得聞徹。賓客有江仲舉、蔡薳、王臺卿、庾仲容四人〔九〕，俱被接遇，並有蓄積。故人間歌曰：「江千萬，蔡五百。王新車，庾大宅。」遂達武帝。帝接之曰：「主人憒憒不如客。」尋以廬陵王代爲刺史。恪還奉見，武帝以人間語問之，恪大慙，不敢一言。後折節學問，所歷以善政稱。

太清中，爲郢州刺史。及亂，邵陵王至郢，恪郊迎之，讓位焉，邵陵不受。及王僧辯至郢，恪歸荆州。元帝以爲尚書令、司空。賊平，爲揚州刺史。時帝未還都，以恪宗室令譽，故先使歸鎮社稷。大寶三年，薨于長沙，未之鎮也。贈太尉，謚曰靖節王。恪弟恭。

恭字敬範，天監八年，封衡山縣侯。初，樂山侯正則有罪，敕讓諸王，獨謂元襄王曰：「汝兒非直無過，並有義方。」

歷位監南徐州事。時衡州刺史武會超在州，子姪縱暴，州人朱朗聚黨反，武帝以恭爲刺史。時朗已圍始興，恭至緩服徇賊，示以恩信。羣賊伏其勇，是夜退三舍以避。軍吏請追，恭曰：「賊以政苛致叛，非有陳、吳之心。緩之則自潰，急之則併力，諸君置之。」明日，朗遣使請降，恭杖節受之，一無所問。即日收始興太守張寶生及會超弟之子仁斬之軍門，以其賄而虐也。有司奏恭縱罪人，專戮二千石，有詔宥之。

遷湘州刺史，善解吏事，所在見稱。而性尚華侈，廣營第宅，重齋步閣，模寫宮殿。尤好賓友，酣宴終辰，坐客滿筵，言談不倦。時元帝居蕃，頗事聲譽，勤心著述，卮酒未嘗妄進。恭每從容謂曰：「下官歷觀時人，多有不好懽興，乃仰眠牀上，看屋梁而著書，千秋萬歲，誰傳此者。勞神苦思，竟不成名。豈如臨清風，對朗月，登山泛水，肆意酣歌也。」

尋除寧蠻校尉、雍州刺史，便道之鎮。簡文少與恭游，特被賞狎，至是手令勗以政事。

恭至州，政績有聲，百姓請於城南立碑頌德，詔許焉，名爲政德碑。是夜聞數百人大叫碑石下〔一〇〕，明旦視之，碑涌起一尺。恭命以大柱置于碑上，使力士數十人抑之不下，又以酒脯祭之，使人守視，俄而自復，視者竟不見之。恭聞而惡焉。

先是，武帝以雍爲邊鎮，運數州粟以實儲倉。恭乃多取官米，還贍私宅；又典籤陳保印侵剋百姓，爲荆州刺史廬陵王所啓，被詔徵還。在都朝謁，白服隨例。帝曰：「白衣者爲誰？」對曰：「前衡山侯恭。」帝厲色曰：「不還我陳保印，吾當白汝未已。」而保印實投湘東王，王改其姓名曰袁逢。恭竟不敍用。侯景亂，卒於城中，詔特復本封。元帝追謚曰僖侯。

子靜字安仁，少有美名，號爲宗室後進。有文才，而篤志好學。既内足於財，多聚經史，散書滿席，手自讎校。何敬容欲以女妻之，靜忌其太盛，拒而不納，時論服焉。然好戲笑，輕論人物，時以此少之。位給事黄門侍郎，深爲簡文所愛賞。太清三年卒，贈侍中。

恭弟祗字敬謨，美風儀，幼有令譽。天監中，封定襄縣侯。後歷位北兗州刺史。侯景亂，與從弟湘潭侯退謀起兵内援，會州人反城應景，祗遂奔東魏。

鄱陽忠烈王恢字弘達，文帝第十子也〔一〕。幼聰穎，七歲能通孝經、論語義，發擿無遺。及長，美風儀，涉獵史籍。仕齊位北中郎外兵參軍，前軍主簿。宣武王之難，逃在都下。武帝起兵，恢藏伏得免。大軍至新林，乃奉迎。

天監元年，封鄱陽郡王。除郢州刺史，加都督。初，郢城内疾疫死者甚多，不及藏殯。恢下車遽命埋瘞，又遣四使巡行州部，境内大寧。時有進筒中布者，恢以奇貨異服，即命焚之，於是百姓仰德。累遷都督、益州刺史。成都去新城五百里，陸路往來，悉訂私馬，百姓患焉，累政不能改。恢乃市馬千匹以付所訂之家，須則以次發之，百姓賴焉。再遷開府儀同三司、都督、荆州刺史。普通七年，薨於州。詔贈侍中、司徒，謚曰忠烈。

恢美容質，善談笑，愛文酒，有士大夫風則。所在雖無皎察，亦不傷物。有孝性，初鎮蜀，所生費太妃猶停都。後於都不豫，恢未之知，一夜忽夢還侍疾。及覺，憂遑廢寢食。俄而都信至，太妃已瘳。後有目疾，久廢視瞻。有道人慧龍得療眼術，恢請之。及至，空中忽見聖僧。及慧龍下針，豁然開朗，咸謂精誠所致。

恢性通恕，輕財好施，凡歷四州，所得奉禄，隨而散之。在荆州，嘗從容問賓僚曰：

「中山好酒，趙王好吏，二者孰愈？」衆未有對者。顧謂長史蕭琛曰：「漢時王侯，蕃屏而已，視事親人，自有其職。中山聽樂，可得任悦〔三〕；彭祖代吏，近於侵官。今之王侯，不守蕃國，當佐天子臨人，清白其優乎。」坐者咸服。有男女百人，男封侯者三十九人，女主三十八人。世子範嗣。

範字世儀，温和有器識。爲衞尉卿，每夜自巡警，武帝嘉其勞苦。出爲益州刺史。行至荆州而忠烈王薨，因停自解。武帝不許，詔權監荆州。及湘東王至，範依舊述職，遣弟湘潭侯退隨喪而下。大同元年，以開通劍道，剋復華陽增封。尋徵爲領軍將軍、侍中。

範雖無學術，而以籌略自命。愛奇翫古，招集文才，率意題章，亦時有奇致。嘗得舊琵琶，題云「齊竟陵世子」。範嗟人往物存，攬筆爲詠，以示湘東王，王吟咏其辭，作琵琶賦和之。

後爲都督、雍州刺史。範作牧莅人，甚得時譽，撫循將士，盡獲歡心。於是養士馬，脩城郭，聚軍糧於私邸。時廬陵王爲荆州，既是都督府，又素不相能，乃啓稱範謀亂。範亦馳啓自理，武帝恕焉。時論者猶謂範欲爲賊。又童謡云：「莫怨怨，且寛公。誰當作天子，草覆車邊已。」時武帝年高，諸王莫肯相服。簡文雖居儲貳，亦不自安，而與司空邵陵王綸特相疑阻。綸時爲丹陽尹，威震都下。簡文乃選精兵以衞宮内。兄弟相貳，聲聞四方。範以名應謡言而求爲公，未幾，加開府儀同三司。範心密喜，以爲謡驗，武帝若崩，諸王必亂，範既得衆，又有重名，謂可因機以定天下。乃更收士衆，希望非常。

太清元年，大舉北侵。初謀元帥，帝欲用範。時朱异取急外還，聞之遽入曰：「嗣王雄豪蓋世，得人死力，然所至殘暴非常，非弔人之材。昔陛下登北顧亭以望，謂江右有反氣，骨肉爲戎首。今日之事，尤宜詳擇。」帝默然曰：「會理何如？」對曰：「陛下得之，臣無恨矣。」會理懦而無謀，所乘襻輿施版屋，冠以牛皮。帝聞不悦，行至宿預，貞陽侯明請行，又以明代之，而以範爲征北大將軍，總督漢北征討諸軍事，尋遷南豫州刺史。

侯景敗於渦陽，退保壽陽，乃改範爲合州刺史，鎮合肥。時景不臣迹露，範屢啓言之，朱异每抑而不奏。及景圍都，範遣世子嗣與裴之高等入援。遷開府儀同三司。臺城不守，範乃棄合肥，出東關，請兵于魏，遣二子爲質。魏人據合肥，竟不助範。範進退無計，乃泝流西上，軍於蕖陽〔一三〕，遣信告尋陽王大心。大心要還九江，欲共兵西上。範得書大喜，乃引軍至盆城，以晉熙爲晉州。遣子嗣爲刺史，江州郡縣，輒更改易。於是尋陽政令所行，唯在一郡〔一四〕，又疑畏範，市糴不通。範乃復遣其弟觀寧侯永將兵通南川，助莊鐵。時二鎮相猜，無復圖賊之志。範數萬之衆，皆無復食，人多餓死。範竟發背而薨。衆祕不發喪，奉弟南安侯恬爲主，有衆數千。範將侯瑱襲莊鐵於豫章，殺之，盡併其軍。乃迎喪往郡，於松門遇風，柩沈于水，鉤求得之。及于慶之逼豫章，侯瑱以範子十六人降賊，賊盡於石頭坑殺之。

世子嗣字長胤，容貌豐偉，腰帶十圍。性驍果，有膽略，倜儻不護細行，而復傾身養士，皆得死力。範之薨也，嗣猶據晉熙，城中食盡，士皆乏絶。侯景遣任約攻嗣。時賊方盛，咸勸且止。嗣按劍叱之曰：「今日之戰，蕭嗣効命死節之秋也。」及戰，遇流矢中頸，不許拔，帶箭手殺數人，賊退方命拔之，應時氣絶。妻子爲任約所禽。初，範既與尋陽王大心相持，及嗣之死，猶未敢發範喪。

範弟諮字世恭，位衛尉卿，封武林侯。簡文即位之後，景周衛轉嚴，外人莫得見，唯諮及王克、殷不害並以文弱得出入卧内，晨昏左右，天子與之講論六藝，不輟於時。及南康王會理事敗，克、不害懼禍，乃自踈，諮不忍離帝，朝覲無絶。賊惡之，令其仇人刁戌刺殺諮於廣莫門外。

諮弟脩字世和〔一五〕，封宜豐侯。局力貞固，風儀嚴整。九歲通論語，十一能屬文。鴻臚卿裴子野見而賞之。性至孝，年十二，丁所生徐氏艱，自荆州反葬，中江遇風，前後部伍多致沈溺，脩抱柩長號，血淚俱下，隨波摇蕩，終得無佗。葬訖，因廬墓次。先時山中多猛獸，至是絶迹。野鳥馴狎，棲宿簷宇。武帝嘉之，以班告宗室。

爲兼衛尉卿。美姿貌，每屯兵周衛，武帝視之移輦。初，嗣王範爲衛尉，夜中行城，常因風便鞭箠宿衛，欲令帝知其勤。及脩在職，夜必再巡，而不欲人知。或問其故，曰「夜中警逴，實有其勞，主上慈愛，聞之容或賜止。違詔則不可，奉詔則廢事。且胡質之清，尚畏人知，此職司之常，何足自顯」。聞者歎服。

時王子侯多爲近畿小郡，歷試有績，乃得出爲邊州。帝以脩識量宏達，自衛尉出鎮鍾離，徙爲梁、秦二州刺史。在漢中七年，移風改俗，人號慈父。長史范洪胄有田一頃，將秋遇蝗，脩躬至田所，深自咎責。功曹史琅邪王廉勸脩捕之，脩曰：「此由刺史無德所致，捕之何補。」言卒，忽有飛鳥千羣蔽日而至，瞬息之間，食蟲遂盡而去，莫知何鳥。適有臺使見之〔一六〕，具言於帝，璽書勞問，手詔曰：「犬牙不入，無以過也。」州人表請立碑頌德。嗣王範在盆城，頗有異論，武陵王大生疑防，流言噂喈。脩深自分釋，求送質子，并請助防。武陵王乃遣從事中郎蕭固諮以當世之事，具觀脩意。脩泣涕爲言忠臣孝子之節，王敬納城壘。

之。故終脩之時，不爲不義。一夕，忽有狗據脩所卧牀而卧。脩曰：「此其戎乎。」因大脩

承聖元年，魏將達奚武來攻，脩遣記室參軍劉璠至益州，求救於武陵王紀，遣將楊乾運援之，拜脩隨郡王。璠還至嶓冢，乃降于魏，乾運班師。璠至城下，説城中降魏。脩數之曰：「卿不能死節，反爲説客邪！」命射之。閒信遣至荆州，元帝遣與相聞。

脩中直兵參軍陳晷甚勇有口，求爲覘候，見獲，以辭烈被害。乃遣諮議虞馨致武牛酒。武謂曰：「梁已爲侯景所敗，王何爲守此孤城？」脩答守之以死，誓爲斷頭將軍。魏相安定公宇文泰遺書喻之，力屈乃降。安定公禮之甚厚，未幾令還江陵，厚遺之，以文武千家爲綱紀之僕。元帝慮其爲變，中使覘伺，不絶於道。至之夕，命劫竊之。及旦，脩表輸馬仗而後帝安。脩入覲，望閤悲不自勝，元帝亦慟，盡朝皆泣。

尋拜湘州刺史。長沙頻遇兵荒，人户凋弊。脩勸穡務分，未朞，流人至者三千餘家。元帝多忌，動加誅翦。脩靜恭自守，埋聲晦迹。元帝亦以宗室長年，深相敬禮。及江陵被圍問至，即日登舟赴救。至巴陵西，而江陵覆滅。敬帝立，遥授脩太尉，遷太保。時王室浸微，脩雖圖義舉，力弱不能自振，遂發背歐血而薨，年五十二。

脩弟泰字世怡，封豐城侯。歷位中書舍人，傾竭財産，以事時要，超爲譙州刺史。江北人情獷彊，前後刺史並綏撫之。泰至州，便偏發人丁，使擔腰輿扇繖等物，不限士庶。恥爲之者，重加杖責，多輸財者，即放免之，於是人皆思亂。及侯景至，人無戰心，乃先覆敗。

始興忠武王憺字僧達，文帝第十一子也。仕齊爲西中郎外兵參軍。武帝起兵，憺爲相國從事中郎，與南平王偉留守。齊和帝即位，以憺爲給事黄門侍郎。時巴東太守蕭惠訓子璝等兵逼荆州，蕭穎胄暴卒，尚書僕射夏侯詳議迎憺行荆州事。憺率雍州將吏赴之，以書喻璝等皆降。是冬，武帝平建鄴。明年，和帝詔以憺爲都督、荆州刺史。

天監元年，加安西將軍，封始興郡王。時軍旅之後，公私匱乏，憺厲精爲政，廣闢屯田，減省力役，存問兵死之家，供其窮困，人甚安之。是歲嘉禾生，一莖六穗，甘露降于黄閤。四年，荆州大旱，憺使祠于天井，有巨蛇長二丈出遶祠壇，俄而注雨，歲大豐。憺自以少年始居重任，開導物情，辭訟者皆立待符教，決於俄頃，曹無留事，下無滯獄。

六年，州大水，江溢堤壞，憺親率將吏，冒雨賦丈尺築之，而雨甚水壯，衆皆恐，或請避焉。憺曰：「王尊尚欲身塞河堤，我獨何心以免。」乃登堤歎息，終日輟膳，刑白馬祭江神。酹酒於流，以身爲百姓請命，言終而水退堤立。邴洲在南岸，數百家見水長驚走，登屋緣樹。憺募人救之，一口賞一萬。估客數十人應募，洲人皆以免，吏人歎服，咸稱神勇。又分遣諸郡遭水死者給棺槥，失田者與糧種。是歲嘉禾生于州界，吏人歸美焉。

七年，慈母陳太妃薨，水漿不入口六日，居喪過禮，武帝優詔勉之，使攝州任。是冬，詔徵以本號還朝。人歌曰：「始興王，人之爹徒我反，赴人急，如水火，何時復來哺乳我。」荆土方言謂父爲爹，故云。後爲中衞將軍、中書令，領衞尉卿。憺性好謙，降意接士，常與賓客連榻坐，時論稱之。

九年，拜都督、益州刺史。舊守宰丞尉歲時乞丐，躬歷村里，百姓苦之，習以爲常。憺至州，停斷嚴切，百姓以蘇。又興學校，祭漢蜀郡太守文翁，由是人多向方者。

十四年，遷都督、荆州刺史。同母兄安成王秀將之雍州，薨于道。憺聞喪自投于地，席稾哭泣，不飲不食者數日，傾財産賻送，部伍大小皆取足焉，天下稱其悌。

十八年，徵爲侍中、中撫軍將軍、開府儀同三司、領軍將軍〔一七〕，即開府黄閤。薨，二宫悲惜，輿駕臨幸者七焉。贈司徒，謚曰忠武。憺未薨前，夢改封中山王，策授如他日，意頗惡之，數旬而卒。憺有惠西土，荆州人聞薨，皆哭於巷，嫁娶有吉日，移以避哀。子亮嗣。

亮弟暎字文明，年十二，爲國子生。天監十七年，詔諸生口策，宗室可否〔一八〕。帝知暎聰解，特令問策，又口對，並見奇。謂祭酒袁昂曰：「吾家千里駒也。」

起家淮南太守，諸兄未有除命，乃抗表讓焉。暎美容儀。普通二年，封廣信縣侯。丁父憂，隆冬席地〔一九〕，哭不絶聲，不嘗穀粒，唯飲冷水，因患癥結。除太子洗馬。詔以憯艱難王業，追增國封。嗣王陳讓，既不獲許，乃乞頒邑諸弟。帝許之，改封新渝縣侯。後居太妃憂泣血，三年服闋，爲吴興太守。郡累不稔，中大通三年，野穀生武康，凡二十二處，自此豐穰。暎製嘉穀頌以聞，中詔稱美。

後爲北徐州刺史，在任弘恕，人吏懷之。常載粟帛遊於境内，有遇貧者，即以振焉。勝境名山，多所尋履。及徵將還，鍾離人顧思遠挺叉行部伍中。暎見甚老，使人問，對曰：「年一百一十二歲。凡七娶，有子十二，死亡略盡。今唯小者，年已六十，又無孫息，家闕養乏，是以行役。」暎大異之，召賜之食，食兼於人。檢其頭有肉角長寸，遂命後舟載還都，謁見天子。與之言往事，多異所傳，擢爲散騎侍郎，賜以奉宅，朝夕進見，年百二十卒。又普通中北侵，攻穰城，城内有人年二百四十歲，不復能食穀，唯飲曾孫婦乳。簡文帝命勞之，賜以束帛。荆州上津鄉人張元始年一百一十六歲，旅力過人，進食不異，至年九十七方生兒，兒遂無影。將亡，人人告别，乃至山林樹木處處履行，少日而終，時人以爲知命。湘東王愛奇重異，遂留其枕。

暎後歷給事黄門侍郎，衞尉卿，廣州刺史，卒官，謚曰寬侯。

暎弟曄字通明，美姿容，善談吐。初封安陸侯。憺特所鍾愛，常目送之曰：「吾所深憂。」左右問其故，答曰：「其過俊發，恐必無年。」及憺不豫，侍疾衣不釋帶，言與淚并。憺薨，扶而後起。服闋，改封上黄侯，位兼宗正卿。簡文入居監撫，曄獻儲德頌，遷給事黄門侍郎。

出爲晉陵太守。美才仗氣，言多激揚。常乘折角牛，穀木履，被服必於儒者。名盛海内，爲宗室推重，特被簡文友愛。與新渝、建安、南浦並預密宴，號東宫四友。簡文日有五六使來往。曄初至郡，屬旱，躬自祈禱，果獲甘潤。郡雀林村舊多猛獸爲害，曄在政六年，此暴遂息。卒于郡。初，曄寢疾歷年，官曹擁滯，有司案謚法「言行相違曰替」，乃謚替侯。

論曰：自昔王者創業，莫不廣植親親，割裂州國，封建子弟。是以大旆少帛，崇於魯、衛，盤石犬牙，寄深梁、楚。梁武遠遵前軌，蕃屏懿親，至於戚枝，咸被任遇。若蕭景才辯，固亦梁之令望者乎。臨川不才，頻叨重寄，古者睦親之道，粲而不殊，加之重名，則有之矣。而宏屢黷彝典，一撓師徒，梁之不綱，於斯爲甚。正德穢行早顯，逆心夙構，比齊襄而迹可疋，似吴濞而勢不侔，徒爲賊景之階梯，竟取國敗而身滅，哀哉！安成、南平、鄱陽、始興俱以名迹著美，蓋亦有梁之間、平也。

校勘記

〔一〕年十三吴太妃亡　「十三」，梁書卷二二太祖五王安成康王秀傳作「十二」。

〔二〕殺豫州刺史司馬懷悦　「司馬懷悦」，梁書卷二二太祖五王安成康王秀傳、魏書卷一九下景穆十二王下南安王楨傳附英傳作「司馬悦」。「司馬懷悦」僅見於此。

〔三〕一日散遺百餘人　「百」，梁書卷二二太祖五王安成康王秀傳、册府卷六七五作「五百」。

〔四〕乃僞云土反　「土」，原作「士」，據册府卷六九〇、通志卷八三改。

〔五〕中大通四年爲中書令大司馬　上「中」字原脱，據梁書卷二二太祖五王南平元襄王偉傳補。按梁書卷三武帝紀下：中大通「四年春正月丙寅朔，以鎮衛大將軍、開府儀同三司南平王偉進位大司馬」。

〔六〕平原王曼穎卒　「平原」，梁書卷二二太祖五王南平元襄王偉傳作「太原」。

〔七〕著二旨義　「旨」，原作「暗」，據梁書卷二二太祖五王南平元襄王偉傳、册府卷二九三改。

〔八〕製性情幾神等論義　梁書卷二二太祖五王南平元襄王偉傳、御覽卷六五四引梁書「義」字上有「其」字，屬下爲讀。

〔九〕賓客有江仲舉蔡薳王臺卿庾仲容四人　「庾仲容」，汲本作「庾仲雍」。

〔一〇〕是夜聞數百人大叫碑石下　「下」字原脱，據通志卷八三補。

〔一一〕文帝第十子也　「十」，梁書卷二二太祖五王鄱陽忠烈王恢傳、册府卷二六四、卷二七〇、卷二七六、卷二八〇作「九」。

〔一二〕中山聽樂可得任悦　「悦」，梁書卷二二太祖五王鄱陽忠烈王恢傳作「説」，字通；册府卷二七三、通志卷八三作「性」。

〔一三〕軍於嶷陽　「嶷陽」，梁書卷二二太祖五王鄱陽忠烈王恢傳附範傳、通鑑卷一六二梁紀一八太清三年作「樅陽」。按胡三省注：「樅陽縣，漢屬廬江郡，晉書、五代志，同安郡同安縣舊曰樅陽，并置樅陽郡。」「嶷陽」於史無考，疑當作「樅陽」。

〔一四〕於是尋陽政令所行唯在一郡　「在」，梁書卷二二太祖五王鄱陽忠烈王恢傳附範傳作「存」。

〔一五〕諮弟脩字世和　「脩」，梁書卷五元帝紀、卷六敬帝紀、周書卷二文帝紀下作「循」。

〔一六〕適有臺使見之　「適」，原作「迥」，據册府卷六八一、通志卷八三改。

〔一七〕徵爲侍中中撫軍將軍開府儀同三司領軍將軍　「中撫軍將軍」，梁書卷二二太祖五王始興忠武王憺傳作「中撫將軍」。按梁書卷二武帝紀中：天監十四年正月，「始興王憺爲中撫將軍」。梁無中撫軍將軍，疑當作「中撫將軍」。

〔一八〕詔諸生口策宗室可否　册府卷二七〇「口」作「答」，「可」作「則」。

〔一九〕隆冬席地　「席地」二字原互倒，據册府卷二六七、通志卷八三乙正。